北畠親房『神皇正統記』

現代語訳・総解説

今谷 明【訳・著】

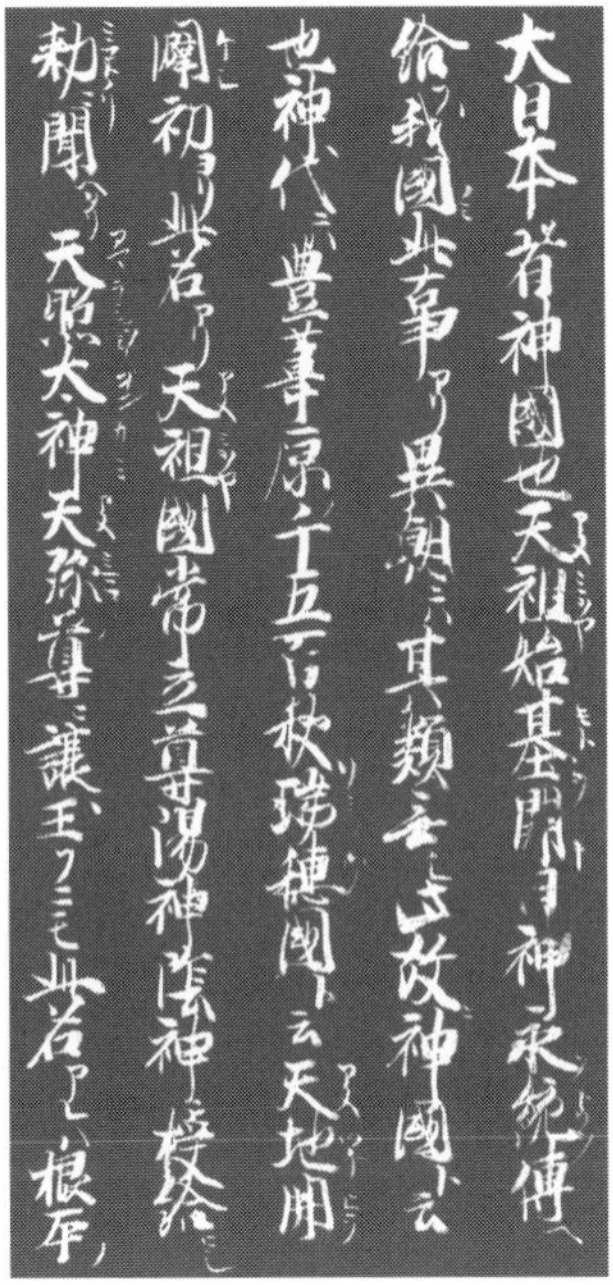
大日本者神國也天祖始テ基ヲ開キ日神永ク統ヲ傳ヘ
給フ我國ノミ此事アリ異朝ニハ其類無シ此故ニ神國ト云
也神代ニハ豊葦原千五百秋瑞穂國ト云天地開
闢ノ初ヨリ此名アリ天祖國常立尊陽神陰神ニ授給シ
勅ニ聞タリ天照太神天孫尊ニ譲マシマシヽニモ此名アリ根本ノ

戎光祥出版

まえがき

『神皇正統記《じんのうしょうとうき》』は、北畠親房《きたばたけちかふさ》による一種の〝王権論《おうけんろん》〟である。したがって、親房の論は、どこまでが神話で、どこまでが歴史か、容易にはわからない著述になっている。皇統の由来を説明しようという親房の意図からは、まさに当然の帰結なのだが、現代の私たちは、必ずしも満足できない。また近年は、考古学・歴史学の解明もある程度進み、親房の考えていた世界と、私たちが想定しうる建国神話およびその背景が、どのような対比を見せるか、ということも可能である。そこで、本書は、親房著の逐語訳的現代文を多くの部分に分かち、できるかぎり註記して、親房の認識を現代人はどう考えるべきかをていねいに解説しようとした。

第一章においてふれるように、『神皇正統記』は、親房が常陸小田城《ひたちおだ》（茨城県つくば市）に籠もって、簡略な「王代記《おうだいき》」一冊を参考として書き上げた書物である。したがって、博覧強記の親房をもってしても、記憶違いや誤謬《ごびゅう》も散見される。また、鎌倉後期の叙述になると、彼は大覚寺統《だいかくじとう》の廷臣《ていしん》であるから、当然、反対統への偏見や嫉視《しっし》などもうかがえる。本書解説では、訳者（今谷）はなによりも史実を尊重し、公平とバランスを心掛けて註記を試みた。

『神皇正統記』の活字化や現代語訳は、戦後に幾度か刊行されているが、いずれも刊行からかなりの時間を経ていることと、また国文学からの解釈であったり、注釈がやや専門的すぎるきらいが否めないことなどから、最新の研究成果を反映した歴史的な解釈を特色とするよう心掛け、あえて上梓を試みるものである。

本書において註を付した語句やくだりには、歴史入門者の通読に配慮して、辞書的な解説も多くほどこしたが、加えて古代から南北朝にいたる歴史上の諸問題を、学界ではどのように考え、現在どこまで判明しているのか、という点に主眼をおいて記述した。本文に退屈されたときには、註記を拾い読みしていただくだけでも、結構かと考える。

そのことで、日本の古代・中世史の概要をつかんでいただければ、結果的に親房の意図と異なる読み方になったとしても、解説註記者としては本懐である。

平成二十七年四月

目次

地神

人皇（一）

第三章　『神皇正統記』（地）を読む

『神皇正統記』（地）

人皇（二）

第四章　『神皇正統記』（八）を読む

『神皇正統記』（八）

人皇（三）

附録　特別資料

凡例

一、本書は、二〇一五年に刊行した『現代語訳　神皇正統記』（〈新人物文庫〉KADOKAWA）を改訂新版のうえ、刊行するものである。再刊にあたって著者の了解を得て書名を『北畠親房『神皇正統記』現代語訳・総解説』と改めた。

二、現代語訳にあたっては、岩佐正校注『神皇正統記』（岩波古典文学大系）を底本とし、他を参照した。

三、現代語訳は、できるだけ原文に忠実に行ったが、通読の便宜を考え、適宜、言葉を（　）内に補った。本文の［　］内の文章は、原文の注を表わしている。

四、神名・人名・地名等の固有名詞は、原則として原文のままとした。

五、語句の読みは「岩波古典文学大系」に準拠した。ただし、一部の読みは訳者の主張によった読み方を付した語句がある。

六、中見出し・小見出しは、原文にはなく、訳者が補った。

七、意味の難解な語句や、研究の論点となっているくだりには、【註】で説明を加えた。

八、北畠親房の生涯と『神皇正統記』の成立過程に関する解説は、第一章にまとめた。

九、通読の助けとして巻末に附録　特別資料として「『古事記』『日本書紀』の「神系譜」」「古代・中世天皇家系図」「歴代天皇在位表　神武天皇〜後村上天皇まで」を付した。

第一章　『神皇正統記』入門

——『神皇正統記』の成立と南北朝の動乱

『神皇正統記』は、『愚管抄《ぐかんしょう》』（慈円《じえん》）と並ぶ重要な中世の歴史書としてよく知られている書物である。ここでいう歴史書とは、たんに文書《もんじょ》・日記《にっき》のような史実を裏付ける史料ではなく、何らかの歴史の見方を主張した書という意味である。以下、この書の作者、執筆意図の背景など要点について若干の考察を試みるものである。

一、作者、北畠親房について

『愚管抄』は、作者と成立年代について早くから議論が行われていたが、『神皇正統記』（以下、『正統記』と略）についてはそのような疑問はまったくなく、作者は前大納言《さきのだいなごん》北畠親房（入道して宗玄《そうげん》、または覚空《かくくう》）、成立年代は延元《えんげん》四年（北朝暦応《りゃくおう》二年＝一三三九）と確定している。代表的な写本の一つ青蓮院本《しょうれんいんぼん》の奥書《おくがき》に「此記者、延元四年秋、為示或童蒙所馳老筆也」（この記は、延元四年秋、ある童蒙に示すため、老筆を馳せるところなり）とあり、また筆者が親房であることは疑問の余地がないからである。

親房は、村上天皇《むらかみてんのう》を祖とする村上源氏《げんじ》の庶流北畠氏の出で、先祖には、白河《しらかわ》院政期に活躍する源師房《みなもとのもろふさ》、同俊房《としふさ》や、後鳥羽《ごとば》院政期に台頭して、九条兼実《くじょうかねざね》を追い落とした久我通親《こがみちちか》らがいる。

その通親の諸子から堀川《ほりかわ》・土御門《つちみかど》・中院《なかのいん》などの家が分かれ、中院家のそのまた庶流が北畠氏で雅家《まさいえ》を祖とする（左系図参照）。久我源氏でも末流であり、彼の家の極官《ごっかん》は、権大納言《ごんだいなごん》どまりであった。

一、作者、北畠親房について

親房は永仁《えいにん》元年（一二九三）の生まれ、歴史家としては慈円より数世代あとの人であるけれども、『増鏡《ますかがみ》』の著者に擬せられている北朝の廷臣、洞院公賢《とういんきんかた》とはほぼ同時代の人物であり、政治的にも親房と公賢とは、よきライバルであり、しばしば火花を散らすこととなる。

さて親房は、延慶《えんぎょう》元年（一三〇八）、十六歳の弱冠で従三位《じゅさんみ》に叙任《じょにん》され、大覚寺統の廷臣（公卿《くぎょう》）

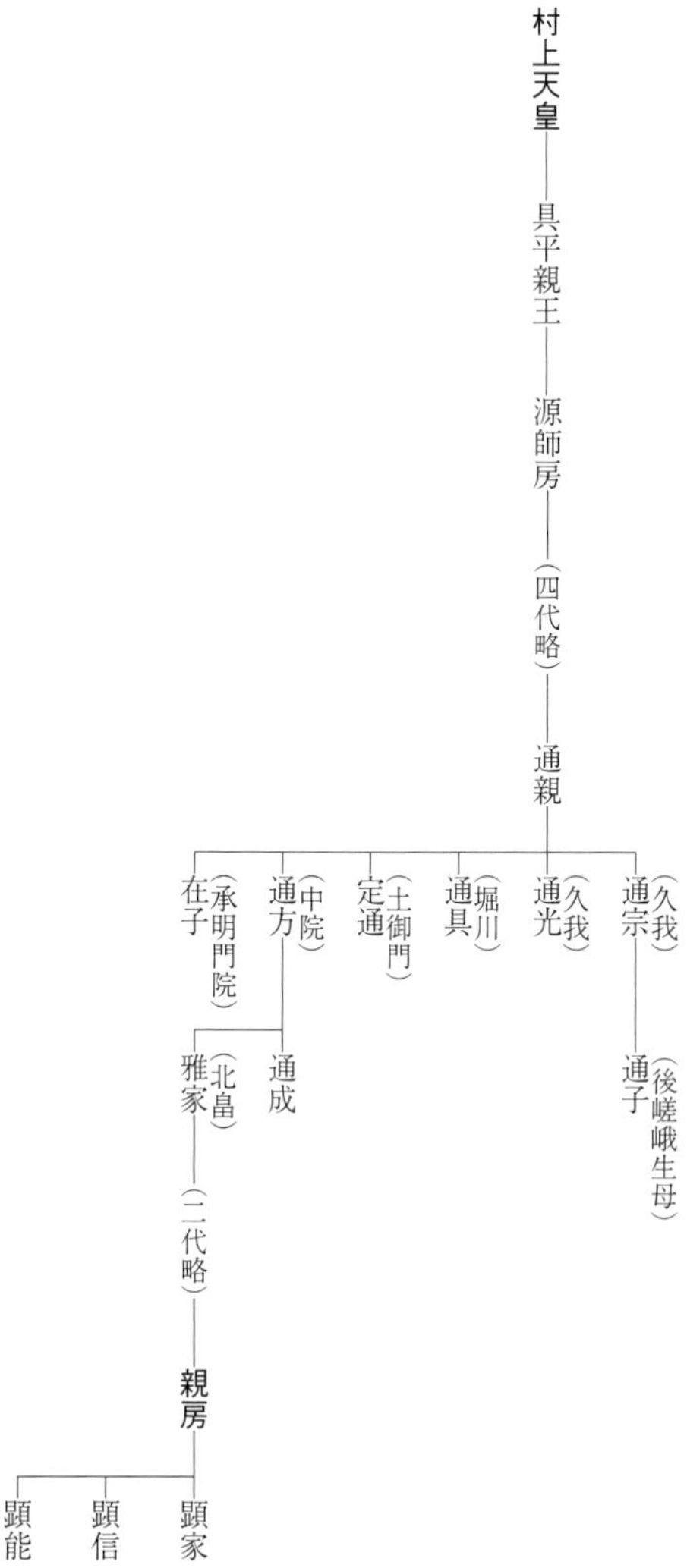

北畠氏系図

としてスタートしたが、その前年には冷泉頼俊《れいぜいよりとし》が右大弁《うだいべん》に昇ったのを恨み、左少弁《さしょうべん》を辞任するという挙に出て物議を醸《かも》した。延慶三年（一三一〇）に参議《さんぎ》・正三位《しょうさんみ》、翌年には権中納言《ごんちゅうなごん》に昇り、正《しょう》和《わ》元年（一三一二）には従二位《じゅにい》に叙せられている。翌々年、祖父師親《もろちか》の死によって服喪《ふくそう》し、中納言を辞して散位《さんみ》となったが、いわゆる「文保《ぶんぽう》の和談《わだん》」後の文保二年（一三一八）、大覚寺統の後醍醐《ごだいご》天皇が践祚《せんそ》し、権中納言に還任《げんにん》した。天皇の信任を得て翌年中納言に、さらに元応《げんのう》二年（一三二〇）には源氏長者《げんじちょうじゃ》が帯すべき淳和院別当《じゅんないんべっとう》に任じた。また、天皇から特に世《よ》良《よし》親王《しんのう》の養育を依頼され、元亨《げんこう》三年（一三二三）には権大納言・奨学院別当《しょうがくいんべっとう》・陸奥出羽按察使《むつでわあぜち》を兼ね、翌年には異例の大納言に昇進した。しかし、元徳《げんとく》二年（一三三〇）には養育中の世良親王が病死し、親房は親王に殉じて出家、時に三十八歳で、彼の廷臣生活はいったん幕を降すことになる。

当時、一般の社会通念からは、出家した以上、朝政《ちょうせい》はもちろんのこと世俗の政治にはいっさい関わらないのが普通だが、院近臣《いんのきんしん》に多く僧侶が含まれていたように、（たとえば、信西入道《しんぜいにゅうどう》）、僧形にして政務に関係する者は珍しくなかったから、親房もやがて子息顕家《あきいえ》の後見として南朝の重臣的立場を占めるに至る。

とにかく、出家後三年間、彼の動静は記録に欠け、天皇の笠置《かさぎ》脱出や元弘《げんこう》争乱にどう関わったのかは謎である。彼の痕跡が再び明らかとなるのは、天皇が隠岐配流《おきはいる》から脱出し、さらに建武《けんむ》新政府が成立して以降のことで、元弘三年（一三三三）十月、義良《のりよし》親王（のちの後村上《ごむらかみ》天皇）を奉じて陸奥国府《こくふ》

（多賀城《たがじょう》）に下った長子顕家を後見とする立場であり、親房も陸奥にあって建武政府の背後を固めるために、奔走したと推測される。

しかし、建武二年（一三三五）七月、中先代《なかせんだい》の乱《らん》が勃発した。後醍醐天皇治下の東国は二年にして早くも騒乱状態となった。北条時行《ほうじょうときゆき》を討伐した足利尊氏《あしかがたかうじ》が鎌倉を制圧して天皇に謀叛する形勢が明らかとなり、親房は顕家を陸奥に残して上洛、建武三年正月の天皇坂本行幸《さかもとぎょうこう》に供奉《ぐぶ》している。鎌倉から京都へ攻め上った尊氏は、いったん敗れて九州に下ったが形勢を盛り返して東上し、同年五月、摂津《せっつ》湊川《みなとがわ》の戦いで楠木正成《くすのきまさしげ》を破り、新田義貞《にったよしさだ》は逃亡、天皇は比叡山《ひえいざん》へ蒙塵《もうじん》し、ここに建武政府は三年余にして崩壊した。

このとき、親房は天皇と離れて南伊勢《みなみいせ》に下り、一志《いちし》郡の多気《たき》（三重県多気町）を拠点に在地土豪《どごう》の掌握に努めた。その勢力圏は、大和宇陀《やまとうだ》郡や吉野《よしの》郡など興福寺《こうふくじ》の支配に属さぬ南大和に及び、やがて幕府に幽閉された後醍醐上皇が花山院《かざんいん》を脱出すると、南朝の中心拠点を形成した。

二、『神皇正統記』執筆前の状況

南北朝争乱の当初は、親房嫡男の顕家の活躍等もあって、一時的に南朝が勢力を拡大した面もみられたが、暦応元年（延元三、一三三八）五月、顕家が和泉石津《いずみいしづ》（堺市堺区）で敗死し、同年七月、新田義貞が越前藤島《えちぜんふじしま》（福井市）で討ち死にするに及んで大打撃を受け、南軍の頽勢《たいせい》は掩《おお》い難くなった。北畠顕家は討ち死にの直前、後醍醐天皇に東国に有力者を派遣する旨を進言していたが、南朝の重臣結城宗広《ゆうきむねひろ》も、天皇に東国の制圧の重要性を指摘し、「宮《みや》を一人下し進《まい》らせ」るべきと奏していた（『太平記《たいへいき》』）。

結局、後醍醐天皇もついに決意して、義良・宗良《むねよし》の二皇子に北畠親房を差し添えて東国に派遣することになり、同年九月初め、伊勢神宮《いせじんぐう》の北方に当たる伊勢大湊《おおみなと》（三重県伊勢市）を、幾艘かの船で出帆した。ところが、秋から冬にかけての太平洋岸は、俗に〝大西風《おおにしかぜ》〟が吹く季節で、有名な大黒屋光太夫《だいこくやこうだゆう》がカムチャッカまで吹き流されたごとく、大変危険な航海であった。

果たして一行の船は東海沖に差しかかった頃台風に遭遇し、親房の船のみ房総沖まで達したが、宗良親王の船は遠江白羽《とおとうみしろわ》（静岡県御前崎市）に、義良親王の船は伊勢に吹き戻され、離ればなれとなる始末であった。安房《あわ》・相模江ノ島《さがみえのしま》（神奈川県藤沢市）等に漂着した船にも南朝方の人々が乗っていたが、北朝方優勢の地であったので、ほとんどが捕らえられ、多数が斬首されている（『鶴岡社務記録《つるがおかしゃむきろく》』）。のち親房は、この漂着を回想して、親房と義良（後村上）が東西に吹き分けられたのは「末の世には珍かなる例《ためし》」、すなわち天意《てんい》であるとしている（『正統記』）。

とにかく、入道一品《いっぽん》（親房）一行の船は、九十九里浜《くじゅうくりはま》を廻って鬼怒川《きぬがわ》（今は利根川《とねがわ》）河口の銚子《ちょうし》（千葉県銚子市）から遡り、霞ヶ浦《かすみがうら》の南岸、東条庄《とうじょうのしょう》（茨城県稲敷市）に無事漂着することができた。白羽に上陸した宗良親王も無事に敵（北軍）の攻撃を凌ぎ、遠江から天竜川《てんりゅうがわ》沿いに南信に入り、そこの山間部に拠点を形成した。

東条庄に上陸した親房は、同地の神宮寺城《じんぐうじ》（稲敷市桜川）に入った。幸い南朝方の勢力下で、また「親房至る」の報は常陸の南軍を勇気づけたようで、各地の南朝方が神宮寺周辺に集まってきた。親房は、とりあえず結城宗広（義良親王とともに伊勢に戻った）の嫡子結城親朝《ちかとも》が蟠居《ばんきょ》する白河《しらかわ》（福島県白河市）に飛脚をめぐらして、義良親王・宗広の消息を尋ね、また救援を請うた。

この頃、北朝（幕府）の常陸守護は佐竹義篤《さたけよしあつ》であった。配下の北党、烟田《かまた》氏や鹿島《かしま》氏一族は、「親房至る」と聞くや、神宮寺城に攻め寄せた。神宮寺城は十月五日、軍の手に落ち、やむなく親房は、霞ヶ浦の湖水を乗船逃亡し、南党小田治久《おだはるひさ》の本拠小田城（茨城県つくば市）に移った。小田城は、筑波山《つくばさん》の南麓に当たり、西方と南方を桜川《さくらがわ》の河水が巡り、北・東側は筑波山脈が囲む要害の地である。加えて守将小田治久は、前年、守護佐竹義篤自らの包囲攻撃を支えたのみか、かえって出陣して常陸府中《ふちゅう》（同石岡市）や国府原に転戦した（『熊谷《くまがい》文書』『飯野《いいの》文書』）ほどの有力な南党であった。

さて親房は、小田城に移って以降も、陸奥白河の結城親朝に救援を要請し続けた。それは親朝が久慈川《じがわ》上流域の要地依上保《よりがみのほ》（茨城県大子町）を領有していたからで、この地は顕家が生前、後醍醐から宛行われて、これを結城宗広に預け置いた由緒の領地だったからである。親朝が依上保に出兵してくれれば、常陸南部と奥州とが一挙に結合し得るわけで、ひいては南軍の優位も定まる。こう考えて親房は、何度も催促・要請・懇願の書状を親朝に届けた。

親房が親朝に宛てて出した書状は、前後七十通余に及び、特定の者に宛てた一個人の書状では、「中世史上希有な例」（笠松宏至「関城書」『国史大事典』）といわれる。親房が『正統記』を著わした翌年（暦応三、興国《こうこく》元、一三四〇）の十一月、親房をかくまっていた小田治久もついに北党の高師冬《こうのもろふゆ》に内応し、親房はやむなく小田城から西北方の関城《せき》（茨城県筑西市）に移ったので、親朝宛の書状群は『関城書《かんじょうしょ》』として伝えられたが、実際は神宮寺城・小田城・関城の三城にわたって親房が滞在中に書かれたものである。親房が関城に在った期間、城士は乗馬・甲冑を売って飢えを凌ぐという窮状を親朝に報じており、あまりにもできすぎた書状ということで、幕末の学者中山信名《なかやまのぶな》の『関城書考』以下、白河藩による偽作説も出されたのであるが、昭和期に平泉澄《ひらいずみきよし》が『関城書』の信ずべきを考証し、現在は親房の真作説が有力である。

ともあれ、『関城書』と『正統記』はともに親房が常陸の南党を糾合することに努力した時代の産物であり、相互に斟酌してその背景を考えるべきものである。

三、誰のために述作したのか

親房は『正統記』の末尾ちかく、後醍醐天皇崩殂《ほうそ》の条に、神皇正統のよこしまなるまじき理《ことわり》をのべて、素意の末をも表《あら》わさま欲《ほ》しくて、しいて記しつけ侍《はべ》るなり。

と特筆し、皇位継承の正統性を、南朝の立場から明らかにしようとした意図を述べている。この他にも、冒頭ちかく「神代より正理にてうけ伝へるいはれを述べむことを志して」と書き、また光孝《こうこう》天皇条に「神代より継体《けいたい》正統の違わせ給わぬ一《ひと》はしを申さむ」等と、本書の随所に皇統の正当を強調している。したがって述作の本意は明らかであるが、問題は、誰のために、誰に読んでもらいたくて、すなわちいかような読者層を想定して書いたかにあり、古来、諸説乱立している。

先述のように、写本の一つに「為示或童蒙所馳老筆也」とあり、諸本を調査した岩佐正氏によれば、白山神社本《はくさんじんじゃぼん》をはじめ多くの伝本の奥書（または前書・巻中）にこの句が見えているという。そこで十二歳の少年で即位した後村上天皇（義良親王）のために執筆したのであるという説が古くから出されている。しかし、天皇のような貴種を親房が「童蒙」と呼ぶかどうかについて疑念もあり、この説は決定的ではなかった。

これに対し、戦後いち早く、中世史家の松本新八郎から、この〝童蒙〟は結城宗広の子、結城親朝を指すとの新説が呈示され、にわかに注目を浴びるに至った。続けて中世史家の佐藤進一氏もこの松本説に賛意を表わしている（佐藤進一著『南北朝の動乱』中公文庫）。前述のように『関城書』その他によって、常陸在住時の北畠親房が、親朝に対し七十余通の書状で来援を懇願していたことは事実であり、親房の窮状ほか客観状勢からみて、親朝説は一理ありというべきである。

以上のように、歴史学畑の学者は状況証拠や環境を重視する傾きがあり、結城親朝説に傾いているのだが、国文学者はまったく異なった見方を唱えている。たとえば岩佐正氏は、同じ親房の書『元元《げんげん》集《しゅう》』の奥書にも「愚蒙を撃《う》たんが為《ため》」とあることから、

「童蒙」も「愚蒙」も疎《おろ》かなる類も筆のあやで、ある特定の人物をさすものではなく（中略）親房から見れば「家塾訓練」（中略）の意で使用したものであろう。〔岩波文庫『神皇正統記』解説〕

と記し、本書の対象は親房と同類の公家層を想定した。しかし、草深い東国の一隅にあって、京都や吉野の公家へ宛てた書を著わすという動機は蓋然性が低い。

そのためもあってか岩佐氏は、右の後の述作である岩波書店『日本古典文学大系』本の『神皇正統記』解説では、述作目的を親房執筆当初には「家訓の書」すなわち北畠家の子孫に与える書として捉え、その後、現実に東国武士の間でも読まれた事実から、親房晩年には上は後村上天皇、下は周辺武士に至る「万人に与える現代の書」でもあったとした。歴史学者のなかでも平田俊春氏などは、この岩佐後期説に似て、広汎な読者を想定しておられるようである（平田俊春著『神皇正統記の基礎的研究』）。

後述のように、『正統記』の思想について優れた分析をなされた下川玲子氏は、この書に〝君徳涵養〟の趣が強いこともあり、通説である後村上天皇のために記されたと結論した。この下川説も、現在では有力な説といえよう。

要するに東国の在地武士たちは、親房に所領の給付と朝官の補任を切実に求めていた。しかし親房にとっては、官位は天皇から与えられるもので、下賤な武士が要求すべきものではないのである。その事情を親房は本書において歴史的に明らかにして武士どもを説得しようというのが述作の一斑の目的だった（佐藤進一前掲『南北朝の動乱』）。しかし官位の授与は、形式的には天皇の大権に属することに変わりはないが、平安期以降、摂関《せっかん》や院、幕府など実力者によって左右されてきた歴史的経緯については、故《ことさ》ら無視して、あくまで後醍醐天皇の意向次第を強調する。これでは臨機応変な武士の操縦ができず、親房は官位原理主義に固執して、ひいては親朝らの説得に失敗したといえる。

要約すれば、親房が『正統記』を誰のために著わしたかという謎は、諸説に相応の理由があって、定説をみていない。

四、『神皇正統記』の内容構成について

（1）全体分割

親房は本書を、冒頭から「天」・「地」・「人」に三大別している。巻頭の句は有名な「大日本者神国也《おおやまとはかみのくになり》」である。これは親房独特の命題といえる。続けて、「ヤマト」「日本」等、国号のいわれ、由来を述べ、次いで日本からみた世界すなわち天竺《てんじく》（インド）・震旦《しんたん》（中国）・日本の位置関係その他概略

に及ぶ。特に天竺については仏教説話に拠るしかなく、『沙石集《しゃせきしゅう》』等でも説かれている、南贍部州《なんせんぶしゅう》の粟散辺土《ぞくさんへんど》が日本に相当すると説く。

このような親房による天竺・震旦・日本の三部構成は平安時代成立の『今昔物語集《こんじゃくものがたりしゅう》』、また鎌倉後期の僧志磐《しばん》の『仏祖統紀《ぶっそとうき》』も同じであり、三国は個別の歴史を経ながらも「共通の理法の支配下にある」という発想を出しており、『正統記』にいう「正理」「天の理」などはこの理念を表現したものという（苅部直氏「北畠親房『神皇正統記』」〈月刊『ちくま』二〇一五年二月号〉）。

それに続くのが、いわゆる天地開闢《かいびゃく》以来のわが国の建国神話で、国常立命《くにのとこたちのみこと》（天御中主神《あめのみなかぬしのかみ》）から始め、神話が語られるが、神武《じんむ》天皇から「人皇《にんのう》」の代となる。宣化《せんか》天皇までが「天」の部、欽明《きんめい》天皇から「地」の部、ついで鳥羽《とば》天皇から「人」の部という順である。この「天・地・人」三部の構成は、「天」が仏教渡来以前、「人」が武家勃興以後という、親房なりの時代区分を表わしているといえよう。

（２）天皇の代数

さて親房は、神武天皇以降、「第九十六代後村上天皇」（この代数については後述）に至るまで、皇位継承の次第と歴代天皇の事績を、即位・改元年、都、在位年数、享年等（正確には、代数・世数・称号・諱《いみな》・系譜位置・即位年・改元年・都・在位年数・享年の十項目）に分けて略述する。この様式は、後述のように、鎌倉南北朝期に流行した年代記（または皇代記）を踏襲したものである。その記事の初めに「第四十代、天武天皇は」のように必ず代数を掲げるのであるが、この代数が現代の数え方とは異なっている。たとえば、親房が擱筆《かくひつ》する最後の天皇、後村上天皇を九十六代としているが、現在の中・高校教科書等では九十七代となっていて、一代差がある。

現在、われわれが習ってきた天皇の代数は、宮内庁が定める『皇統譜《こうとうふ》』に拠るもので、明治初年以降、何回かの改訂を経て決定し、固定されたものである。したがって、代数を入れた天皇系図については、幕末以前と近代とに大別される。主な変更点を列挙すると、

①明治初年、神功皇后《じんぐうこうごう》が代から外され、弘文《こうぶん》天皇と仲恭《ちゅうきょう》天皇が代数に加えられた。

②明治末年の南北朝正閏《なんぼくちょうせいじゅん》問題をきっかけに、南朝（後醍醐・後村上・後亀山《ごかめやま》の三天皇）が正統とされ、北朝の五天皇（光厳《こうごん》・光明《こうみょう》・崇光《すこう》・後光厳《ごこうごん》・後円融《ごえんゆう》）が代数から外された。

③大正末年に八代国治《やしろくにはる》博士の考証により南朝の長慶《ちょうけい》天皇の在位が確認され、〝大統加列〟と称し代数に入れられた。

以上によって、神武から仲哀《ちゅうあい》までの十四代と天武《てんむ》から順徳《じゅんとく》までの四十五代は、中世の王代記（その代表的なものは『本朝皇胤紹運録《ほんちょうこういんしょううんろく》』）と現在の『皇統譜』とで変化はないが、これ以外の天皇では、代数が一～二代ずれていることになる。ここで念のため、両者の相違を図示すると次のようになる。

『本朝皇胤紹運録』の代数
1神武……14仲哀――15神功皇后――16応神……39天智（弘文入れず）――40天武……84順徳（仲恭入れず）――85後堀河……95後醍醐――96光厳――97光明――98崇光――99後光厳――100後円融――101後小松（北朝正系）

現『皇統譜』の代数
1神武……14仲哀（神功皇后入れず）――15応神……38天智――39弘文――40天武……84順徳――85仲恭――86後堀河……96後醍醐――97後村上――98長慶――99後亀山――100後小松（南朝正系）

そして、結論からいうと、『正統記』の天皇の代数は、九十五代までは『本朝皇胤紹運録』の代数とまったく一致しており、ただ最後に当たる後醍醐の次の天皇だけが、親房の拠る南朝正系の立場から「後村上天皇」になっており、『本朝皇胤紹運録』は北朝正系の立場から「光厳天皇」となっているわけである。

以上によって見てくると、親房の立場は、飛鳥《あすか》以前の天皇の数え方は『日本書紀《にほんしょき》』に拠り、以後も「六国史《りっこくし》」の数え方に準じ、鎌倉以後の天皇は、中世に多く現われた皇代記・年代記の数え方を踏襲したものであって、親房オリジナルの部分は、ただあくまで南朝正系の立場から、光厳天皇以下の北朝天皇の（光厳天皇が北朝の天皇か否かは議論の余地がある。光厳は建武三年＝一三三六の南北両朝対立以前の鎌倉時代の天皇であり、正統性も疑問の余地がないからである。後述参照）践祚を認めないというだけなのである。

　とはいうものの、天皇の代数は皇統の正当化にストレートに結びつく親房の史観の核であって、簡単に見過ごすことはできない。やや細部にわたるきらいがあるが、ここで後鳥羽天皇の践祚と光厳天皇の践祚について、親房の記述するところを見ておきたい。この両帝は、前者は平家都落ちによって、後者は後醍醐の笠置蒙塵によって、ともに三種の神器なしで践祚したという共通性をもつ。ところが親房は、前者について、「先帝（安徳天皇）三種の神器を相《あい》具《ぐ》せさせ給し故に践祚の初の違例に侍りしかど、法皇（後白河）国の本主にて正統の位を伝えまします」と、後白河《ごしらかわ》上皇の「伝国詔宣《でんこくしょうせん》」にて切り抜けたことを正統の根拠としている。反面、光厳天皇も後伏見《ごふしみ》天皇の「伝国詔宣」を拠《もと》に践祚したにもかかわらず、しかも、建武の中興に至る約二年間在位していたにもかかわらずまったく無視し、あたかも光厳天皇の存在を「無きが如くに」扱っているのである。神器の有無を皇統の正統性の核にすえながら、親房は実は恣意的に光厳天皇を皇位から外し、矛盾したことを叙している。親房の矛盾はこれに留まらないが、読者が留意しないと親房の筆鋒に引きずられる傾きがある。

（3）天皇による討幕の評価

　以上のように、天皇の代数（およびその数え方）だけでも親房の立場はよく表われているが、親房は歴代天皇の事績叙述のはしばしに当該天皇の評価を挿入し、あるいは一般的な天皇論・君徳論を展開しており、また藤原《ふじわら》氏・源氏など臣下をも論じ、『正統記』の真面目というべき彼独特の史論が出ている。たとえば、順徳《じゅんとく》天皇の次に掲げられている九条廃帝《くじょうはいてい》（先述のとおり、代数には不算入）の項では、承久《じょうきゅう》討幕の戦争とその総括が行われ、また後醍醐天皇の項では、笠置蒙塵のあと元弘討幕の戦争とその評価が行われている。さらに、承久の乱後では鎌倉幕府政治の意義、元弘討幕の後には、建武政府の意義と、尊氏の幕府樹立への批判が行われている。

このように、『正統記』は単なる歴代天皇紀の羅列ではなく、随所に親房の史論が語られているのだが、現代のわれわれが注目すべきなのは、その親房による史実が正しいかどうか、また彼の史論の矛盾点である。

『正統記』を通観して現代のわれわれが誰しも気づかされる大きな矛盾は、親房が源頼朝《よりとも》・北条泰時《ほうじょうやすとき》の鎌倉幕府政治を絶賛し、したがって承久討幕を企てた後鳥羽上皇に点が辛《から》いのに対し、後鳥羽上皇同様に討幕を企てた後醍醐天皇には甘く、室町の武家政治を草創した足利尊氏に対しては、「功もなく徳もなきぬす人」と口を極めて罵倒していることである。執権《しっけん》北条氏、将軍足利氏という、いずれも天皇家側の討幕運動を克服して天下を治めた武家の評価に関して、親房は二枚舌を使っていると批判されても致し方あるまい。

このような親房の独特といえる武家政治観、換言すれば「泰時贔屓《びいき》、尊氏嫌悪」は何によって来る《きたる》のか。従来の『正統記』解説では、右の点はほとんど考察されていなかったが、次にこれを少しく考えてみたい。

親房は、既述のように源通親の次男中院通方《みちかた》の四代末裔に当たる。さて、通親の女承明門院《しょうめいもんいん》は土御門天皇の母であり、また通親の嫡男久我通宗《みちむね》の女通子は後嵯峨《ごさが》天皇の生母に当たる。承久乱後の新皇統である後高倉院《ごたかくらいん》（後鳥羽の同母兄）、後堀河《ごほりかわ》天皇、四条《しじょう》天皇の系統が、四条の夭折《ようせつ》により断絶したとき、土御門天皇の遺子後嵯峨天皇を嗣立したのは他ならぬ泰時である。すなわち、泰時嗣立の後嵯峨天皇も、その父土御門天皇も、ともに久我源氏の外孫《がいそん》という関係に当たる。このような次第で、親房は、先祖の通親・通宗を外戚《がいせき》とする後嵯峨天皇を擁立した泰時を深く徳とし、その結果として『正統記』において泰時およびその政治に最大限の評価を与えるに至ったと考えられる。それは『正統記』の後嵯峨条にも、

泰時はからい申《もうし》てこの君をすへ奉りぬ。誠に天命也、正理也。（中略）天照大神の冥慮に代てはからい申けるもことわりなり。

と記していることからも推測される。しかしながら、史論としてこの部分は、まさに親房の〝身贔《みびい》屓《き》〟から出たことであって、読者としては以《もっ》て銘《めい》すべきことであろう。

五、北畠親房の儒学思想

次に、親房の史観の背景にある思想について言及しておきたい。親房は建武末年の在伊勢時代、神宮（外宮《げくう》）を拠点とする度会《わたらい》神道家の神職連と交流があり、その神祇観には度会神道の影響が強いことは以前から指摘されており、ことに親房が『正統記』に先立って著わした『元元集』によく表われているとするものである。

ひいて親房の天皇観・国家観についていうと、親房によれば、天照大神の血統を伝える「百王一姓《ひゃくおういっせい》」（「万世一系《ばんせいいっけい》」という語は明治以降出てきたので、ここでは使わない）こそが皇位継承の大原則である。『孟子《もうし》』の革命思想はすでにわが国に伝わっていたが、親房は孟子の易姓革命《えきせいかくめい》を認めていない。『正統記』の「神代」条では、王朝が順次交替して興亡常なき震旦《しんたん》（中国）を批判し、「震旦又ことさら猥《みだ》りがわしき国なり」と却《しりぞ》ける一方、「我が国のみ天地開けし初より今の世の今日に至るまで、日嗣《ひつぎ》をうけ給ことよこしまならず」と、彼我対照して日本を称賛している。また、「地」の部の嵯峨天皇条に「我が国は王種の変わることはなけれども」と、改めて革命を否定している。

また、唐《とう》以降の震旦（中国）の王朝交替を、各天皇条に掛けて引用している。たとえば醍醐《だいご》天皇の条には唐の滅亡と五代後梁《こうりょう》の中原《ちゅうげん》制覇を述べ、村上天皇の条では宋《そう》の統一を記し、崇徳《すとく》院の条に靖《せい》康《こう》の難《なん》による北宋滅亡を言及している。このような対照によって、中国の治乱と一種姓による日本の安定を比較し、日本の歴史の優位性を強調するわけである。

しかし反面、親房は日本の皇統における〝不徳の王〟の廃位・追放を容認しており、たとえば武烈《ぶれつ》天皇の子孫断絶や後鳥羽・順徳の配流・廃立を当然としている。これは儒教的徳治主義に親房さえ影響を受けていた事実を示すといえよう。以下、親房の儒学受容について秀れた業績を示された下川玲子氏の説に基づき略述する。

下川氏によれば、親房は儒教の放伐思想は排除しながら、『孟子』の革命論の影響を受け司馬光《しばこう》の『資治通鑑《しじつがん》』の思想や『春秋《しゅんじゅう》』の名分論の論理も受容していたことを表わすという。親房は、世襲により皇位を継いだ天皇が、「徳」や「賢」を備えることを厳しく要求するが、下川氏はそれが儒学の影響であるとするのである。

親房は天皇の代数と別に、幾人かの天皇については世数をも付している。たとえば「第五十八代、第三十一世光孝天皇」という具合に代数と別に世数というものを立てる。これは正系の天皇と傍系の天皇を区別することを示している。この世数とは、醍醐天皇から遡って、神武天皇に至る父子一直線の上に載る天皇（いわば竪《たて》系図上の天皇）のみを正統の天皇とし、そこから枝分かれした天皇は傍系として、世数には入れない。したがって、持明院統《じみょういんとう》の天皇は親房には正系ではない。かく親房においては父子一系に皇統が継承されることが「正統」なので、傍系が断絶することは一種の革命なのである。それは帝王不徳の結果であって、親房は皇統の移動を儒教的思想で正当化したわけである。しかしながら、親房没後の結果を辿ってみれば、大覚寺統は断絶しているわけであって、親房の筆法を以てすれば、これすなわち後醍醐天皇の不徳の結果となってしまうわけであり、皮肉というほかはないが、ここに親房における儒教思想の限界が認められる。

さらにいえば、「関東は戎夷《じゅうい》なり。天下管領然《かんれいしか》るべからず」を討幕の理由とした後醍醐天皇と、泰時を引いて鎌倉幕府政治を絶賛した親房の間には、根本的な矛盾がある。そもそも『正統記』において、親房は摂政《せっしょう》・関白《かんぱく》・内覧《ないらん》等の補佐の臣を否定してはいない。それどころか、親房の理想とする政治は、摂関政治であることは、戦後、永原慶二・白山芳太郎の諸氏も指摘するところである。ようするに、後醍醐天皇と親房の間には越えがたい径廷がある。

結局、そうした差異には目をつぶって、三種の神器の継受による南朝の正統を主張しようとしたのだが、その点すらも、親房の晩年には、後醍醐天皇が足利尊氏に譲った神器は〝偽器〟であって、室町幕府は永らくその点を詐《あざむ》かれ続けていたなどと、苦しい弁明をする結果となっている。

六、その後の北畠親房

関東における武士の糾合に失敗した親房は、失意の裡に吉野に戻った。

しかし運命は皮肉にも、足利氏の内訌による「観応《かんのう》の擾乱《じょうらん》」（一三四九～五二）によって、一時的に南朝が有利となり、尊氏が後村上天皇に降伏するという〝正平《しょうへい》の一統《いっとう》〟を迎える。舞台は再び親房を主役に引き出す。親房は幕府を油断させ、北朝の帯びていた神器を接収し、光厳・光明・崇光の三院と廃太子直仁《なおひと》親王を南朝賀名生《あのう》（奈良県五條市）に拉致・監禁するという荒業を行う。二度と北朝を立てなくするためである。〝謀臣〟親房の面目躍如たるものがあるが、幕府もさる者、後伏見上皇の中宮《ちゅうぐう》・広義門院《こうぎもんいん》（西園寺《さいおんじ》寧子）を「治天《ちてん》の君《きみ》」にかつぎ出し、神器も「伝国詔宣」もなしに、後光厳天皇を践祚させ、強引に北朝を再建してしまう。

こういう状況になると、結果的に親房の荒療治は失敗に帰し、しかも三院と廃太子の処置にも窮し、北朝の公卿たちに親房は悪辣な謀略の主という不評判を植えつけてしまう。「後醍醐院の御行事《おんぎょうじ》（中略）毎事物狂《ぶっきょう》の沙汰等《さたども》なり」（『後愚昧記《のちのぐまいき》』）という三条公忠《さんじょうきんただ》の捨てぜりふは、彼らの冷笑ぶりを代表している。ともかく、親房は自らの北朝廃滅策の失敗を見届けてほどなく、賀名生の偶居で病没する。

七、後世に与えた影響

以上みたように、『正統記』はいくつかの矛盾を含みながら、明確化された史観と、自らの属する王統への強烈な支持表明によって、広い読者層を獲得した。「観応の擾乱」後の北朝再建と、足利義《よし》満《みつ》による南北朝の合一によって、親房のもくろんだ路線は結果的には杜絶したのであるが、思想の書、革命の書として後世の学者・史家に大きな影響を与えた。山鹿素行《やまがそこう》、新井白石《あらいはくせき》、頼山陽《らいさんよう》らの史家はもとより、崎門《きもん》の儒者や水戸学の名分論にも、親房の史論は大きく反映している。

もっとも、岩佐氏によれば、素行・白石・山陽らの親房解釈は、徳川政権を正当化するために、『正統記』の頼朝・泰時の善政論を重視したもの、ということである。

簡単な皇代記一冊を唯一の参考として、東国の草深い城塞に籠もって著わされた小冊子という成立の背景から考えて、驚くべきことである。慈円の『愚管抄』とともに、中世に成立した歴史書の双璧として評価が定まっているが、一方で、久我源氏中心の思考から抜け切れず、何よりも後醍醐天皇の吉野没落が、後鳥羽上皇の承久の乱敗北と同様に、民心を失った結果と認めることができず、誤った現実認識を元に皇統正統論を展開している錯覚に、最後まで無自覚であった。

最後に付け加えるべきは、『正統記』に対して現実の皇統の成り行きから、『正統記』批判の書も出された事実である。太政官官務《だじょうかんかんむ》の小槻晴富《おづきのはるとみ》は応仁の乱の頃に『続神皇正統記』を著わして、正平一統後の北朝再建の次第を表明した。また近世に入って、新井白石は建武新政を後醍醐天皇の重祚《ちょうそ》と位置づけて親房の立場を批判し、加賀《かが》藩主前田綱紀《まえだつなのり》は『正慶乱離志《しょうきょうらんりし》』を編集して、水戸光圀《みとみつくに》に対抗し北朝正統の立場を明らかにしている。

明治以降は、水戸学的名分論の立場が強くなり、明治末以降は皇統論の自由な表明が学者間でも困難となった。戦後、「歴史意識の『古層』」等を著わして、本邦史書の比較を試みた丸山真男は、『正統記』と『愚管抄』を対比して、「歴史把握の深さという点で、くらべものにならぬくらい『愚管抄』のほうが深い」と親房の史論に辛い点を与えている。

丸山による慈円の高評価は、『愚管抄』が、歴史における矛盾、歴史悪の問題を出していて歴史の見方が多層的であること、および歴史を動かすものとしての「道理」は、ヘーゲルの「歴史理性」の概念に匹敵し、しかも慈円によれば、「道理を作りかへ作りかへして世の中は過ぐる也」と、道理を複数でとらえ、「歴史相対主義」の点で慈円のほうがヘーゲルよりも優るとまでいう。しかし、丸山の孫弟子にあたる苅部直氏によれば、後醍醐天皇と違って「補佐の臣」を認めていた親房は、「皇室と武家政権との関係を、穏当なものとして提示した」故に、『正統記』が古典として継承されたと高く評価している。

【主要参考文献】

丸山真男『日本の思想（第6巻）歴史思想集別冊　対談　加藤周一・丸山真男』（丸山真男編集『日本の思想（6）』付録、筑摩書房、一九七四年）
新田英治「常陸・北下総における南北両勢力の対立」（『茨城県史中世編』、一九八六年）
平田俊春『神皇正統記の基礎的研究』（雄山閣出版、一九七九年）
岩佐　正「神皇正統記はいかに読まれたか」（日本古典文学大系『神皇正統記・増鏡』解説、岩波書店、一九六五年）

白山芳太郎　『北畠親房の研究』（ぺりかん社、一九九一年）
下川玲子　『北畠親房の儒学』（ぺりかん社、二〇〇一年）
佐藤進一　『南北朝の動乱』（中公文庫、原本は一九六五年刊）
今谷　明　「神皇正統記」（『岩波天皇・皇室辞典』岩波書店、二〇〇五年）
今谷　明　「王権の日本史①〜⑱」（小学館『創造の世界』93号〜110号）
今谷　明　『象徴天皇の源流』（KADOKAWA、二〇一一年）
苅部　直　「北畠親房『神皇正統記』」（月刊「ちくま」連載、「日本思想史の名著を読む（2）」）

第二章　『神皇正統記』（天）を読む

『神皇正統記』（天）[1]

序

国号の由来

大日本《おおやまと》[2]は神国《かみのくに》[3]である。天祖《あまつみおや》の国常立尊《くにのとこたちのみこと》[4]が初めてわが国の「基《もとい》」を開かれ、日神《ひのかみ》である天照大神《あまてらすおおみかみ》[5]が長くその統を伝えなされた。これは、わが国だけのことであって「異朝」（中国・朝鮮・インド）にその類《たぐい》はない。そのゆえに、わが国を神国というのである。

神代《かみよ》には、わが国は豊葦原《とよあしはらの》千五百秋《ちいほのあきの》瑞穂国《みずほのくに》[6]といっていた。天地開闢《てんちかいびゃく》[7]の初めからこの名である。この国名は、天祖の国常立尊が陽神《おがみ》・伊弉諾尊《いざなぎのみこと》[8]と陰神《めがみ》・伊弉冉尊《いざなみのみこと》[8]に授けなさった「勅《みことのり》[9]」に見えている。また、天照大神が天孫《あめみま》の瓊瓊杵尊《ににぎのみこと》に国をお譲りになられたときの神勅[10]にもこの国名があるので、この国の根本の「号《な》」だということがわかる。

また、わが国はまた、大八洲国《おおやしまのくに》[11]ともいう。これは、伊弉諾尊・伊弉冉尊がこの国をお生みになったところ、それが八つの島であったので、名づけられたのである。

また、耶麻土《やまと》ともいう。耶麻土は大八洲の「中国《なかつくに》」の名である。伊弉諾尊と伊弉冉尊は国生みにおいて、その八番目に天御虚空豊秋津根別《あめのみそらとよあきづねわけ》(12)という神をお生みになった。これを大日本豊秋津洲《おおやまととよあきづしま》と名づけ、今は四十八ヵ国に分かれている。耶麻土は「中州《なかつくに》」であるうえに、神武《じんむ》天皇の東征《とうせい》以来代々の皇都があるので、その名をとり、他の七州も合わせて耶麻土というのであろう。中国においても、周《しゅう》の国から発祥したので「天下」(国全体)を周といい、漢《かん》の地から起こったので、「海内《かいだい》」(天下と同じ)を漢と名づけたのと同じである。

耶麻土というのは「山迹《やまあと》」という意味である。昔、天と地が分かれて、泥の湿り気がまだ乾かなかったとき、山だけを行き来していたので、その跡が多くつけられたので(13)「山迹」というのである。あるいは、古語では居住することを「止《と》」といい、山に居住していたことから「山止《やまと》」という、とも伝えられている。

大日本とも大倭とも書くのは、この国に漢字が伝来したあと、国名を書きあらわすのに文字としては「大日本」と定め、しかも「耶麻土《やまと》」と読ませたからである。大日孁《おおひるめ》(天照大神《あまてらすおおみかみ》)が治めなさる御国なので、大日孁(日の女神)の本国という字義からこの文字を用いたのか、それとも東方の日の出るところに近いので、このようにいったのか。「日本」の意味はこのようだが、字のままに「ひのもと」とは読まず、「耶麻土《やまと》」と訓《よ》んでいる。わが国で漢字を訓で読むときは、多くはこのようである。たまたま「日《ひ》ノ本《もと》」などと読むが、それは文字によるのであって、わが国の国名としたのではない。

裏書に「ひのもとと読めるか」とある。『万葉集《まんようしゅう》』に次の歌がある。

イザコドモ　ハヤ日ノモトヘ　ヲ《(オ)》ホトモノ　ミツノハマ松　マチコヒヌラン

(去来子等　早日本辺　大伴乃　御津乃浜松　待恋奴良武　巻一、六三)

また、昔から大日本とも、あるいは「大」の字を加えず、ただ「日本」とも書いた。州《しま》の名を「大《おお》日本豊秋津《やまととよあきづ》」という。懿徳《いとく》(14)、孝霊《こうれい》(15)、孝元《こうげん》(16)の各天皇の諡号《しごう》は、(それぞれ大日本彦耜友《おおやまとひこすきとも》天皇、大日本根《ね》子彦太瓊《こひこふとにの》天皇、大日本根子彦国牽《ねこひこくにくるの》天皇というように)、みな「大日本」の字がついている。垂仁《すいにん》(17)天皇の皇女は大日本姫《やまとひめ》といった。これにも「大」の字がついている。

天神《あまつかみ》である饒速日尊《にぎはやひのみこと》(18)は天磐船《あめのいわふね》に乗って大空を駆けめぐって「虚空見日本国《そらみつやまとのくに》」とおっしゃった。神武《じんむ》(19)天皇の御名は神日本磐余彦《かむやまといわれびこ》と号し奉る。孝安《こうあん》(20)天皇は日本《やまと》足、開化《かいか》(21)天皇は稚《わか》日本とも号し、景行《けいこう》天皇(22)の御子小碓《おうす》の皇子《みこ》は日本武尊《やまとたけるのみこと》(23)と名づけ奉った。このような場合は「大」の字を加えていない。いずれも同じく「やまと」と読ませるが、大日孁《おおひるめ》の国という字義からいえば、「おおやまと」と読んでもいいのではないか。

その後、中国から「字書」(漢字や漢籍)が伝わってきたとき、それらが「倭《わ》」と書いてわが国の名として用いていたのを了解して受け入れて、この字を「耶麻土《やまと》」と訓で読み、「日本」と同じように「大」の字を加えても除いても、同じ調で通用させてきたのである。

中国がわが国の名を「倭」と名づけたのは、昔わが国の人が初めて中国に渡り、「汝《なんじ》の国の名は何というのか」と問われたとき、「吾国《わが》は」と言ったのを聞いて、そのまま「倭《わ》」と名づけたと書かれている。[24]

『漢書《かんじょ》』[25]に「楽浪《らくろう》［中国の東北に楽浪郡がある］の海中に倭人のいる所がある。百余国に分かれている」と書かれている。もしかすると前漢の時代にすでにわが国は中国と通していたのかもしれない［一書には[26]秦《しん》の時代からすでに通していたとも記されている。このことは後に記してある］。『後漢書《ごかんじょ》』[27]には、「大倭王《だいわおう》は耶麻堆《やまたい》にいる」［耶麻堆は「やまと」である］と記されている。これは、もしかするとわが国の使者が本国で使っている例に倣《なら》って、すでに「大倭」と称したからかもしれない［神功皇后《じんぐうこうごう》[28]が新羅《しらぎ》・百済《くだら》・高麗《こうらい》を従えなされたのは、後漢の末ごろである。このとき皇后は後漢とも通交していたと思われるので、おそらく文字も定めて伝わっていたであろう。一説には[29]秦の時代には書籍が伝えられていたともいう］。

「大倭」というわが国の呼び名は「異朝」でも受け入れて書物にも載せているのだから、わが国だけで自賛して称しているわけではない［中国で漢を大漢、唐を大唐などという場合、「大《おお》なり」と自賛しているのである］。『唐書《とうじょ》』[30]には「高宗《こうそう》の咸亨《かんこう》年中に、倭国の使者が、初めて国号を改めて日本《にほん》と称した。この国が東方にあって、日の昇る所に近いからである」と記されている。

このことは、わが国の古記でははっきりしていない。推古《すいこ》天皇[31]のとき、中国の隋朝《ずいちょう》の使者がもたらした国書には「倭皇《わこう》」と書かれている。聖徳太子《しょうとくたいし》が自ら筆をとってお書きになった返書には「東《ひがし》の天皇敬《てんのうつつし》みて西《にし》の皇帝《こうてい》に白《もう》す」とある[32]。中国は「倭」と書いているが、太子の返書には「日本」とも「倭」とも書かなかったのである。これ以前には日本側から中国へ送った文書があったとは思われない。唐の咸亨の頃は、天智《てんじ》天皇(33)の御代にあたるので、実際にはこのころから「日本」と書いて送ったのではないだろうか。

また、わが国を「秋津洲《あきづしま》」というが、神武天皇(34)がこの国の形をご覧になって「蜻蛉《あきづ》の臀呫《となめ》(35)のような形だ」とおっしゃったので、この名になったとのことである。しかし、神代《かみよ》にすでに「豊秋津根《とよあきづね》」という名があるので、この名は神武天皇の御代に始まったものではないのではないか。

このほかにも多くの呼び名がある。細戈《くわしほこ》の千足国《ちたるのくに》とも、磯輪上《しわかみの》の秀真国《ほつまのくに》と玉垣《たまかき》の内国《うちつくに》(36)ともいっている。また扶桑国《ふそうのくに》(37)という名もあったらしい。中国の書物に「東海の中に扶桑(38)の木があり、日の昇る所なり」とあるが、日本も中国の東にあるので、このことにことよせて、そういったのだろうか。しかし、わが国に扶桑の木があるということは聞かないので、確かな名とはいえないであろう。

【註】

（１）天／以下、「人皇《にんのう》」の宣化《せんか》天皇までが、原書の「天」の部である。

（２）大日本／国号としての「日本」は、大宝《たいほう》二年（七〇二）、遣唐使《けんとうし》が唐の吏僚《りりょう》に、従来の「倭国」を改めて「日本」と称したのが始まりという。日本側の改称理由は、〝小人〟を表わす「倭」の字が「雅《みやび》ならざるに依《よ》る」という。「日本」の語源は、聖徳太子《しょうとくたいし》の「日出《ひいず》る処《ところ》」に通ずるものがあり、その源流は推古《すいこ》朝にあるとも考えられる。

（３）神国／「神国」という語句は、『日本書紀』の神功皇后摂政前紀《じんぐうこうごうせっしょうぜんき》にある「東に神国有り。日本と謂《い》う」という新羅王《しらぎおう》の言が初見である。親房の記した「神国」という語句は、神道五部書の一つで、鎌倉時代に伊勢《いせ》外宮《げくう》の度会《わたらい》氏によって編纂されたといわれる『倭姫命世記《やまとひめのみことせいき》』の「大日本は神国なり。神明の加護によりて国家の安全を得、国家の尊崇によりて神明の霊威を増す」という表記の影響といわれる。ただし、本文では日本は、天照大神《あまてらすおおみかみ》の天孫が支配・統治する国である、と続けている。

（４）国常立尊／『日本書紀』では、「国之常立神《くにのとこたちのかみ》」と記され、天地開闢《てんちかいびゃく》のとき、最初に現われた神。『古事記』では、上巻冒頭の「天地初発」のとき、別天神五柱の次に現われた神で、国土の根元神と考えられる。

（５）天照大神／『日本書紀』では、「大日孁貴《おおひるめのむち》」とも記される。高天原《たかまがはら》の統治者で天皇家の祖先神とされている。『古事記』によれば、伊耶那岐命《いざなぎのみこと》が黄泉国《よみのくに》を脱出し、禊《みそぎ》をしたとき、左目を洗ったときに化成した三柱の神（天照大御神《あまてらすおおみかみ》、月読命《つくよみのみこと》、建速須佐之男命《たけはやすさのおのみこと》）の第一神。天照大御神の孫の邇邇芸命《ににぎのみこと》が、高天原から降臨して、葦原中国《あしはらのなかつくに》を治めることから、天皇が国を統治することの正統性が表明されていると考えられている。『神皇正統記』本文では、「太神」と記されるが、本書では「大神」で統一した。

（６）豊葦原千五百秋瑞穂国／『古事記』『日本書紀』に見える神話のなかの国土の美称の一つ。「葦の穂がしげる国土が豊穣となり永遠にさかえる」という意味。国土を表わす和風の美称には、ほかに「（豊）葦原中国」「大八嶋（洲）国」などがある。記紀神話において、神武天皇の統治以前に用いられる呼称。

（７）天地開闢／天と地ができた世界の始まり。「開闢」は開き分かれること。中国の古代思想では、混沌とした世界が二つに分かれて天と地となったという。

（８）伊弉諾尊・伊弉冉尊／『古事記』では伊耶那岐命・伊邪那美命ほか複数の表記があり、上巻の冒頭で「天地初発」のときに、高天原に出現した別天神五柱に次いで現われる神世七代の最後に現われる二神。

（9）勅／天皇の命令、お言葉のこと。または、その命令を伝える文書をさすこともある。

（10）神勅／『日本書紀』の神代下の一書にある、「皇孫《すめみま》に勅《みことのり》していわく、『葦原《あしはら》の千五百秋《ちいほあき》の瑞穂《みずほ》の国は、これ、吾が子孫の王たるべき地《くに》なり。いまし皇孫《すめみま》いでまして治《し》らせ。行矣《ゆきくませ》。宝祚《あまのひつぎ》の隆《さか》えまさむこと、当《まさ》に天《あめ》壌《つち》と窮《きわま》りなけむ』とのたまう」の表記のこと。

（11）大八洲国／神話において、伊弉諾尊・伊弉冉尊の二神の国生みによって生じた八つの島のこと『日本書紀』は、大日本豊秋津洲（本州）、伊予二名洲（四国）、筑紫洲（九州）、億岐洲（隠岐島）、佐渡洲（佐渡島）、越洲（北陸道）、大洲（山口県屋代島）、吉備子洲（児島半島）をあげるが、異伝もある。『古事記』は越洲以下を欠き、加えて淡路、対馬、壱岐の八島とする。

（12）天御虚空豊秋津根別／『古事記』の大八島の生成話に「大倭豊秋津島を生みき。またの名を天御空豊秋津根別という」とある。島名・地名を擬人化して表記するのは、皇子を諸国に「別」として分封したという考えが背景にあるからという説もある。

（13）その跡が多くつけられたので……／『弘仁《こうにん》私《し》記《き》序《じょ》』に、「天地剖判。泥湿いまだ燥かず。これもって山を栖として往来す。よって蹤跡多し。ゆえに邪麻止という」とある。

（14）懿徳／第四代天皇。『日本書紀』『古事記』とも系譜の記載はあるが事績の記述はなく、いわゆる「欠史八代」（綏靖《すいぜい》から開化《かいか》天皇にいたる八代）の一人に数えられる。↓一〇〇ページ参照

（15）孝霊／第七代天皇。『日本書紀』『古事記』とも系譜の記載はあるが事績の記述はなく、いわゆ「欠史八代」の一人に数えられる。↓一〇二ページ参照

（16）孝元／第八代天皇。『日本書紀』『古事記』とも系譜の記載はあるが事績の記述はなく、いわゆる「欠史八代」の一人に数えられる。↓一〇四ページ参照

（17）垂仁天皇／第十一代天皇。崇神天皇の第三皇子。生母は御間城姫命《みまきひめのみこと》。↓一〇八ページ参照

（18）饒速日尊／ニギハヤヒノミコトは、記紀神話に登場する神。『日本書紀』では「饒速日命」、『古事記』では「邇芸速日命」と表記される。『先代旧事本紀』の記述によれば、神武東征に先立ち、天照大神から「十種の瑞宝《みずたから》」を授かり天磐船《あめのいわふね》に乗って河内国の河上の地に天降り、その後、大和国に移ったとされている。これは、ニニギノミコトの天孫降臨説話とは別系統の説話とする考えもある。また、尊は有力氏族の物部《もののべ》氏の祖神とされている。

（19）神武天皇／初代の天皇。高天原から降臨した瓊瓊杵尊《ににぎのみこと》の曾孫で、兄五瀬命《いつせのみこと》らとともに、「東の美しい土地」を目指して日向から大和をめざして東征した。橿原宮で即位した。ただし、「記紀」ともに崇神天皇を「ハツクニシラススメラミコト」としており、事実上の初代天皇は崇神とする見方が多い。「欠史八代」は架空の人物ということになる。その場合、神武天皇は崇神天皇の創業説話の一部を反映した人物とされる。↓九二ページ参照

（20）孝安天皇／日本の第六代天皇。『日本書紀』『古事記』とも系譜の記載はあるが事績の記述はなく、いわゆる「欠史八代」の一人に数えられる。↓一〇一ページ参照

（21）開化天皇／日本の第九代天皇。『日本書紀』『古事記』とも系譜の記載はあるが事績の記述はなく、いわゆる「欠史八代」の一人に数えられる。↓一〇五ページ参照

（22）景行天皇／第十二代天皇。父は垂仁天皇。母は日葉洲《ひばす》（酢）媛命《ひめのみこと》。皇后は播磨稲日大郎姫《はりまのいなびのおおいらつめ》、その死後は八坂入媛命《やさかいりひめのみこと》が皇后となる。第二皇子の日本武尊《やまとたけるのみこと》に命じて、九州の熊襲《くまそ》、東国の蝦夷《えみし》を平定するために遠征させた。↓一一〇ページ参照

（23）日本武尊／『日本書紀』では「日本武尊」、『古事記』では「倭建命」と記される。「日本童男」「倭男具那《やまとおぐな》

命《みこと》」とも記される。『日本書紀』では景行天皇の第二皇子。『古事記』では第三皇子とされる。母は播磨稲日《はりまのいなびの》大郎姫《おおいらつめ》。父・景行天皇の命令で、熊襲や蝦夷の征討に奔走した後、伊吹山の神と戦うが、その神の毒気にあてられて深手を負ってしまい、回復することなく、三重の能煩野《のぼの》で力尽き息絶えた。死後、白鳥と化して飛び去ったという伝説が残る悲運の皇子。

（24）昔わが国の人が初めて中国に渡り……／『釈日本紀《しゃくにほんぎ》』巻一に「師説」として、「この国の人、昔かの国に到る。唐人問いて云わく。汝の国の名称如何。自ら東方を指して答えて云わく、和奴国かと云々。和奴はなお我国というがごとし。それより後、和奴国と謂う」とある。

（25）『漢書』／中国後漢の章帝の頃、班固《はんこ》らによって編纂された歴史書。前漢の成立から王莽《おうもう》政権までについて記した「二十四史」の一つ。『後漢書』と区別するため「前漢書」ともいう。その地理誌に、「楽浪《らくろう》海中に倭《わ》人《じん》あり、分れて百余国となし、歳時《さいじ》をもって来たりて献見すと云う」とある。倭人や倭国について記された古代中国の文献の初見といわれる。

（26）一書には／中国前漢の頃の方士《ほうし》・徐福《じょふく》が始皇帝《しこうてい》の命で、不老不死の霊薬を求めて、東方に船出したという記事が、司馬遷《しばせん》によって編纂された歴史書である『史記』の「始皇帝本紀《ほんぎ》」に記されている。

（27）『後漢書』／中国の後漢について記された歴史書。二十四史の一つで、中国南北朝時代に范曄《はんよう》によって編纂された。したがって成立は『魏書東夷伝倭人条』（いわゆる『魏志倭人伝』）のほうが古い。

（28）神功皇后／仲哀天皇の皇后。応神天皇の母。『日本書紀』などによれば、住吉大神の神託により、のちの応神天皇となる子供を宿したまま、筑紫から朝鮮半島に出兵して新羅などを攻めたという説話が伝えられている。『日本書紀』以下、中世の史書にいたるまで、天皇扱いとし、代数に入れている。『神皇正統記』も同じく天皇としている。

(29) 一説には／本文の一〇二ページ、「始皇帝の三十五年、秦は焚書坑儒《ふんしょこうじゅ》を行なったので、中国では失われた孔子の全経典が日本に残っているといわれる」という記述と関連する。

(30) 『唐書』／中国の唐について記された歴史書。旧・新の二種がある。『旧唐書《くとうじょ》』は二百巻で、後晋の劉昫《りゅうく》らの奉勅撰。『新唐書』は二百二十五巻で、宋の欧陽修《おうようしゅう》らの奉勅撰。

(31) 推古天皇／第三十三代天皇。日本初の女帝とされるが、『日本書紀』以下の史書が、神功皇后を初代女帝とすることは、前記註(28)のとおり。第二十九代欽明《きんめい》天皇の皇女で、母は大臣蘇我稲目《そがのいなめ》の女堅塩媛《きたしひめ》。聖徳太子を摂政とし、「冠位十二階」や「十七条憲法」を制定し、小野妹子《おののいもこ》を隋に派遣した。↓一五九ページ参照

(32) 聖徳太子が自ら……／『日本書紀』推古天皇十六年辛巳の条には、「ここに天皇、唐の帝を聘《とぶら》う。その辞にいわく、『東の天皇、敬《つつし》みて西の皇帝にもうす』云々」とあり、太子自身が書いたとは記されていない。

(33) 天智天皇／第三十八代天皇。舒明《じょめい》天皇の第二皇子。母は皇極《こうぎょく》天皇（斉明《さいめい》天皇）。藤原鎌足《かまたり》とともに蘇我氏を滅ぼし、皇太子として、いわゆる「大化《たいか》の改新《かいしん》」（乙巳《いっし》の変）を断行。近江の大津宮《おおつのみや》に遷都ののち即位。庚《こう》午年籍《ごねんじゃく》・近江令《おうみりょう》を制定した。↓一六九ページ参照

(34) 神武天皇が／『日本書紀』神武天皇三十一年四月乙酉朔条に、「腋上《わきがみ》の嗛間丘《ほほまのおか》に登りまして、国の状を廻らし望みて曰わく、『妍哉乎《あなにや》、国を獲《え》つること。……蜻蛉《あきづ》の臀帖《となめ》の如くにあるかな』とのたまう。これに由りて、始めて秋津洲の号有り」とある。

(35) 蜻蛉の臀帖／トンボ雌雄が交尾中、お互いの尾をくわえ合い、輪になって飛ぶ状態。

(36) 細戈の千足国・磯輪上の秀真国・玉垣の内国／『日本書紀』神武天皇三十一年四月条に、「昔、伊弉諾尊、この国を目《なづ》けてのたまわく、『日本は浦安の国、細戈《くわしほこ》の千足《ちだ》る国、磯輪上《しわかみ》の秀真国《ほつまくに》』とのたまいき。また大《おお》己貴大神《あなむちのおおかみ》、目《なづ》けてのたまわく、『玉牆《たまがき》の内つ国』とのたまいき」とある。

（37）扶桑国／扶桑は、中国において最古の地理書とされる『山海経《さんがいきょう》』などに記された伝説の国。扶桑の意味は、東方の海中にあるという巨木・神木のことで、日の昇る所という意味もある。後世、扶桑国は日本の異称となり、日本でも自国を扶桑国と呼ぶことがある。

（38）扶桑／アオイ科の常緑低木仏桑華《ぶっそうげ》の別称。中国南部原産。

仏典が説く世界

そもそも内典《ないてん》（仏書）の説によると、須弥山《しゅみせん》という山がある。この山の周囲に七つの金山《こんせん》があり、山々の間はすべて香水海《こうすいかい》である。金山の外側に四大海《しだいかい》がある。その海中に四大州《しだいしゅう》があり、州《しま》ごとにまた二つの中州《ちゅうしゅう》がある。その南の州を贍部《せんぶ》という［また閻浮提《えんぶだい》という。同じ言葉の転訛《てんか》である］。これは樹木の名である。

南の州の中心に阿耨達《あのくたつ》という山があり、その山の頂《いただき》に池がある［阿耨達とは無熱《ぶねつ》ということである。外書《げしょ》(1)で崐崘《こんろん》といっているのはこの山である］。池のかたわらにこの樹、贍部があり、周囲七由《ゆ》旬《じゅん》、高さ百由旬である［一由旬は四十里である。六尺を一歩とし、三百六十歩を一里とする。この里を基準にして一由旬を測るのである］。この樹は州の中心にあってもっとも高い。そのためこれを州の名としたのである。

阿耨達山の南は、大雪山《だいせっさん》、北は葱嶺《そうれい》で、葱嶺の北は胡国《ここく》、大雪山の南は五天竺《ごてんじく》、東北は震旦国《しんたんこく》、西北は波斯国《はしこく》である。この贍部州は縦横七千由旬、里でいえば二十八万里である。東海から西海までは九万里、南海より北海までも九万里であって、天竺はその中央にある。よってこれを贍部の中心の国とするのである。その周囲は九万里もあり、震旦が広いといっても、この五天竺に比べれば一辺の一小国にすぎない。

日本はこの地を遠く離れた海の中にある。北嶺《ほくれい》（比叡山）の伝教大師《でんぎょうだいし》（最澄《さいちょう》）と南都（奈良）の護《ご》命僧正《みょうそうじょう》（元興寺《がんこうじ》の僧）は、「日本は中の州である」と書いている。そうであるならば南の州と東の州との間の遮摩羅《しゃもら》という州というわけだろうか。華厳経《けごんきょう》に「東北の海中に山あり、金剛山《こんごうせん》という」とある金剛山は、大倭《やまと》の金剛山のことだという。そうであれば、わが国は天竺からも震旦からも東北の海中にある。（大陸とは違う）別の州であり、神明が皇統をお伝えしている国なのである。

同じ世界[2]の中のことだから、天地開闢《てんちかいびゃく》の初めはどこでも変わるはずはないのだが、三国[3]の説はそれぞれ違っている。

【註】

（1）外書／仏典以外の儒経や道教《どうきょう》などの書。内典の対語。

（2）世界／世は過去・現在・未来、界は上下四方。

（3）三国／天竺、震旦、日本。

天竺が説く世界の始まり

天竺（インド）の説では世の始まりを劫初《こうしょ》という［劫には成《じょう》・住《じゅう》・壊《え》・空《くう》の四つがあって、それぞれに二十の増減があり、一増一減を一小劫という。二十の増減を一中劫といい、四十劫を合わせて一大劫という］。光音《こうおん》という天の住人が空中に金色の雲を起こし、梵天《ぼんてん》を広く覆い、大雨を降らす。その水が風輪《ふうりん》の上にたまって水輪《すいりん》となり、増長して天上にまで達した。また大風が吹き、沫《あわ》を吹き立てて空中に投げおいた。それが大天竺の宮殿となった。大水がしだいに引き、欲界の諸宮殿や須弥山、四大州、鉄囲山《てついせん》をつくった。このようにして万億の世界が同時にできた。これを成劫《じょうこう》というのである［この万億の世界を三千大千世界という］。

光音天の住人がこの世界に下りてきてしだいに住みつくようになった。これを住劫《じゅうこう》という。この住劫の間に二十の増減があるはずだといわれている。その初めには、人の身体が発する光が遠くまで照らし、自由に飛行でき、歓喜を食物とし、男女の形に区別がない。のちに大地から甘い水の泉が湧き出し、その味は酥蜜《そみつ》(1)のようであった［酥蜜は地味《ちみ》ともいう］。これをなめたため美味に味着《みちゃく》(2)が生じ、そのため神通力《じんつうりき》を失い、光も消えて、世の中は大きな暗闇となってしまった。衆生《しゅじょう》の行いに対する報いがそのようにさせたのである。黒い風が海に吹き荒れ、太陽と月の二輪を空に漂わせ、それが須弥山の中腹にかかって四天下《してんげ》（世界）を照らした。これにより初めて昼夜、晦朔《かいさく》（月の終わりと初め）、春秋が生じた。

衆生は地味に耽《ふけ》ったため顔色も衰え、憔悴《しょうすい》した。地味がなくなって、林藤《りんどう》というものが残り［これは地皮ともいう］、衆生はまたこれを食料とした。林藤も尽きてしまい、自然の秔稲《こうとう》（粳稲《うるちいね》）が生じた。これはいろいろの美味があった。この稲は朝に刈れば夕方にもう熟していた。これを食べたため、衆生の体内に残穢《ざんえ》（食べかす）ができてしまった。それを排泄するための二本の器官ができた。男女の身体にも違いが生じ、ついに男女は淫欲の交わりを行なうようになった。この男女のことを夫婦と名づけて、舎宅を構えともに住むようになった。光音天たちも、のちにはこの世に降りて生まれる者は、女人の胎内に入って胎生《たいしょう》(3)で生まれた。

その後、秔稲が生じなくなった。衆生はこれを憂い嘆いて、それぞれに境界線を引き、田に稲を植えて食料とするようになったが、他人の植えた稲をも奪い盗む者が出てきて、争いが生じるようになった。この争いを裁く人がいなかったので、人々は衆議して一人の平等王《びょうどうおう》を立てた。これを刹帝利《せっていり》といった［田主《でんしゅ》という意味である］。その初めの王を民主王といった。十善《じゅうぜん》の正法《しょうほう》(4)を行ない国を治めたので、人民はこの民主王を敬愛した。

こうして閻浮提《えんぶだい》（人間の住む大陸。古代インドの世界観）の天下《てんげ》は豊楽安穏《ぶらくあんのん》で、病気や酷寒・酷暑などもなく、寿命も極めて長く、無量歳であった。その後、民主王の子孫が長くその王位を継承してきたが、しだいに正法が衰えたため、寿命も短くなって八万四千歳となった。その頃、身長は八丈であった。

その間、王がいて、転輪《てんりん》の果報(5)を備えていた。まず天から金輪宝《こんりんほう》が飛び落ちて王の前にあらわれる。

王が道を行くときはこの輪が王の前を転がって、道を均《なら》していき、多くの小王はみなこれを迎え拝した。あえて逆らう者はなく、王は四大州の君主となった。

また象《ぞう》（白象）・馬《め》（紺馬）・珠《しゅ》（神珠）・玉女《ぎょくにょ》・居士《こじ》・主兵《しゅひょう》などの宝があり、この七宝（金輪宝と上記の六宝を合わせたもの）を手にした者を金輪王と名づけたのである。この下に、銀・銅・鉄の転輪王がいる。この四種の転輪王のもつ福力はみな違い、果報もしだいに弱まり、寿命も百年につき一年短くなり、身の丈も百年に一尺ずつ低くなっている。

そして人の寿命が百二十歳になったとき、釈迦仏《しゃかぶつ》が出現した［あるいは寿命百歳のときともいう。これより先に三仏(6)が世にあらわれた］。人の寿命が十歳になるころには、小三災（飢饉・疾疫・戦争）という厄災があらわれるだろう。人間はほとんど死に絶え、わずか一万人を残すだけとなる。その残った人々が善を行なうことにより、また寿命も伸び、果報も進んで寿命が二万歳まで戻るとき、鉄輪王があらわれて南一洲を統治するだろう。四万歳のとき銅輪王があらわれてきて東・南二洲を統治する。六万歳のとき銀輪王があらわれて東・西・南三洲を統治し、八万四千歳のとき金輪王が出現して四天下を統治する。その果報は右に述べたとおりである。

それからまた寿命が減りはじめて、弥勒《みろく》仏が出現する［八万歳のときともいう］。このあと十八度の寿命増減があるが、そこで大火災が起こり、色界《しきかい》(7)の初禅《しょぜん》（色界を四つに分けた第一層）の梵天《ぼんてん》(8)まで焼失し、三千大千世界も同時に滅びてしまう。これを壊劫《えこう》という。このように世界が虚空黒穴《こくうこくけつ》のようになることを空劫《くうこう》という。

このような七度の火災を経たあと大水災が起こり、このとき第二禅（初禅の上の色界第二層）まで壊滅してしまう。ついで七度の火災と七度の水災を経て大風災が生じ、第三禅（色界の第三層）も壊滅する。これを大三災というのである。第四禅（色界の最上層）以上では内外の過患《かげん》（悟りを妨げる煩悩）は一切ない。この第四禅のなかに五天があり、そのうちの四つ（無想天《むそうてん》・広果天《こうかてん》・福生天《ふくしょうてん》・無雲天《むうんてん》）は凡夫の住むところ、もう一つは浄居天《じょうごてん》といって、証果《しょうか》の聖者（仏が悟った果の境地に達した者）の住むところである。

この浄居天を過ぎると摩醯首羅天王《まけいしゅらてんおう》の宮殿がある［大自在天《だいじざいてん》ともいう］。この天王は色界の最頂点にいて大千世界を統領している。その天の広さはその大千世界を覆っている［下天《げてん》も広狭はいろいろであって、初禅の梵天は四天下の広さである］。この上に無色界《むしきかい》の天があって、四地[9]に分かれているという。これらの天は小災、大災にはあわないが、その業力《ごうりき》には限りがあるので、果報が尽きると、そこから去って、下界に没するだろう、と書物に書かれている。

【註】

（1）酥蜜／牛の乳を精製した酥油《そゆ》と蜂蜜でできた甘い飲み物。

（2）味着／美味に執着心する煩悩。

（3）胎生／母体の体内に一定期間いてから嬰児《えいじ》として生まれること。
（4）十善の正法／仏教でいう十善戒を完全に保つこと。
（5）転輪の果報／転輪の聖王が道を行くとき、金・銀・銅・鉄の宝器である輪宝が先進して道を均《なら》したというもの。
（6）三仏／人の寿命六万歳のときの拘留孫仏《くるそんほとけ》、四万歳のときの倶那含牟尼仏《くなごんむにほとけ》、二万歳のときの迦葉仏《かしょうほとけ》のこと。
（7）色界／凡夫が輪廻転生を繰り返す世界を三界《さんがい》といい、色界はその一つで、ほかに欲界、無色界がある。
（8）梵天／初禅の三天、大梵天・梵補天・梵衆天の総称のこと。
（9）四地／識無辺処・空無辺処・無所有処・非想非非想処のこと。

中国が説く世界の創生

震旦《しんたん》(1)はことに文字や書物を大事にする国だが、世界がいかにしてできたかについては確かでない。儒書は伏羲《ふっき》氏(2)という王より前のことは書いていない。ただし異書（道家《どうか》の書）の説では、混沌《こんとん》未分の形、天・地・人の初めについて記していて、これはわが国の神代の起源によく似ている。あるいはまた、盤古《ばんこ》という王がいて、「その目は日月となり、毛髪は草木となった」という説もある。この説によれば、盤古王以来、天皇・地皇・人皇・五龍《ごりょう》などの諸氏が次々と王となり、その間、数万年を経たというのである。

天神《あまつかみ》の種を受けて世界を創生したというわが国の世界創生説は、天竺の説に似たところがないわけではないようだ。しかし、わが国は天祖以来皇位の継承に乱れはなく、皇統も一種であって、この点ついては天竺においては例がない。天竺の初めの民主王は民衆のために擁立され、以来、その後裔によって王位が継承されたが、時代が下ると、その血筋を受けた王種の多くは滅ぼされて、力さえあれば卑しい血筋の者も国主となり、さらには五天竺を統領する輩まであらわれた。

震旦はとりわけ乱逆で無秩序な国である。昔、世の中が純朴で政道も正しかった時代でも、賢者をえらんで王位を授けることもあったようなので、王統が一種に定まっているというわけではなかった。乱世になるにつれ、力をもちいて国を争うこととなった。民衆の中から出て王位についた者もあるし、戎狄《いてき》から起こって国を奪った者もある。あるいは代々の臣でありながらその君主を越えて、ついに王位を譲り受けた者もある。伏羲氏ののち、中国では天子の氏姓の交替は三十六度に及んでいる。その乱れの激しさには言語もない。

ただわが国だけは天地開闢以来、今の世にいたるまで、天照大神の神意をお受けした皇位の継承は、正しく行われている。一種の姓のなかにおいて、たまたま傍流に皇位が伝えられることがあっても、また正統に戻る道があって、皇位は継承されてきている。これはすべて、「神明の御誓」（天照大神の天壌無窮の神勅）常に生きていたからであり、他国と異なることのいわれである。

【註】

（1）震旦／仏典にいう中国の古称。

（2）伏羲／古代中国の伝説上の三皇の一人。蛇身人面で、易《えき》の「八卦《はっけ》」を作り、漁猟法を民衆に教えたといわれる聖王。

「神皇の正統記」の意味

そもそも、神道《かみのみち》は深秘であって、簡単にはその真実は明らかにしない、ということである。それゆえ、わが国の根元を知らなければ、乱世の始まる元となるだろう。そうした無知からくる乱逆の苦しみを救うために、神道についていささか記すものである。しかし、神代から「正理」によって皇統が継承されている理由を述べることを志しているので、よく耳にして皆が知っていることは記さない。という理由で、この書を「神皇の正統記」と名づけるのである。

神代

天地の成り立ち

さて、天地がいまだ分かれていなかったとき、世界は混沌としていて、その丸まった様子は、まるで鶏の卵のようであった。はっきりとしないが、物の兆しがその混沌に含まれていた。陰陽(1)の元初は未分化で、一つの気のままだった。その気が初めて分かれ、清く、明るい部分はたなびいて天《あめ》となり、重く、濁った部分は続いて地《つち》となった。その中から一つの物が現われた。それは葦牙《あしかび》（葦の新芽）のような形で、すぐに化して神となった。これを国常立尊《くにのとこたちのみこと》と申した。または天御中主神《あめのみなかぬしのかみ》(2)とも号し奉った。

この神には木・火・土・金・水の五行の徳が備わっておられた。まず水徳が神に化してあらわれなさった、これを国狭槌尊《くにのさつちのみこと》(3)という。つぎに火徳の神を豊斟渟尊《とよくむぬのみこと》(3)という。これらの神々は天の道によって一人でお生まれになった。ゆえに純男《じゅんなん》（男の一人神）であられる［純男といっても男の相があったとは定めがたい］。つぎに木徳の神を泥土《ういじ》［蒲鑑反］瓊尊《にのみこと》・沙土瓊尊《すいじにのみこと》という。つぎに金徳の神を大《おお》戸之道尊《とのじのみこと》・大苫辺尊《おおとまべのみこと》という。つぎに土徳の神を面足尊《おもたるのみこと》・惶根瓊尊《かしこねのにのみこと》(4)という。

天地の道が相変わって、それぞれが陰陽の形となったが、陰と陽が相交わる行為はなかったという。これら諸神は、実は国常立尊の一柱でいらっしゃるらしい。五行の徳がそれぞれ神として姿を現わされたので、これらをあわせて六代[5]と数えるのである。したがって二世、三世と順序を立てて数えるべきではないと思われる。

【註】

（1）陰陽／中国古代の思想で、宇宙や天地にあるもので、互いに反する二種類の性格の気のこと。地・月・夜・女などは陰、天・日・昼・男などは陽といわれる。

（2）天御中主神／『古事記』では、上巻の冒頭で、「天地初発の時」、高天原に最初に出現した神である。「高天原の中心の神」という意味である。その後、出現した、高御産巣日神《たかみむすひのかみ》と神産巣日神《かみむすひのかみ》とともに独神（単独神）として、他の物語には登場しない。『日本書紀』では、神代上の第一段の第四の一書に、「天地初めて判《わか》るときに、始めて倶《とも》に生づる神有《ま》す。国常立尊と号《もう》す。次に国狭槌尊。また曰わく、高天原に所生《あ》れます神の名《みな》を、天御中主尊と曰す。次に高皇産霊尊、次ぎに神皇産霊尊」とある。

（3）国狭槌尊・豊斟渟尊／『日本書紀』本文によれば、天地開闢の後、国常立尊についで化成した神が国狭槌尊、その次に豊斟渟尊が化生したとある。さらに、これらの三柱の神は男神であると記されている。国狭槌尊は土の神格化、豊斟渟尊は原野の神格化といわれる。

（4）泥土［蒲鑑反］瓊尊・沙土瓊尊・大戸之道尊・大苫辺尊・面足尊・惶根瓊尊／『日本書紀』の本書では、天地開闢の後、十一柱七代の神が化成したとし、「神世七代」としている。一代＝国常立尊、二代＝国狭槌

尊、三代＝豊斟渟尊、四代＝泥土煮尊・沙土煮尊、五代＝大戸之道尊・大苫辺尊、六代＝面足尊・惶根瓊尊、七代＝伊弉諾尊・伊弉冉尊。

（5）六代／「記紀」では、国常立尊から伊弉諾尊・伊弉冉尊までを神世七代としているが、親房は度会神道の影響で、六代と記している。

伊弉諾尊・伊弉冉尊の誕生

つぎに化生なさった神を伊弉諾尊《いざなぎのみこと》・伊弉冉尊《いざなみのみこと》という。この神はまさしく陰陽の二つに分かれて、天と地の間の万物創造の根源となられた。先に述べた五行の徳は一つずつの徳であった。この五徳が合わさって、万物が生じる初めとなったのである。

ここに天祖《あまつみおや》の国常立尊《くにのとこたちのみこと》が伊弉諾尊・伊弉冉尊の二神に勅《みことのり》して、「豊葦原《とよあしはら》の千五百《ちいお》の秋《あき》の瑞穂《みずほ》の地《くに》がある。汝らがそこへ行って、治めよ」とおっしゃり、天瓊矛《あまのぬぼこ》をお授けになった。この矛はまた天逆戈《あまのさかほこ》とも、天魔返戈《あまのさかほこ》ともいった。伊弉諾尊・伊弉冉尊の二神はこの矛を受けとり、天浮橋《あまのうきはし》(1)の上に立ち、矛をさしおろしてかき回し、探られなさったが、あるのは青海原《あおうなばら》だけであった。

しかし、その矛先から滴り落ちた潮がかたまって一つの島となった。これを磤馭盧嶋《おのごろじま》という。この名前については秘説がある。神代は梵語に通じていたのであろうか。この島の場所をはっきりと知る人はいないが、大日本《やまと》の国の宝山《ほうせん》（葛城山《かつらぎさん》(2)）のことだという［これについては口伝がある］。二神はこの島に降りられて、すぐに国の中心となる柱《みはしら》を立て、八尋《やひろ》の広大な宮殿を建て、いっしょにお住まいになった。そこで伊弉諾尊・伊弉冉尊の陰陽二神は「和合《わごう》」なさって、夫婦の道が始まったのである。

【註】

（1）天浮橋／神が高天原から地上に降りるときに架けられる橋という。

（2）葛城山／大阪府と奈良県の境界にある金剛山地の主峰の一つ。標高九五九メートル。

天瓊矛の由来

この天瓊矛《あまのぬぼこ》は、天孫（瓊瓊杵尊《ににぎのみこと》）が降臨されたとき、従えて天《あま》くだられたと伝えられている。また垂仁《すいにん》天皇の御代に、大和姫《やまとひめ》(1)の皇女《こうじょ》が、天照大神のお教えのままに国々をめぐり、伊勢国に宮所《みやどころ》をお求めになったとき、大田命《おおたのみこと》（猿田彦神《さるたひこのかみ》(2)の子孫）という神が参り現われて、五十鈴《いすず》の河上に霊物《れいもつ》を守り置いているところを指し示された。すると、そこに天逆戈《あまのさかほこ》・五十鈴・天宮《あめのみや》の図形があったので、大和姫命はたいへん喜んで、そこを宮所と決めて神宮を建てた。霊物は五十鈴の宮の酒殿《さかどの》に納められたともいい、また、滝祭《たきまつり》の神というのは竜神であるが、その神が預かって地中に納めたともいう。

また一説には、大和の竜田《たつた》の神はこの滝祭の神と同体であられ、この神が預かりなさったので、天《あめの》柱《みはしら》・国柱《くにのみはしら》という名があるともいう。

昔、磤馭盧嶋《おのごろじま》に持ち下られたことは明らかであるが、それが今の世に伝えられているということは疑わしい。天孫が従え降ったものならば、神代から三種の神器(3)のようにお伝えなされているはずである。天孫の手を離れて、五十鈴川の河上にあったらしいというのも疑わしいことである。

ただし、天孫も玉と矛とはご自身で従えられていたということが書に見える［『古語拾遺《こごしゅうい》』(4)の説である］。しかし、矛については大汝《おおなむち》の神（大国主神《おおくにぬしのかみ》(5)）が国を奉った矛、国を平定したときの矛もあるのだから、いずれが正しいか知りえない。宝山にそのまま納められて不動の験《しるし》となっているのだろうという説が正しいのではないだろうか。竜田も宝山にそう遠くないところにあるのだから、竜神を天柱・国柱というのも、深秘な心があるからかもしれない［およそ神書にはさまざまの異説がある］。

『日本書紀』『旧事本紀《くじほんぎ》』(6)『古語拾遺』などに記載されていないことは、学問の道にくらい後学の者には、すぐに信じられるものではないであろう。この三書のなかでさえ、一致しないことが多いのであるから、まして異書にあることを正しい説とすべきでない。

【註】

（1）大和姫／倭姫命とも書く。『日本書紀』によれば、天照大神を伊勢にまつり、伊勢神宮の初代斎宮《さいぐう》となった垂仁天皇の皇女。また、蝦夷《えみし》の征討にむかう甥である日本武尊《やまとたけるのみこと》に草薙剣《くさなぎのつるぎ》を託したという。

（2）猿田彦神／天孫の瓊瓊杵尊が降臨したとき、天の八衢《やちまた》にいて、高天原から葦原中国までを照らしていた神。『日本書紀』神代下の一書によると、鼻の長さが七咫、背の長さが七尺、目は八咫鏡《やたのかがみ》のようで、酸漿《ほおずき》のように照り輝いていたという。天鈿女《あめのうずめ》に対して、瓊瓊杵尊らの先導を願い出た。

（3）三種の神器／記紀神話において、天孫降臨のときに、瓊瓊杵尊が天照大神から授けられたという鏡・玉・剣のこと。歴代天皇が継承してきた三種の宝物のこと。三種の宝物とは、八咫鏡・八尺瓊勾玉《やさかにのまがたま》・草薙剣を指す。『日本書紀』神代下の一書に「天照大神、乃ち天津彦彦火瓊瓊杵尊《あまつひこひこほのににぎのみこと》に、八坂瓊の曲玉および八咫鏡・草薙剣、三種《みくさ》の宝《たから》物を賜《たま》ふ」とある。ただし、天皇践祚時の重器としては、初期は忌部《いんべ》氏が管轄して剣と鏡の二種が強調されていた。そののち、中臣《なかとみ》（藤原）氏の台頭後、勾玉を含めた三種に固定したと考えられる。

（4）『古語拾遺』／古代祭祀を職掌とした忌部氏出身の斎部広成《いんべのひろなり》が平城《へいぜい》天皇に撰上した記録。大同二年（八〇七）に成立。天地開闢から天平年間までの歴史が、忌部氏に伝わった資料によって記述されたといわれる。「記紀」とは違う所伝も散見する。

（5）大国主神／『古事記』では、須佐之男命《すさのおのみこと》の六世孫とされ、別名に、大穴牟遅神《おおあなむちのかみ》・葦原色許男神《あしはらのしこおのかみ》などがある。『日本書紀』では、素戔鳴尊《すさのおのみこと》の子という記述と六世孫という記述がある。またの名として、大物主神・大己貴命などがある。

（6）『旧事本紀』／『先代旧事本紀』のこと。平安初期に編纂されたと推定される全十巻の歴史書。著者は未詳。「序」には、聖徳太子、蘇我馬子らの撰録によるとあるが、『古事記』『日本書紀』『古語拾遺』などからの引用があるので、本書の成立は、大同二年（八〇七）以後と考えられている。ただし、「国造本紀」や「天孫本紀」には独自の記録が含まれている。

国生み

かくして、伊弉諾尊《いざなぎのみこと》・伊弉冉尊《いざなみのみこと》の二柱の神は相談して八つの島を生みなされた。まず淡路《あわじ》の洲《しま》を生みなされた、これを淡路穂之狭別《あわじのほのさわけ》という。

つぎに伊予《いよ》の二名《ふたな》の洲《しま》を生みなされた、これには一身《ひとつのみ》に四面《よつのおも》がある。一つを愛比売《えひめ》といい、これは伊予である。二つを飯依比売《いいよりひめ》といい、これは讃岐《さぬき》である。三つを大宜都比売《おおげつひめ》といい、これは阿波《あわ》である。四つを速依別《はやよりわけ》といい、これは土佐《とさ》である。

つぎに筑紫《つくし》の洲《しま》を生みなされ、これもまた一身に四面があり、一つを白日別《しらひのわけ》といい、筑紫である。のちには筑前《ちくぜん》・筑後《ちくご》という。二つを豊日別《とよひわけ》といい、豊国《とよくに》である。のちには豊前《ぶぜん》・豊後《ぶんご》という。三つを昼日別《ひるひわけ》といい、肥《ひ》の国である。のちに肥前《ひぜん》・肥後《ひご》という。四つを豊久士比泥別《とよくじひねわけ》といい、日向《ひむか》である。のちに日向《ひゅうが》・大隅《おおすみ》・薩摩《さつま》という［筑紫・豊国・肥の国・日向というのは、伊弉諾尊・伊弉冉尊二神の御代のときからの名ではないのではないか］。

つぎに壱岐《いき》の国を生みなされ、これを天比登都柱《あめひとつはしら》という。つぎに対馬《つしま》の洲《しま》を生みなされた、天之《あめの》狭手依比売《さてよりひめ》という。

つぎに隠岐《おき》の洲《しま》を生みなされ、これを天之忍許呂別《あめのおしころわけ》という。

つぎに佐渡《さど》の洲《しま》を生みなされ、これを建日別《たけひわけ》という。

つぎに大日本豊秋津洲《おおやまとよあきづしま》を生みなされ、これを天御虚空豊秋津根別《あめのみそらとよあきづねわけ》という。

これらをすべてあわせて大八洲《おおやしま》というのである。このほか、さらにたくさんの島を生みなされた。のちに海山《うみやま》の神、木の祖《おや》、草の祖にいたるまで、ことごとく生みなされた。いずれも神であられるので、お生まれになった神が洲や山も造られたのであろうか、あるいは洲や山をお生みになったところに神が出現なさったのであろうか、神世《かみよ》の業《わざ》であるから、本当のところは測りがたい。

神生み

伊弉諾尊《いざなぎのみこと》・伊弉冉尊《いざなみのみこと》の二神はまた相談して、「私たちはすでに、大八洲《おおやしま》の国と山川草木を生んだ。次はなんとかして天《あめ》の下《した》を司る君主を生まなければならない」とおっしゃり、まず日神《ひのかみ》を生みなさった。この御子はうるわしく光り輝いて、国中を照らした。二神は喜んで、この御子を天上に送り、天上のことをお任せになった。このとき、天と地はさほど離れていなかったので、天柱《あめのみはしら》によって天に送り上げた。この御子を大日孁尊《おおひるめのみこと》(1)という「[孁]」の字は「霊」と通ずべきである。陰気を霊というともいわれる。女神《めがみ》でもあるので、おのずからに理にかなっているのではないか」。または、天照大神《あまてらすおおみかみ》ともいう。女神であられる。

つぎに月神《つきのかみ》を生みなされた。その光は太陽についでいた。天上に上らせて夜の政《まつりごと》をお任せになった。つぎに蛭子《ひるこ》をお生みになった。この御子は生まれて三年たっても脚が立たないので、天《あめ》の磐樟船《いわくすふね》に乗せて風のままに流してしまった。つぎに素戔烏尊《すさのおのみこと》を生みなさった。この御子は猛勇でおこりっぽく、父母神はその御心と合わなかったので、「根《ね》の国《くに》(2)へ行け」とお命じになった。

この三柱はいずれも男神《おがみ》でいらっしゃる。ゆえに一女三男というわけである。すべての神はみな伊弉諾尊・伊弉冉尊の二神の生みなされた神であるが、国の主《あるじ》となるようにと生みなされたので、この四柱の神について格別に申し伝えたのであろう。

その後、火神《ひのかみ》の軻倶突智《かくつち》を生みなされたとき、陰神《めがみ》の伊弉冉尊はこの神に焼かれて「神退《かんさり》」（崩御）なさった。陽神《おがみ》の伊弉諾尊はこれを恨み怒って、軻倶突智を三つに断ち切ってしまわれた。その三つの部分はそれぞれ神となった。血のしたたりもそそいで神となった。これが経津主神《ふつぬしのかみ》［斎主《いわいぬし》の神《かみ》とも申し上げ、今の檝取《かとり》(3)の神《かみ》である」、健甕槌神《たけみかづちのかみ》［武雷神《たけみかづちのかみ》とも申し上げ、今の鹿島《かしま》(4)の神《かみ》である」の祖《みおや》である。

陽神の伊弉諾尊は、なおも陰神の伊弉冉尊を慕って黄泉国《よみのくに》までおいでになり、さまざまの誓いを立てられた。（しかし、それを破ってしまわれたので）伊弉冉尊は恨んで「この国の人を一日に千人殺してしまおう」とおっしゃったので、伊弉諾尊は「では私は一千五百人生もう」と応じられた。それで百姓《ひゃくしょう》（人民）のことを「天《あま》の益人《ますびと》」ともいう。死ぬ者よりも生まれる者のほうが多いということである。

伊弉諾尊は黄泉国からお戻りになって、日向《ひむか》の小戸《おど》の川檍ヶ原《かわあわぎがはら》というところで禊《みそぎ》をなさった。このとき、たくさんの神が化生なさった。日神《ひのかみ》も月神《つきのかみ》もここでお生まれになったという説もある。伊弉諾尊は、国生みなど神としての功績をすでに十分にあげたので、天上にのぼり、天祖に報告されて、そのまま天上に留まられたということである。ある説では伊弉諾・伊弉冉は梵語で、それぞれ伊舎那《いしゃな》天《てん》・伊舎那后《いしゃなくう》のことだという。

【註】

（1）大日孁尊／天照大神のこと。自然神としての太陽神は、本来は男性であったが、太陽神を祀る巫女と一体化して女性神と考えられるようになったという説がある。「孁」の字は、「靈」（ミコ、カンナギ。神に仕える男女の意）の「巫」を「女」に換えたものと思われる。大日孁尊が女性であることを示そうとしたと思われる。

（2）根の国／記紀神話に見られる「黄泉の国」「常世の国」などと同じ異郷の一つで、遠い地下にある国と考えられている。

（3）檝取／香取《かとり》神宮のこと。社伝によれば、その創建は神武天皇十八年（紀元前六四三）といわれ、日本全国に約四百社ある香取神社の総本社である。下総《しもうさ》国一宮であり、江戸時代以前から「神宮」と称されていたのは伊勢神宮・鹿島神宮・香取神宮の三社だけである。

（4）鹿島／鹿島神宮のこと。社伝によれば、皇紀元年（紀元前六六〇）の創建と伝えられる、日本有数の古社の一つに数えられている。祭神は、天孫降臨に先立ち国譲りの交渉をしたといわれる武甕槌神《たけみかづちのかみ》。武の神として古くから皇室や藤原氏・源氏の崇敬を受けてきた。

地神

地神第一代　大日孁尊

天照大神誕生の謎

地神《ちじん》第一代は大日孁尊《おおひるめのみこと》で、これを天照大神《あまてらすおおみかみ》ともいう。または日神《ひのかみ》とも皇祖《すめみおや》ともいう。この神のご誕生については三つの説(1)がある。

一つ目の説は、伊弉諾《いざなぎのみこと》尊と伊弉冉《いざなみのみこと》尊が相談して、天下《あめのした》の主《あるじ》を生もうとされて、まず日神《ひのかみ》を生み、つぎに月神《つきのかみ》、つぎに蛭子《ひるこ》、つぎに素戔烏尊《すさのおのみこと》を生みなさったという。

二つ目の説は、伊弉諾尊が左の御手に白銅鏡《ますみのかがみ》を取って大日孁尊《おおひるめのみこと》を化生され、右の御手に取って月《つき》弓尊《ゆみのみこと》を生みなされ、御首《みこうべ》をめぐらして後ろをご覧になっているあいだに、素戔烏尊を生みなさったという。

三つ目の説は、伊弉諾尊が日向《ひむか》の小戸《おど》の川《かわ》で禊《みそぎ》をなさったとき、左の御眼を洗って天照大神をお生みになり、右の御眼を洗って、月読尊《つきよみのみこと》を化生され、御鼻を洗って素戔烏尊を生みなさったともいう。

日神と月神の御名《みな》にも三説あり、化生されたところも三説あるので、平凡な思慮ではどれが正しいのか知ることはできない。また、この神のお住まいも一つには高天原《たかまのはら》(2)といい、二つには日小宮《ひのわかみや》といい、三つにはわが日本国《やまとのくに》だともいう。八咫鏡《やたのかがみ》(3)を授けられて、「私を見るようにこの鏡を見なさい」と勅《みことのり》なさったことから考えると、和光同塵《わこうどうじん》(4)の御誓いも現われて、ことさらに深い道理もあるのだから、この三カ所に勝劣をつけるべきではないということである。

【註】
（1）三つの説／第一の説は、『日本書紀』神代上の第五段の本文冒頭の記述、第二説は、同書第五段の第一の一書の記述、第三説は、同書第五段の第六の一書の記述。
（2）高天原／日本神話において、天照大神などの神々が住まうとされる天上の世界。「根の国」に対する世界。
（3）八咫鏡／「八」は、七の次の八ではなく、「無限」の意味を持つ神聖数。「咫」は長さの単位で、掌を開いて親指と中指の先端の長さを表わす。また、一咫＝八寸という説もあり、いずれにしても、大きな鏡となる。
（4）和光同塵／神意がその神性を隠し、種々のかたちで現われること。

天照大神と素戔烏尊の誓約

ところで、素戔烏尊《すさのおのみこと》は、父母伊弉諾尊《いざなぎのみこと》・伊弉冉尊《いざなみのみこと》の二神に放逐されて根の国に下ったが、天上に参上して姉の天照大神《あまてらおおみかみ》にお会いして、「永久に天上界から姿を消そうと思います」と申しあげたので、天照大神は「許しましょう」とおっしゃった。そこで素戔烏尊はまた天上に上ったが、このとき大海は轟き、山や丘は鳴動した。素戔烏尊の性質の猛々《たけだけ》しさがそうさせたのだろう。天照大神は驚かれて、兵《つわもの》の備えを整えて待たれた。素戔烏尊は「黒心《きたなきこころ》」（邪心）のないことを申してお詫びなさった。

天照大神は「それでは、誓約《うけい》（神に祈って神意を伺うこと）をして、清い心なのか、穢れた心なのかを確かめましょう。誓約の最中に女が生まれれば邪心があり、男が生まれれば清き心があるしるしであろう」とおっしゃって、素戔烏尊の奉った八坂瓊玉《やさかにのたま》(1)を受け取りなさると、その玉に感じて男神を化生された。素戔烏尊は喜んで「正哉吾勝《まさやあれかちぬ》（まさしく私の勝ちだ）」とおっしゃった。そこで、この男神の御名を正哉吾勝々速日天忍穂耳尊《まさやあかつかつのはやひあめのおしほみみのみこと》(2)と申しあげるのである［これは『古語拾遺《こごしゅうい》』の説である］。

別の説では、素戔烏尊が天照大神の首にお掛けになっていた御統《みすまる》の瓊玉《にのたま》をお願いして手に取り、天真名井《あまのまない》（高天原にある聖なる井戸）で清め、これを嚙みなされると、まず吾勝尊《あかつのみこと》がお生まれになり、そのあとさらに四柱の男神(3)がお生まれになった。すると天照大神は「この神の根本は私の持ち物なのだから、私の子だ」とおっしゃって、ご自分の御子になさったということである［これは『日本書紀』の一説である］。天照大神は吾勝尊を愛おしく思われて、いつも、お側においたので「腋子《わきこ》」という。今の世に幼い子を「わかこ」というのは誤りである。

【註】

（1）八坂瓊玉／「八坂」は、「八咫」と同義か。「瓊」は、玉のこと。勾玉《まがたま》をくり抜いて通した緒が長いことを表わしている。

（2）正哉吾勝々速日天忍穂耳尊／日本神話に登場する神。『古事記』では「正勝吾勝勝速日天之忍穂耳命」、『日本書紀』では「正哉吾勝勝速日天忍穂耳尊」と表記される。

（3）四柱の男神／天穂日命《あまのほひのみこと》・天津彦根命《あまつひこねのみこと》・活津彦根命《いくつひこねのみこと》・熊野櫲樟日命《くまのくすびのみこと》のこと。天穂日命は、天孫降臨に先だって、高皇産霊尊《たかみむすひのみこと》の命をうけて葦原中国《あしはらのなかつくに》に降りたが、大己貴神《おおあなむちのかみ》に媚びて、三年の間、何の報告もしなかった神。

天照大神の天の石窟隠れ

こうして素戔烏尊《すさのおのみこと》は引き続き天上におられることとなったが、さまざまの「天つ罪」を犯された。天照大神《あまてらすおおみかみ》は怒って、天の石窟《いわや》に籠もってしまわれた。そのため国中が常闇《とこやみ》となって昼夜の区別もつかなくなり、神々は憂い嘆かれた。そのとき諸神のなかで「上首《じょうしゅ》」（最上）である高皇産霊尊《たかみむすひのみこと》[1]という神がおられた。昔、天御中主尊《あめのみなかぬしのみこと》に三柱の子があり、一番上の方を高皇産霊尊《たかみむすひのみこと》ともいい、つぎを神皇産霊尊《かみむすひのみこと》[2]、そのつぎを津速産霊尊《つはやむすひのみこと》というと伝えられている。伊弉諾尊《いざなぎのみこと》・伊弉冉尊《いざなみのみこと》の陰陽二神あってこそ初めて諸神も生まれなさるのに、天御中主尊の直接の御子というのは不思議なことである［この三柱を天御中主尊の御子ということは『日本書紀』には記されておらず、『古語拾遺』に見える[3]］。

この高皇産霊尊が天のやす河のほとりに八百万《やおよろず》の神々を集め相談をなさった。

そして、この神の御子の思兼《おもいかね》(4)という神（知恵が豊かで、その才知を自由に働かせる神）の発案で、石凝姥《いしこりどめ》(5)という神に命じて、天照大神の御形代《みかたしろ》の鏡を鋳造させた。その最初にできた鏡は諸神の心に合わなかった［この鏡は紀伊国《きのくに》の日前《ひのくま》(6)の神である］。つぎに鋳《い》られた鏡は整っていて美しいので、諸神は喜んでこれを崇めなさった［初めは皇居に祀られていたが、今は伊勢国の五十鈴宮に祀られている鏡である］。

また、天明玉神《あまのあかるたまのかみ》に命じて八坂瓊玉《やさかにのたま》をつくらせ、天日鷲神《あめのひわしのかみ》に青和幣《あおにぎて》・白和幣《しらにぎて》をつくらせ、さらに手置帆負《たおきほおい》・彦狭知《ひこさしり》の二神に大峡《おおかい》・小峡《おかい》（大小の山々の間）の材木を伐《き》りだして瑞《みず》の殿《みやから》（壮麗な宮殿）をつくらせた［このほかいろいろあるが省略する］。

それらの品が整ったので、天香山《あめのかごやま》の「五百箇《いほつ》の真賢木《まさかき》」（枝葉のよく繁った榊《さかき》）を根こそぎ引き抜き、上の枝には八坂瓊玉をかけ、中の枝には八咫鏡《やたのかがみ》をかけ、下の枝には青和幣・白和幣をかけ、天太玉命《あめのふとたまのみこと》(7)［高皇産霊神の子］に捧げ持たせた。そして天児屋根命《あめのこやねのみこと》(8)［津速産霊神《つはやむすひのかみ》の子、あるいは孫ともいい、興台産霊神《こことむすひのかみ》の子］に祈禱させた。

天鈿目命《あめのうずめのみこと》(9)は真辟《まさき》の葛《かずら》を頭に飾り、蘿《ひげ》の葛《かずら》を手繦《たすき》にし、竹の葉・飯鴰《おけ》の木の葉を手草《たくさ》(10)にし、差鐸《さなぎ》の矛《ほこ》（鈴をつけた矛）を持ち、石窟《いわや》の前で俳優《わざおぎ》（いろいろおもしろい演技）をしてみせ、皆で歌い舞った。また庭のかがり火を大きく燃やし、常世《とこよ》の長鳴鳥《ながなきどり》をたくさん集めて、長々と長鳴きをさせた［これはみな神楽《かぐら》の起源である］。

天照大神はこれをお聞きになって、私は今石窟に隠れているのだから、葦原《あしはら》の中国《なかつくに》は長い常闇のはずだ、どうして天鈿目命がおおいに喜び笑っているのかと思われて、磐戸《いわと》に御手をかけて細目に開けて外をご覧になった。このとき、磐戸の脇に立っていた天手力雄命《あまのたぢからおのみこと》(11)という神［思兼神《おもいかねのかみ》の子］がその戸を引き開けて、天照大神を新しい御殿に移し奉った。中臣《なかとみ》の神「天児屋根命《あめのこやねのみこと》である」と忌《いん》部《べ》の神《かみ》「天太玉命《あめのふとたまのみこと》である」が「しりくえなわ」（注連縄《しめなわ》）［『日本書紀』には「端出之縄《はしでのなわ》」とあり、注には左縄の端を出したといっている。『古語拾遺』には「日御縄《ひみなわ》」と書かれている。これは日影の葛の形だという］を引きめぐらして、「石窟へお帰りなさりませんように」と申しあげた。天上が初めて明るくなり、皆がお互いをはっきり見えるようになって、神々は喜び手を広げて歌い舞った。

「あわれ［天上の明るいことをいう］。あな、おもしろ［古語で「おおいに切なること」を皆「あな」という。「面白《おもしろ》」とは諸神の顔がはっきりとしていて白い様である］。あな、たのし。あな、さやけ［竹の葉のすれる音］。おけ［木の名である。その葉が振れて動く音である。天鈿目命が手に持った手草である］(12)」。

こうして、罪を素戔烏尊《すさのおのみこと》のせいにして、頭髪・手足の爪を抜くことで罪を償わせ、それを千座《ちくら》の置戸(13)に置かせ、その罪を祓って、天上から追放してしまった。

【註】

（1）高皇産霊尊／『古事記』では「高御産巣日神」、『日本書紀』では「高皇産霊尊」と書かれる。『古事記』では、上巻の冒頭「天地初発の時」に、天之御中主神《あめのみなかぬしのかみ》に次いで出現した神で、神皇産霊尊をあわせた三柱は、「造化三神」とも呼ばれる。「タカ」は尊称で、「ムスヒ」は物の生成を司る霊力を表わすという。また、天孫降臨の際には高木神《たかぎのかみ》という名で登場するが、天照大神と対の形で、指令神としての性格を帯びる。

（2）神皇産霊尊／『古事記』では、上巻の冒頭「天地初発の時」に、天之御中主神、高御産巣日神に次いで出現した神で、この三柱の神は、「造化三神」とも呼ばれる。「カミ」は尊称で、「ムスヒ」は物の生成を司る霊力を表わすという。高御産巣日神は高天原に深いかかわりを持つが、神産巣日神（神皇産霊尊）は、出雲系の神話にしばしば登場し、農耕や生命にかかわる役割をになう。ただし、『日本書紀』では『古事記』のような明確な位置づけや、重要な役割を与えられておらず、一書のなかでわずかに二回登場するだけである。

（3）『古語拾遺』に見える／『古語拾遺』には、記述されていない。

（4）思兼／『古事記』では「思金神」、『日本書紀』では「思兼神」と表記される。「記紀」ともに、高皇産霊尊の子としている。多くの思慮を兼ね備えた知恵の神という意味である。天照大神の岩戸隠れの場面に際して、天照大神を天岩戸から引き出す策を考え成功した。

（5）石凝姥／日本神話に登場する神である。作鏡連《かがみつくりのむらじ》らの祖神。『古事記』では「伊斯許理度売命」、『日本書紀』では「石凝姥命」と表記されている。岩戸隠れの場面において、八咫鏡を作った。

（6）紀伊国の日前の神／紀伊国一宮の日前《ひのくま》神宮・國懸《くにかかす》神宮（和歌山市）は、日像鏡《ひがたのかがみ》・日矛鏡《ひぼこのかがみ》を御神体としている。御神体の鏡はいずれも伊勢神宮の神宝である八咫鏡と同等のものとされている。

（7）天太玉命／「フト」は立派なという美称。「タマ」は、祭祀用の玉という意味。忌部が作る祭具を使用して朝廷の祭りを行う忌部氏の祖先神という。また、天孫・瓊瓊杵尊《ににぎのみこと》の降臨のときに随伴し、五部神《いつとものおのかみ》（五伴緒神）の一神として降りたとされる。

（8）天児屋根命／名の由来は、高天原の小さな屋根の建物という意味で、建物そのものを神格化したものと思われる。天孫降臨に際して、瓊瓊杵尊に随伴した五部神の一神であり、中臣氏の祖先神といわれている。

（9）天鈿目命／名の由来は、高天原の髪飾りを挿した神という意味。天照大神の岩戸隠れの場面に際して、神がかりして踊り、天照大神を天岩戸から引き出すことに成功した。天孫降臨に際して、瓊瓊杵尊に随伴した五部神の一神であり、猿女君《さるめのきみ》の祖先神といわれている。

（10）手草／竹や木の葉を束ねて、踊るとき手に取るもの。

（11）天手力雄命／名の由来は、高天原の手の力が強い神という意味。天照大神の岩戸隠れの場面に際して、岩戸の間から顔をのぞかせた天照大神の手を取って、引き出すことに成功した。

（12）あわれ……／この部分は、『古語拾遺』からの引用と思われるが、語句の意味については、多くの解釈がなされていて、定かではない。

（13）千座の置戸／祓え物を置く、たくさんの台という意味。

八岐大蛇退治

素戔烏尊《すさのおのみこと》は天上から下って、出雲の簸《ひ》の川上《かわかみ》というところにお着きになった。するとそこに一人の翁《おきな》と姥《うば》がいて、一人の娘を撫でながら涙を流していた。尊が「お前たちは誰なのか」と尋ねられた。すると、「私たちは国神《くにちかみ》です。脚摩乳《あしなつち》・手摩乳《たなつち》(1)と申します。この娘は私たちの娘で奇稲田姫《くしいなだひめ》(2)といいます。この子の上に八人の娘がおりましたが、毎年八岐大蛇《やまたのおろち》に呑まれてしまい、今またこの娘も呑まれようとしているのです」と答えた。

尊が「では、娘を私にくれないか」とおっしゃると、翁らは「勅《みことのり》のままにたてまつりましょう」と答えた。すると尊は娘を湯津《ゆつ》の爪櫛《つまぐし》（歯が多い爪形の櫛）の姿に変え、自分の髪に差した。

そして、強い酒を八つの酒槽《さかふね》に入れて待ちなさっていると、やがて八岐大蛇が来た。大蛇は八つの頭をそれぞれの酒槽につっこみ酒を飲むと、酔って眠ってしまった。尊は腰に佩《は》いた十握剣《とつかのつるぎ》(3)を抜いて、大蛇をずたずたに寸断した。ところが大蛇の尾の部分を切ったとき、剣の刃が少し欠けたので、尾を裂いてご覧になると一振りの剣があった。その剣の上に雲気が漂っていたので、天叢雲剣《あめのむらくものつるぎ》と名づけた［後に日本武尊《やまとたけるのみこと》に伝えられ、改めて草薙《くさなぎ》の剣《つるぎ》といわれた。以来、熱田社《あつたやしろ》(4)に祀られている］。尊は「これは霊妙な剣である。私の許に持つべき剣ではないだろう」とおっしゃり、天上の天照大神《あまてらすおおみかみ》に献上なさった。

素戔鳥尊はそののち、出雲の清《すが》(5)（須賀）の地に至り、宮殿を建てて奇稲田姫とお暮らしになり、大己貴神《おおあなむちのかみ》［大汝《おおなむち》ともいう］を生ませなさったが、ついに、根の国に行ってしまわれた。

大汝神はこの出雲国にとどまり［今の出雲の大神でいらっしゃる］、天下《あめのした》を統治し、葦原《あしはら》の地を領された。そこで、この神を大国主神《おおくにぬしのかみ》とも大物主《おおものぬし》ともいう。その幸魂奇魂《さきたまくしたま》（霊魂）は大和の三輪神《みわのかみ》（大神神社《おおみわじんじゃ》(6)）におられる。

【註】

（1）脚摩乳・手摩乳／日本神話に登場する夫婦神である。『古事記』では「足名椎命・手名椎命」、『日本書紀』は「脚摩乳・手摩乳」と表記する。我が子の手足を撫でて慈しみ育てる父母の労苦を擬人化したものという。「摩」は、「こする」「撫でさする」という意味。

（2）奇稲田姫／日本神話に登場する女神。『古事記』では「櫛名田比売」、『日本書紀』では「奇稲田姫」と表記する。英雄が怪物を退治して囚《とら》われの美女を助けるという説話は世界に広く分布しており、八岐大蛇《やまたのおろち》退治もこの一種と考えられる。

（3）十握剣／日本神話に登場する剣。「十握剣」「十拳剣」「十掬剣」など表記は複数ある。柄の長さが拳十個分の剣という意味。

（4）熱田社／愛知県名古屋市熱田区にある熱田神宮のこと。尾張国三宮。三種の神器の一つ、草薙剣を御神体としている。

（5）出雲の清／素戔烏尊《すさのおのみこと》が宮殿を造る地として出雲の「須賀《すが》」に到ったという記述が『古事記』にある。

（6）大神神社／奈良県桜井市に鎮座する神社。三輪山を御神体としており、古代信仰の姿を今日まで伝えている。境内には拝殿のみがあって本殿はなく、三輪山の山中には三カ所の磐座《いわくら》がある。

地神第二代　正哉吾勝々速日天忍穂耳尊

地神《ちじん》第二代は正哉吾勝々速日《まさやあかつかつのはやひ》天忍穂耳尊《あまのおしほみみのみこと》という。尊は高皇産霊尊《たかみむすひのみこと》の娘栲幡千々姫命《たくはたちぢひめのみこと》[1]に出会い、饒速日尊《にぎはやひのみこと》・瓊々杵尊《ににぎのみこと》を生ませなさったので、自身が葦原中洲《あしはらのなかつくに》(2)に降りなさるはずであったが、御子がお生まれになったので、「この子を下すことにしよう」とおっしゃって、ご自分は天上にとどまられた。そして、まず饒速日尊を降されるとき、母の父の高皇産霊尊は十種《とくさ》の瑞宝《みずたから》(3)をお授けになった。すなわち、瀛都鏡《おきつのかがみ》一つ、辺津鏡《へつのかがみ》一つ、八握剣《やつかのつるぎ》一つ、生玉《いくたま》一つ、死反玉《しにかえりのたま》一つ、足玉《たるたま》一つ、道《みち》反玉《がえしのたま》一つ、蛇比礼《へみのひれ》一つ、蜂比礼《はちのひれ》一つ、品物比礼《くさぐさのもののひれ》一つがそれである。しかしこの饒速日尊は早くにお亡くなりになった。おそらく国主として降しなさらなかったのであろう。

吾勝尊《あかつのみこと》が降りなされるとき、天照大神《あまてらすおおみかみ》は三種の神器をお伝えになった。この神器はのちにまた瓊々杵尊にも授けられたが、饒速日尊はこれを得ることはなかった。したがって、饒速日尊は日嗣《ひつぎ》の神ではなかったのであろう［このことは『旧事本紀』の説で、『日本書紀』には見えない］。天照大神と吾勝尊は天上にとどまりなさったが、二人を、地神の第一代、第二代に数え申しあげる。初めから、天下の主として生まれなさったからであろう。

【註】

（1）栲幡千々姫命／「たくはた」は、楮《こうぞ》の皮で織った布。「千々」は多くのという意味。古代、機織りの作業は女子の仕事であった。この姫は、機織りの技芸に優れていたことを示す。

（2）葦原中洲／高天原（天上界）に対する世界観で、現実の世界（地上界）を表わす。

（3）十種の瑞宝／本文中の親房の註にもあるように、「十種の瑞宝《みずたから》」について、「記紀」にはなく、『先代旧事本紀』天神本紀の記述である。具体的に何を示すかは不明。

地神第三代　天津彦々火瓊々杵尊

葦原中洲平定

地神《ちじん》第三代は天津彦々火瓊々杵尊《あまつひこほににぎのみこと》で、天孫《あめみま》(1)とも皇孫《すめみま》(1)とも申しあげる。皇祖《すめみおや》の天照大神《あまてらすおおみかみ》と高皇《たかみ》産霊尊《むすひのみこと》が特別に慈しみ育てられ、葦原中洲《あしはらのなかつくに》の主として天上から降らせようとなさった。ところが、その葦原中洲には邪神《あしきかみ》が暴れていて、簡単に降りなさることは難しかった。

そこで、天稚彦《あめわかひこ》という神を降して様子をうかがわせなさったが、この神は大汝神《おおなむちのかみ》の娘の下照姫《したてるひめ》と結婚して、返事もしないまま三年が過ぎ去ってしまった。そこで、「名《な》なし雉《きざし》」を遣わして様子をうかがわせなさったが、天稚彦は名なし雉を射殺してしまった。その矢が天上まで飛んで天照大神の御前に達した。その矢に血がついていたので天照大神は訝しく思い、これを投げ下したところ、新嘗祭《にいなめのまつり》を終わらせて寝入っていた天稚彦の胸に刺さり、天稚彦は死んでしまった。わが国の風習で返し矢（射られてきた矢をそのまま射返すこと）を忌みきらうのは、このためである。

さらにまた降すべき神をお選びになったとき、経津主命《ふつぬしのみこと》「檝取《かとり》の神である」、武甕槌神《たけみかづちのかみ》「鹿島の神である」が勅《みことのり》を受けて降りなさった。二神は出雲国に着くと、腰の剣を抜いて地面に突き立て、その上に座って、大汝神に天照大神の勅を読みあげた。大汝神は子の都波八重事代主神《つみはやえことしろぬしのかみ》(2)［今、葛木《かずらぎ》の鴨《かも》(3)に祀られている］とともにこれに従った。次子の健御名方刀美神《たけみなかたとみのかみ》［今の諏訪《すわ》の神である］は従わないで逃げなさったが、諏訪湖まで追い攻められたので、ついに降伏して従った。

　こうして二神はもろもろの悪神を罰し、帰順した悪神は賞して、天上に帰りご報告なさった。大物主神《おおものぬしのかみ》［大汝神はこの国を去り、まもなくお亡くなりになったという。この大物主は先にいうところの三輪神《みわのかみ》として祀られている］は事代主神《ことしろぬしのかみ》とともに、八十万《やおよろづ》の神《かみ》を率いて天上に参上した。天照大神はたいへんお誉めになった。「よろしく八十万の神を従わせて皇孫をお護りいたすように」とおっしゃって、二神をまず地上へお帰しなさった。その後、天照大神と高皇産霊尊は相談して皇孫の瓊々《にに》杵尊《ぎのみこと》を降しなさった。八百万の神々は、天照大神の勅を承って尊のお供としてつき従った。

　諸神のうちに上首の神が三十二神あり、そのなかの五部神《いつとものおのかみ》(4)というのは、天児屋根命《あめのこやねのみこと》［中臣《なかとみ》の祖《おや》］・天太玉命《あめのふとたまのみこと》［忌部《いんべ》の祖］・天鈿女命《あめのうずめのみこと》［猨女《さるめ》の祖］・石凝姥命《いしこりどめのみこと》［鏡作《かがみつくり》の祖］・玉屋命《たまのやのみこと》［玉作《たまつくり》の祖］である。なかでも中臣・忌部の二神は特別の神勅《しんちょく》を受けて、皇孫を助け護りなさった。

【註】

（1）天孫・皇孫／「天孫」は、天照大神の孫。「皇孫」は、皇祖神の孫。狭義には、瓊瓊杵尊《ににぎのみこと》、広義には歴代天皇を示す。
（2）都波八重事代主神／『日本書紀』では事代主神、『古事記』では八重事代主神と表記される。
（3）葛木の鴨／奈良県御所《ごせ》市に鎮座する、鴨津波《かもつば》神社のこと。
（4）五部神／『古事記』では「五伴緒」。伴は部と同じ意味で、同一の職業に従事する集団のこと。「緒」はその長のこと。

三種の神宝

天照大神《あまてらすおおみかみ》は皇孫に三種《みくさ》の神宝《かむたから》をお授けになった。まずあらかじめ「葦原千五百秋の瑞穂国《あしはらのちいほあきのみずほのくに》は、わが子孫が君主になるべきところである。皇孫たる汝が行って治めるように。さあ行くがよい。宝祚《あまつひつぎ》（皇統）がますます栄えることは、天地と同じく無窮であろう」と勅《みことのり》なさった。

また、天照大神は御手に宝鏡をお持ちになって、皇孫に授けて言祝《ことほ》ぎ、「わが児《こ》がこの宝鏡を見るとき、私を見るのと同じように見なさい。宝鏡と床を同じくし、殿《みあらか》をひとつにして、斎鏡《いわいのかがみ》としなさい」と祝福しておっしゃった。この鏡に八坂瓊曲玉《やさかにのまがたま》・天叢雲剣《あめのむらくものつるぎ》を加えて三種とするのである。

また「この鏡のようにしっかりと天下《あめのした》(1)をあまねく照らしなさい。八坂瓊曲玉の広がるように、曲妙《たくみなるわざ》をもって天下を治めなさい。神剣を手にして、服従しない者を平定しなさい」と勅を授けなさった。

この国の神霊として皇統一種が正しく続くことは、まことにこれらの神勅に示されたとおりである。三種の神器がこの世に伝えられていることは、日月星が天空にあるのと同じである。鏡は日の体、玉は月の精、剣は星の気である。深い由緒があるのであろう。

そもそも、この宝鏡は先に記した石凝姥命《いしこりどめのみこと》の作った八咫御鏡《やたのみかがみ》［八咫については口伝がある］である。

「咫」については説文《せつもん》（中国最古の漢字辞書『説文解字《せつもんかいじ》』）に以下のようにある。標準的な婦人の手の長さ八寸、これを咫という。周尺《しゅうしゃく》（周の時代の用いられた一尺）である。ただし、今の八咫の鏡については別に口伝がある。

玉は八坂瓊曲玉で、玉屋命《たまやのみこと》［天明玉《あめのあかるたま》ともいう］が作ったものであり［八坂にも口伝がある］。剣は素戔烏尊《すさのおのみこと》が入手されて天照大神に奉った藂雲剣《むらくものつるぎ》である。

この三種の神器とともに下された神勅は、まさに国を保ちゆくべき道を示されたものである。鏡は一物も貯えず、私心を去って、万象を照らせば是非善悪の姿が現われないということはない。その姿どおりに感応することを徳とする。これは正直の本源である。玉は柔和善順を徳とし、慈悲の本源である。剣は剛利決断を徳とし、智恵の本源である。この三徳を残りなくあわせもたないと、天下《あめのした》が治まらないことは間違いないであろう。

神勅の意味するところは明らかで、詞《ことば》は簡潔だがその旨は深遠である。そのうえ、それが神器に現われている。まことにありがたいことではないか。なかでも鏡が神器の根本で、これが宗廟伊勢神宮の御正体《みしょうたい》として仰ぎまつられている。鏡は明《めい》をかたちとする。心性が明らかであれば、慈悲決断はその中に含まれている。また、この鏡は天照大神がその御姿を写されたものであるから、鏡に深い御心をおとどめになったであろう。

天にあるもので日月より明るいものはない。そこで文字を制定するときにも「日と月を合わせて『明』とした」といわれる。わが神、天照大神は大日如来《だいにちにょらい》の霊《みたま》であるので、明徳をもって天下を照臨なさることは、陰陽の考え方から考えても測りがたいことである。冥界・顕界についても頼みとなる。君も臣も神明の輝かしい血統を受け、あるいはまさしく勅を受けた神々の子孫である。この君を仰ぎたてまつらぬ者がいるだろうか。

この「理《ことわり》」を悟り、その道から外れることがなければ、内典（仏書）・外典（儒書）などの学問も最後はこれと一致するであろう。しかし、この神道が世に広まることは、内典・外典が流布する力によるところが大きいのである。魚がとれるのは網の一つの目にかかることによるのだが、たくさんの網の目がなければ魚をとらえることが難しいのと、よく似ている。

応神天皇《おうじんてんのう》(2)の御代から儒書が広められ、聖徳太子(3)のときから仏教が奨励された。これは皆、「権化」が神となって現われ、天照大神の御心を受けて、わが国の道を広め、深められたのである。

【註】

（1）この鏡のようにしっかりと天下を……／この詔は、『日本書紀』仲哀天皇八年正月壬午条の「天皇《すめらみこと》、八尺瓊《やさかに》の勾《まが》れるが如くして、曲妙《たえ》に御宇《あめのしたしろしめ》せ、また、白銅鏡の如くして、分明《あきらか》に山川海原を看行《みそなわ》せ、すなわちこの十握剣《とつかのつるぎ》を提《ひきさ》げて、天下《あめのした》を平《む》けたまえ」という、伊覩県主祖《いとのあがたぬしのおや》五十迹手《いとて》の奏言を想起させる。

（2）応神天皇／仲哀天皇の子で、第十六代天皇（代数については、第一章二二ページ参照）。母は神功皇后。中国南朝に派遣した倭王「讃」に比定する説がある。『日本書紀』には「誉田天皇《ほむたのすめらみこと》」とあり、名の由来は、天皇が生まれたとき、その腕の肉が弓具の鞆《ほむた》のように盛り上がっていたので、「誉田」の字をあてたものとある。胎内にあったときから皇位に就く宿命にあったので、「胎中天皇」とも称された。

（3）聖徳太子／敏達天皇三年（五七四）、用明天皇の皇子として誕生した。母は穴穂部間人《あなほべのはしひと》皇后。『日本書紀』に記された、「厩戸皇子《うまやとのみこ》」「豊聡耳皇子《とよとみみのみこ》」という人物の後世の呼び名が「聖徳太子」である。仏教の流行とともにしだいに神格化され、平安朝以降、「太子伝説」というべき諸種の説話が生じた。推古天皇が即位し、甥の厩戸皇子を皇太子に立て摂政に任じ、国政を委ねた。「冠位十二階」や「憲法十七条」の制定、遣隋使・小野妹子の派遣などを行ったとされる。推古天皇九年（六〇一）に、聖徳太子は斑鳩宮《いかるがのみや》を造営し、その西方に法隆寺《ほうりゅうじ》を建立した。

高千穂に天孫降臨

こうして、瓊々杵尊《ににぎのみこと》が天降《あまくだ》りなさったところ、猿田彦《さるだびこ》という神が参るのに出会った［これは衢《ちまた》の神である］。目が光り輝いていたため、猿田彦と目を合わす神はいなかったが、天鈿目神《あめのうずめのかみ》が行って会った。天鈿目神が、「皇孫はどこに着かれたらよいでしょうか」と尋ねたところ、猿田彦は、「筑紫《つくし》の日向《ひゅうが》の高千穂《たかちほ》の槵触峰《くしふるのたけ》(1)に降りられるのがよいでしょう。私は伊勢の五十鈴の川上に参りましょう」と答えた。猿田彦の申すままに、瓊々杵尊は槵触峰に天降し、お住まいになるべきところを求めたところ、事勝《ことかつ》・国勝《くにかつ》という神［これも伊弉諾尊《いざなぎのみこと》の御子、または塩土翁《しおつちのおきな》という］が参って、「私のおりました吾田《あた》の長狭御崎《ながさのみさき》がよろしいでしょう」と申したので、尊はそこにお住まいになった。

さてここに、山の神大山祇《おおやまつみ》には二人の娘があり、姉を磐長姫《いわながひめ》といい［磐石《ばんじゃく》の神である］、妹を木花《このはな》開耶姫《さくやひめ》といった［花木の神である］。瓊々杵尊は二人の娘を召されてご覧になった。姉は顔かたちが醜いので帰らせ、妹を手もとに留めなさった。磐長姫はこれを恨み怒って、「わたしもお召しになれば世の人は生命が長く磐石のようになったであろうに、妹だけをお召しになったので、生まれる子どもの生命は木の花のようにすぐ散りおちてしまうだろう」と呪った。このことが原因で、人の生命はそれから短くなったということである。

木花開耶姫は尊に召されると、一夜の契りで身籠もった。尊はこれを不審に思われたので、姫は腹を立てて無戸室《うつむろ》（出入口のない部屋）をつくって籠もり、みずから火を放ったが、三人の御子(2)がお生まれになった。炎のおこったとき生まれた御子を火闌降命《ほのすせりのみこと》(3)といい、火の手が盛んになったとき生まれた御子を火明命《ほのあかりのみこと》(4)という。最後に生まれた御子を火火出見尊《ほほでみのみこと》(5)という。この三人の御子は焼かれることもなく、母の神も傷つくことはなかったので、父の神はとてもお喜びになった。

この皇孫瓊々杵尊が天下《あめのした》を治めなさったのは三十万八千五百三十三年という。これ以前、天上に留まりなさった神々のことは、年数を測ることは難しいからであろうか、天地の分かれたときよりこのかた、何年たっていると書いてある書物はない。

そもそも天竺の説に、人の寿命は無限であったが八万四千歳になり、それから百年ごとに一年ずつ減り、百二十歳になったとき［あるいは百歳ともいう］、釈迦仏がお生まれになったという。この仏の出世は鸕鷀草葺不合尊《うがやふきあえずのみこと》[6]の末の代のことであるから［神武天皇元年辛酉《かのととり》が仏滅後二百九十年にあたる。これ以前のことはこれをもとに逆算すべきである］、百年に一年を増してこれを計算すると、この瓊々杵尊の初めのころは、迦葉仏《かしょうぶつ》が世に出たときにあたるであろう。人の寿命が二万歳のとき、この仏は出現なさったということになる。

【註】

（1）槵触峰／「クシフル」は、「奇しふる」か。峰を神聖視した語句で、神霊の宿る山。高千峰か霧島山といわれている。

（2）三人の御子／三神の出自の順には異同がある。本文の順は、『日本書紀』神代下九段一書のもの。『日本書紀』の本文では、火闌降命・彦火火出見尊・火明神、『古事記』では、火照命・火須勢理命・火遠理命または名天津日高日子穂穂手見命となる。

（3）火闌降命／『日本書紀』では「火酢芹命」とも記される。瓊瓊杵尊の子で、「海幸《うみさち》・山幸《やまさち》神話」の海幸彦。

隼人《はやと》族の始祖神とされる。『古事記』では「火須勢理命」と記される。
（4）火明命／「記紀」に見える神。瓊瓊杵尊の子で、尾張連《おわりのむらじ》などの祖先。
（5）火火出見尊／日本神話で、瓊瓊杵尊の子。「海幸・山幸神話」の山幸彦。海神の娘豊玉姫《とよたまひめ》と結婚して鸕鷀草葺不合尊をもうけた。『古事記』では「火遠理命《ほおりのみこと》」と記される。
（6）鸕鷀草葺不合尊／彦火火出見尊（山幸彦）と、海神の娘である豊玉姫の子。『古事記』では天津日高日子波限建鵜草葺不合命《あまつひこひこなぎさたけうがやふきあえずのみこと》、『日本書紀』では彦波限武鸕鷀草葺不合尊《ひこなぎさたけうがやふきあえずのみこと》と表記される。

地神第四代　彦火々出見尊

海幸彦と山幸彦

地神《じしん》第四代は彦火々出見尊《ひこほほでみのみこと》という。兄の火闌降命《ほのすせりのみこと》は「海の幸」（海からの獲物）であり、この尊は「山の幸」（山からの獲物）であった。あるとき、試みに猟の道具を交換してみたところ、どちらも収獲はなかった。弟の尊は弓矢を釣鉤《つりばり》と交換されたので、兄は弓矢を返した。弟の尊が鉤《つりばり》を魚に食われてなくされてしまった。兄の尊がきびしく責めたので、弟の尊は途方にくれて海辺をさまよっていた。そこに塩土《しおつち》の翁《おきな》［この神のことは先に述べた］が参り来て、気の毒に思った。そこで、はかりごとをめぐらして、この弟の尊を海神《うみのかみ》である綿積命《わたつみのみこと》(1)［小童とも書く］の元に送った。

この海神には、豊玉姫《とよたまひめ》(2)という娘がいた。姫は天神《あまつかみ》の孫をいとおしく思い、父の神に告げて、尊をお留めし、ついに二人は夫婦の契りを結んでいっしょに住まわれた。三年ばかりたって、尊が故郷《もとつくに》を恋しがる様子が見えたので、姫は父と相談して、尊を故郷にお帰しすることにした。

海神が大小さまざまの魚たちを集めて、尊が失くした釣鉤について尋ねたところ、口女《くちめ》という魚が病気だといって来ていない。無理に召し出してみると、その口がはれていた。これを探ってみたところ、失くした釣鉤が出てきた［一説には赤女《あかめ》という。またこの魚は「なよし」というとも記されている］。そこで、海神は戒めて「口女よ、こんごは鉤の餌は食べないように。またとらえられて天孫の食膳にのせられないように」と言い含めた。

また海神は、干珠《ひるたま》・満珠《みつたま》（潮の干満を自由にできる珠）を尊に差し上げて、兄の尊を従えさせる手だてをお教えした。そこで弟の尊は故郷に帰り、釣鉤を兄の尊に返し、満珠を取り出してお祈りなさると、潮が満ちてきて兄の尊は溺れそうになった。兄の尊は苦しみ、「これからは俳優《わざおぎ》（滑稽な演技で人を楽しませる人）の民となろう」と誓ったので、弟の尊は干珠をもって潮を引かせられた。これよりのち、弟の尊には天日嗣《あまつひつぎ》（皇位）が伝えられた。

海中では豊玉姫がご懐妊なさったので、「出産のときがきたら海辺に産屋《うぶや》をつくってお待ちください」と彦火々出見尊に申してきた。やがて、姫は妹の玉依姫《たまよりひめ》を連れて海辺にやってきて尊と出会った。尊は産屋をつくり、鸕鷀《う》の羽で屋根を葺《ふ》かれたが、葺き終わる間もなく、御子がお生まれになったので、鸕鷀草葺不合尊《うがやふきあえずみこと》というのである。また産屋を「うぶや」というのも、鸕鷀《う》の羽で葺くからだということである。

ところで、豊玉姫は「お産のときはご覧にならないように」と尊と約束していたのに、尊がのぞかれてしまったので、姫は竜に化身してしまった。姫は尊をうらんで、「わたしに恥をかかせることがなければ、海と陸が行き来でき、間を隔てることもなかったのに」と言い残し、御子を捨て置いて海中に帰ってしまった。後に、この御子の容姿が端正でまばゆいばかりであることを聞いて、豊玉姫は憐れみ崇めて、妹の玉依姫を尊に奉って、御子を養い申しあげたということである。

鸕鷀草葺不合尊は天下を六十三万七千八百九十二年の間お治めになったという。

中国の天地始原の説では、初め万物が混然として分離していない状態にあった。これを混沌という。その後、軽くて清らかなものは天となり、重くて濁ったものは地となり、かたよりがなく正しい中和《ちゅうわ》の気が人となった。この天地人を三才という［ここまではわが国の始まりと変わらない］。その最初の君主たる盤古《ばんこ》氏が天下を治めること一万八千年。その後、天皇・地皇・人皇などという王が相継ぎ、九十一代百八万二千七百六十年に及んだ。したがって、盤古氏の統治とあわせて百十万七百六十年である［これは一説であって、真実は明らかではない。『広雅《こうが》』（魏《ぎ》の張揖《ちょうゆう》の撰になる辞書）という書物には、天地開闢から「獲麟《かくりん》」まで二百七十六万年ともいう。獲麟とは孔子《こうし》が在世した魯《ろ》の哀《あい》公のとき（哀公の十四年）である。日本の懿徳《いとく》天皇の時代にあたる］。そうなると、盤古の初めは、わが国では彦火々出見尊の代の末ごろにあたることになるのであろうか。

【註】
（1）綿積命／「ワタ」は海の古語、「ツ」は「の」、「ミ」は神霊の意で、「ワタツミ」は「海の神霊」という意味になる。『古事記』は綿津見神、『日本書紀』は少童命などと表記される。
（2）豊玉姫／『古事記』では「豊玉毘売」と表記される。天孫・瓊瓊杵尊と木花開耶姫《このはなさくやひめ》との間に生まれた彦火火出見命（＝山幸彦）と結婚し、鸕鷀草葺不合尊を生む。
（3）竜／「古事記」では、「八尋和邇《やひろわに》」とある。

地神第五代　彦波瀲武鸕鷀草葺不合尊

地神《ちじん》第五代は彦波瀲武鸕鷀草葺不合尊《ひこなぎさたけうがやふきあえずのみこと》と申しあげる。この名は母の豊玉姫《とよたまひめ》が名づけたものである。姨《おば》の玉依姫《たまよりひめ》(1)と結婚して四人の御子を生ませなさった。彦五瀬命《ひこいつせのみこと》、稲飯命《いないのみこと》、三毛入野命《みけいりののみこと》、日本磐余彦尊《やまといわれひこのみこと》と申しあげる。このうち、磐余彦尊を太子に立てて天日嗣《あまつひつぎ》を継がせなさった。

この神の御代の七十七万余年ごろのことであろうか、中国の三皇の初めに伏羲《ふっき》という王がいた。つぎが神農氏《しんのう》（炎帝《えんてい》）、つぎが軒轅氏《かんえん》（黄帝《こうてい》）、三代あわせて五万八千四百四十年である［一説には一万六千八百二十七年という。とすると、この尊の八十万余の年にあたる日野親経《ひのちかつね》(2)中納言が『新古今集』(3)の序(4)を書いたとき、伏羲の皇徳に基づいて四十万年といっている。いずれの説に拠ったのであろうか、はっきりしない」。

その後に少昊氏《しょうこう》（黄帝《こうてい》の子）、顓頊氏《せんぎょく》（黄帝の孫）、高莘氏《こうしん》（黄帝の曾孫）、陶唐氏《とうとう》［尭《ぎょう》である］、有虞氏《ゆうぐ》［舜《しゅん》である］という五帝がいた。あわせて四百三十二年である。そのつぎに、夏《か》・殷《いん》・周《しゅう》の三代があり、夏は十七君主、四百三十二年、殷は三十君主、六百二十九年である。周の代となり、その第四代の君主を昭王《しょうおう》というが、その二十六年甲寅《きのえとら》の年までで、周が興ってから百二十年である。この年は葺不合尊の八十三万五千六百六十七年にあたる。この年に天竺で釈迦がお生まれになった。同じ葺不合尊の八十三万五千七百五十三年に、釈迦仏が八十歳で入滅された。中国では昭王の子、穆《ぼく》王《おう》の五十三年、壬申《みずのえさる》の年にあたる。その後、二百八十九年を経て、庚申《かのえさる》の年、この尊はお亡くなりになった。

この尊の天下《あめのした》を治めなさることは、八十三万六千四十三年という。

これより以前を地神五代と申しあげる。そのうち天照大神《あまてらすおおみかみ》と忍穂耳尊《おしほみみのみこと》の二代は天上にとどまり、瓊々杵尊《ににぎのみこと》、彦火々出見尊《ひこほほでみのみこと》、葺不合尊の下三代は西の洲《にししま》の宮《みや》（瓊々杵尊は笠沙《かささ》の宮《みや》、彦火々出見尊と葺不合尊は高千穂の宮）で多くの年月をお過ごしになった。しかし、神代のことなので、その行跡ははっきりしない。葺不合尊は八十三万余年の長命でおられたが、その御子の磐余彦尊の御代から、にわかに人皇《にんおう》の代となり、命数も短くなったことに疑いをもつ人もいるだろう。けれども、神の道のことは推し測りがたく、磐長姫《いわながひめ》の呪いのままに寿命も短くなったので、神の振る舞いも変わって、やがて人の世へと移ったのであろう。天竺の説のような定まった次第があって命数が短くなったのではないようだ。

また「百王ましますべし(5)」というようだが、これは十の十倍の百ということでない。無限の数を「百」と表わすことは、百官・百姓などという例からも知ることができる。

昔、皇祖天照大神が天孫瓊々杵尊に勅《みことのり》されたとき、「宝祚《あまつひつぎ》（皇統）がますます栄えることは、天地と同じく無窮であろう」とおっしゃっている。今も、天地は昔と変わらず、日月もその光を変えていない。ましてや三種の神器がこの世に現存しておられる。窮まることが絶対にないのは、わが国に伝わる宝祚である。仰ぎ尊び申しあげるべきは、日嗣（皇位）を継がれている天皇でいらっしゃる。

【註】

（1）玉依姫／『古事記』では「玉依毘売」と表記される。綿積命の娘。姉の豊玉姫と彦火火出見尊との間に生まれた鸕鷀草葺不合尊を育て、のちその妃となり、初代天皇となる神日本磐余《かむやまといわれ》彦尊《ひこのみこと》ら男子四人を生む。

（2）日野親経／日野俊経《としつね》の子。建永元年（一二〇六）に権中納言に任じられる。

（3）『新古今集』／建仁元年（一二〇一）、後鳥羽《ごとば》上皇の命により、藤原定家《さだいえ》らによって編纂された勅撰和歌集。全二十巻。「八代集」の最後を飾るもの。

（4）序／日野親経が漢文で書いた「真名文《まなぶん》」。

（5）百王……／百王説という。梁《りょう》の宝誌和尚が唱えたという。日本の未来記『野馬台詩《やまたいし》』に「百王の流尽《ことごと》く竭《つ》き、猿犬英雄を称す」とあり、天皇が百代で終わるとの説が生じた。承平六年（九三六）の日本紀講筵《にほんぎこうえん》の記録に、この詩がみえており、長元四年（一〇三一）の伊勢斎王の託宣に「王運暦数定まる。百王の運すでに過半に及ぶ」の語があり、皇統の期限切れ予告としての百王説は、すでに平安中期には存在していたことが明らかである。関白頼通《よりみち》と一上実資《いちのかみさねすけ》は託宣のうち百王説の部分を秘匿することに成功したが、実資の日記『小右記《しょうゆうき》』の転写過程で、この情報が漏出し、折からの末法思想《まっぽうしそう》と相俟って世上に流布することとなった。慈円の『愚管抄』や日蓮《にちれん》の「神国王御書」も百王説に言及しており、鎌倉期には多くの議論が行われた。親房の『神皇正統記』も、実は執筆目的の一つが、この百王説打破であったとみられる。

人皇（一）

第一代　神武天皇

神武天皇の系譜

人皇《にんのう》の第一代は神日本磐余彦天皇《かむやまといわれひこのすめらみこと》という。のちに神武《じんむ》と諡号《おくりな》を名づけ奉った。地神《ちじん》の鸕鷀草葺不合尊《うがやふきあえずのみこと》の第四の御子である。母は玉依姫《たまよりひめ》といい、海神小童《うみのかみわたつみ》の第二の娘である。伊弉諾尊《いざなぎのみこと》の六世、大日孁尊《おおひるめのみこと》の五世の天孫であられる。神日本磐余彦と申すのは神代からのやまと言葉である。神武というのは、中古になって中国風の諱で諡号[1]した御名である。また、この代から代ごとに「宮所」（宮都）をお移しになったので、その宮所の地名をとって御名とする。この天皇を橿原宮《かしわらのみや》と申すのがそれである。

また神代より、もっとも尊い神を「尊《みこと》」といい[2]、それに次ぐ神を「命《みこと》」といっているが、人の代となってからは「天皇《すめらみこと》[3]」と申しあげている。臣下にも「朝臣《あそん》」・「宿禰《すくね》」・「臣《おみ》」などという号[4]が現われたが、これは神武天皇の御代から始まったものである。上古では尊とも命とも両方を称したということであるが、世が下ってからは天皇を尊と申すこともなく、臣下を命ということもなくなった。古語が耳馴れなくなってしまったためだろうか。神武天皇は十五歳で太子《たいし》に立たれ、五十一歳で父神鸕鷀草葺不合尊に代わって皇位にお即《つ》きになった。この年辛酉《かのととり》の年[5]であった。

【註】

（1）中国風の……／「漢風諡号」のこと。諡号については、後述の綏靖《すいぜい》天皇の項を参照→九八ページ。

（2）もっとも尊い方を「尊」といい……／『日本書紀』神代上に、「いたりて貴きをば尊という。自余をば命という」という記述がある。

（3）天皇／王権の称号としての「天皇」の語の成立については諸説あるが、天武《てんむ》朝にいたって固定したというのが、歴史学界の通説である。その以前は「大王《おおきみ》」が使われていた（『稲荷山古墳出土鉄剣銘』『倭王武上表文』ほか）。推古《すいこ》朝の仏像光背銘に「天皇」の語があるが、追刻とみられている。

（4）「朝臣」・「宿禰」・「臣」などという号／親房は、これらの姓の紀元を「神代」としているが、実際は、朝臣・宿禰は天武天皇十三年（六八五）に制定されたもの。臣は、五、六世紀以降と考えられている。

（5）辛酉の年／飛鳥・奈良時代、中国南朝で流行した讖緯説《しんいせつ》、ことに辛酉革命《しんゆうかくめい》・甲子革令《かっしかくれい》説が輸入され、多大な影響を及ぼした。この「神武即位＝辛酉年」もそれによるもので、三善清行《みよしきよゆき》は斉明《さいめい》天皇七年（六六一）辛酉より一三二〇年前を神武天皇即位にあたると考え、近代に入って那珂通世《なかみちよ》は推古天皇九年（六〇一）辛酉より一二六〇年前を神武天皇即位とした。このように『日本書紀』には、紀年に関して作為が著しく、江戸期以来多くの論争がある。

神武天皇の東征

神武天皇は筑紫日向《つくしのひゅうが》の宮崎宮《みやざきのみや》(1)においでになったが、兄神の彦五瀬命《ひこいつせのみこと》・三毛入野命《みけいりののみこと》や皇子・群臣に勅《みことのり》して、東征することになった。もともとこの大八洲《やまとのくに》はみな天皇の統治する国土であるが、神代は何事もはっきりしない幽昧《ゆうまい》の状態であったから、西の端の国で長い歳月をお送りになったのだろう。

天皇は船を整え、武器・兵士を集めて大日本洲《おおやまとのくに》に向かわれた。途中の国々を平定して、大日本洲に入ろうとしたところ、その国に天神《あまつかみ》の饒速日尊《にぎはやひのみこと》の末裔で宇麻志間見命《うましまみのみこと》という神がいた。その母の兄弟にあたる長髄彦《ながすねひこ》(2)という者が「天神の御子に二種類あるはずがない」(3)と言って「軍《いくさ》」を起こして抗戦した。その軍勢は強く、天皇の軍はしばしば利を失い敗れたこともある。また、邪神が毒気を吐いたので、兵士はみなそれにあたり、病み伏してしまった。

そのとき、天照大神《あまてらすおおみかみ》は健甕槌神《たけみかづちのかみ》を召し、「葦原中洲《あしはらのなかつくに》で騒がしい音がする。汝が下って平定せよ」と命じた。健甕槌神は「昔、国を平定したときの剣があります。これを下せば、おのずから平らぐでしょう」といって、紀伊《きの》国(4)名草村《なぐさのむら》の高倉下命《たかくらじのみこと》という神に告げ知らせ、この剣を神武天皇に奉った。神武天皇はお喜びになって、病み伏していた兵士もみな起き上がった。

また、神魂命《かみむすひのみこと》の孫の武津之身命《たけつのみのみこと》が大烏《おおがらす》になって天皇の軍の道案内をした(5)。天皇はその功を称えて「八咫烏《やたがらす》」と名づけられた。また、金色《こんじき》の鵄《とび》が舞いおりて天皇の弓の弭《はず》（弓の両端の弦をかけるところ）にとまった。その金色が光り輝いた。これによって天皇の軍は大勝利した。宇麻志間見命は長髄彦の僻《ひが》んだ心を知ったので、計略をめぐらして殺してしまった。そして、兵を引き連れて天皇に服従した。天皇はたいへんお誉めになって、天から下された神剣を授けた上で、「大勲にこたえる」と申し渡した。この剣は豊布都神《とよふつのかみ》と号し、はじめは大和《やまと》の石上《いそのかみ》(6)に祀られていたが、のちに常陸《ひたち》の鹿《か》島神宮《しまじんぐう》(7)に祀られた。

宇麻志間見命はまた、瓊々杵尊が天降《あまくだ》ったとき、外祖高皇産霊尊《たかみむすひのみこと》がお授けになった「十種《とくさ》の瑞《みず》宝《たから》」を伝え持っていたが、これを天皇に献上した。天皇は、それが鎮魂《みたましずめ》(8)の瑞宝であったので、その祭を始められた。宝物は宇麻志間見命に預けられ、大和の石上に安置された。この瑞宝は布留《ふる》ともいった。この「十種の瑞宝」を一つずつ呼んで、呪文を唱えて振るので「ふる」というようである。

こうして天下《あめのした》が平定されたので、天皇は大和国の橿原《かしはら》(9)に都を定めて宮殿を造営した。その制度は天上の儀と同じであった。天照大神から授かった三種の神器を「大殿《みあらか》」（正殿）に安置し、お住まいもこれと床を同じくなさった。ここでは皇宮と神宮とは一体であったから、国々からの貢物もみな斎《いみ》蔵《くら》に納めて官物・神物の区別を設けなかった。天児屋根命《あめのこやねのみこと》(10)の孫天種子命《あめのたねこのみこと》と天太玉命《あめのふとたまのみこと》(11)の孫天《あめの》富命《とみのみこと》がもっぱら神事を司った。これも神代の「例《ためし》」と異ならない。また霊畤《まつりのにわ》（斎場）を鳥見山《とみのやま》のなかに造り、天神《あまつかみ》・地祇《くにつかみ》をお祀りになった。

神武天皇の御代の初めは辛酉の年で、中国では周の世、第十七代の君、恵王《けいおう》の十七年にあたる。天皇の五十七年丁巳《ひのとみ》の年は周の二十一代の君、定王《ていおう》の三年にあたり、この年には老子《ろうおう》が生まれている。老子は道教《どうきょう》の始祖である。天竺の釈迦如来が入滅なさってから神武元年辛酉の年までは二百九十年になるだろうか。

　神武天皇が天下《あめのした》を治めなさること七十六年、百二十七歳(12)であられた。

【註】

（1）宮崎宮／推定所在地は、現在の宮崎神宮（宮崎市）。

（2）長髄彦／神武天皇軍に抵抗した大和の土豪。『古事記』では「登美能那賀須泥毘古《とみのながすねびこ》」と記される。難波に上陸した神武天皇軍と孔舎衛《くさえ》坂で戦い、天皇の兄五瀬命に重傷を負わせ戦死させた。その後、紀伊・熊野を迂回し大和をめざす東征軍に再び抵抗するが、黄金の鵄《とび》に助けられた神武天皇に敗れ、東征軍に帰順した饒速日命によって殺されてしまう。長髄彦の妹は、物部氏の祖神饒速日命の妻であった。

（3）天神の御子……／『日本書紀』神武天皇即位前紀に、長髄彦の言葉として、「吾、饒速日命もって君として奉《つか》へまつる。それ天神の子、あに両種《ふたはしら》有《ま》さむや。奈何《いかに》ぞさらに天神の子と称《なの》りて、人の地《くに》を奪わむ」とある。『先代旧事本紀《せんだいくじほんぎ》』には、「饒速日尊の児宇摩志麻治命を推して、君として奉へまつる。ここに到りて、すなわち曰く。天神の子、あに両種有さむや。吾、他有ることを知らず」とある。親房の記述は、『先代旧事本紀』によったものと思われる。

（4）紀伊国／『日本書紀』神武天皇即位前紀戊午年六月丁巳条には、「熊野の高倉下」とある。

（5）武津之身命が大烏になって……／『新撰姓氏録《しんせんしょうじろく》』山城国神別、鴨県主の条に、「神魂命孫鴨建津之身命。

大鳥のごとく化りて翔飛し導き奉り、ついに中洲に達る。天皇その功有るを嘉し、とくに厚く褒賞す。天八咫烏の号、ここより始るなり」とある。

（6）大和の石上／石上神宮のこと。奈良県天理市にある神社で「二十二社」の一社、最古の神社といわれる神社の一つ。古代の軍事氏族である物部氏が祭祀した。

（7）鹿島神宮／社伝によれば、皇紀元年（紀元前六六〇）の建造とされる、日本有数の古社の一つに数えられている。祭神は、天孫降臨に先立ち国譲りの交渉をしたといわれる武甕槌神。武の神として古くから皇室はじめ藤原氏・源氏など有力氏族の崇敬を受けてきた。

（8）鎮魂／遊離した魂、または遊離しようとする魂を鎮め、肉体につなぎ止める祭儀のこと。

（9）橿原／推定所在地は、奈良県橿原市畝傍町。現在、橿原神宮が造営されている。

（10）天児屋根命／天照大神が天の岩屋に隠れたとき、祝詞を奏して岩屋から呼び戻すことに成功した。また、天孫降臨にさいしては、五部神《いつとものおのかみ》（五伴緒神）の一神として、太玉命《ふとたまのみこと》や天鈿女命《あめのうずめのみこと》などとともに、瓊瓊杵尊に随行した。これより中臣氏は、斎部（忌部）氏とともに朝廷の祭祀儀式を司る職を世襲した。

（11）天太玉命／天の岩屋戸に隠れた天照大神を招き出すために、勾玉・鏡・和幣《にぎて》などを用いて祭り、招き出すことに成功した。また、瓊瓊杵尊の天孫降臨のときには、五部神（五伴緒神）の一神として従ったとされる。諸国の忌部が作る祭具を使用して朝廷の祭りを行う忌部（斎部）氏の祖先神。のちに斎部広成《ひろなり》が『古語拾《こごしゅう》遺《い》』を撰上した。

（12）百二十七歳／この年齢は、『日本書紀』によるもので、『古事記』には、「百三十七歳」とある。

第二代　綏靖天皇

第二代綏靖《すいぜい》天皇(1)［これより和語(2)（大和言葉）の尊号は記さない］は、神武天皇の第二の御子である。母は鞴五十鈴姫《たたらいすずひめ》といい、事代主神《ことしろぬしのかみ》の娘(3)である。父の神武天皇がお亡くなりになって三年後に即位された。庚辰《かのえたつ》の年のことである。大和の葛城《かつらぎ》の高岡宮《たかおかのみや》(4)におられた。

天皇の三十一年庚戌《かのえいぬ》の年は、中国の周《しゅう》の二十三代の君、霊王《れいおう》の二十一年にあたる。この年、孔子《こうし》が生まれた。孔子は七十三歳まで生きられて、儒教を広められた。この教えは、昔の賢王《けんおう》、唐堯《とうぎょう》、虞舜《ぐしゅん》、夏《か》の初めの禹《う》、殷《いん》の初めの湯《とう》、周の初めの文王《ぶんおう》・武王《ぶおう》・周公《しゅうこう》が国を治め、民を慈しみになった道であるので、心を正し身を直くし、家を治め国を治めて、それを天下に及ぼすことを信条としている。

これは人の守るべき世の当然の道であって、特別な教えではないが、時代が下るにしたがって、人々の心や行ないが正しくなくなったため、孔子が先王の道を集大成して儒教をたてたのである。

天皇は天下《あめのした》を治めなさること三十三年(5)、八十四歳(6)であられた。

【註】

（1）綏靖天皇／天皇の「おくり名」である諡号には、和風諡号と漢風諡号がある。神武・綏靖などは漢風諡号であり、奈良朝の天平宝字年間（七五七～七六五）に淡海三船《おうみのみふね》などの学者が、さかのぼって追諡《ついし》したものかとされる。

（2）和語／いわゆる和風諡号をさす。ちなみに、綏靖天皇の尊号は「神渟名川耳天皇《かむぬなかわみみのすめらみこと》」である。

（3）事代主神の娘／『古事記』では、大国主神の娘としている。

（4）高岡宮／推定所在地は、奈良県御所市森脇。

（5）天皇は天下を……／この天皇から第九代の開化《かいか》天皇まで、『古事記』『日本書紀』ともに即位、崩御年、都の所在地のみが記述されており、天皇としての治績がまったく記されていない。戦後の歴史家はこれを「欠史八代」と称して、実在性を疑う者が多い。このような「記紀」上の作為は、前述（神武天皇の系譜項の註（5）＝九三ページ）のように、主として辛酉革命説によるものである。

（6）八十四歳／この年齢は、『日本書紀』によるもので、『古事記』には、「四十五歳」とある。

第三代　安寧天皇

第三代安寧《あんねい》天皇は綏靖《すいぜい》天皇の第二の御子である。母は五十《い》鈴依姫《すずよりひめ》といい、事代主神《ことしろぬしのかみ》の弟娘《おとむすめ》（長女に対して、それより下の娘）である。癸丑《みずのとうし》の年に即位され、大和の片塩浮穴宮《かたしおのうきあなのみや》(1)におられた。

天下《あめのした》を治めなさること三十八年、五十七歳(2)であられた。

【註】

（1）片塩浮穴宮／推定所在地は、奈良県大和高田市片塩町。

（2）五十七歳／この年齢は、『日本書紀』によるもので、『古事記』には、「四十九歳」とある。

第四代　懿徳天皇

第四代懿徳《いとく》天皇は安寧天皇の第二の御子である。母は渟名底中媛《ぬなそこなかつひめ》といい、事代主神《ことしろぬしのかみ》の孫である。
辛卯《かのとう》の年に即位し、大和の軽曲峡宮(1)におられた。
天下《あめのした》を治めなさること三十四年、七十七歳(2)で崩御された。

【註】

（1）軽曲峡宮／推定所在地は、奈良県橿原市白橿町。

（2）七十七歳／『日本書紀』には享年が記されていない。『古事記』には、「四十五歳」とある。

第五代　孝昭天皇

第五代孝昭《こうしょう》天皇は懿徳《いとく》天皇の第一の御子である。母は天豊津姫《あまのとよつひめ》といい、息石耳命《おきしみみのみこと》の娘である。父懿徳天皇が亡くなられてから一年たった丙寅《ひのえとら》の年に即位され、大和の掖上池心宮《わきのかみのいけのこころのみや》(1)におられた。

天下《あめのした》を治めなさること八十三年、百十四歳(2)であられた。

【註】

（1）掖上池心宮／推定所在地は、奈良県御所市池之内。

（2）百十四歳／『日本書紀』には享年が記されていない。『古事記』には、「九十三歳」とある。

第六代　孝安天皇

第六代孝安《こうあん》天皇は孝昭《こうしょう》天皇の第二の御子である。母は世襲足姫《よそたらしのひめ》といい、尾張連《おわりのむらじ》の上祖《とおつおや》にあたる瀛津世襲《おきつよそ》(1)の娘である。乙丑《きのとうし》の年に即位され、大和の秋津島宮《あきつしまのみや》(2)におられた。

天下《あめのした》を治めなさること百二年、百二十歳(3)であられた。

【註】

(1) 瀛津世襲の娘／『日本書紀』孝安天皇即位前紀には、「尾張連の遠祖、瀛津世襲の妹なり」とあり、『古事記』にも「妹」とある。

(2) 秋津島宮／推定所在地は、奈良県御所市室。

(3) 百二十歳／『日本書紀』には享年が記されていない。『古事記』には、「百二十三歳」とある。

第七代　孝霊天皇

第七代孝霊《こうれい》天皇は孝安《こうあん》天皇の皇太子。母は押姫《おしひめ》といい天足彦国押人命《あめたらしひこくにおしひとのみこと》の娘である。辛未《かのとひつじ》の年に即位され、大和の黒田盧戸宮《くろだいおとのみや》(1)におられた。

この天皇の三十六年丙午《ひのえうま》にあたる年、中国では周の国が滅んで秦《しん》に替わった。始皇帝《しこうてい》の四十五年乙卯《きのとう》、秦の始皇帝が即位した。この始皇帝は仙人の方術《ほうじゅつ》を好み、不老不死の薬を日本に求めてきた。日本からは三皇五帝（伏羲《ふっき》・神農《しんのう》・軒轅《かんえん》の三皇と少昊《しょうこう》・顓頊《せんぎょく》・高辛《こうしん》・陶唐《とうとう》・有虞《ゆうぐ》の五帝）の遺書といわれる古典を中国に求めたところ、始皇帝はこれをことごとく送ってきた。始皇帝の三十五年、秦は焚《ふん》書坑儒《しょこうじゅ》(2)を行なったので、中国では失われた孔子の全経典が日本に残っているといわれる。このことは中国の書物に見える。

わが国では神功皇后《じんぐうこうごう》が三韓を平定されてから、異国と国交を開き、応神《おうじん》天皇の御代に儒書などの経《けい》史《し》の学が渡ってきたと申し伝えられている。(3)孝霊天皇の御代から日本に文字があったということは聞いたことがないが、上古のことは正確に記録されてはいないからだろうか。応神天皇の御代に渡来した経史の書さえ現在残っておらず、聖武《しょうむ》天皇の御代に、吉備真備《きびのまきび》(4)大臣が入唐して伝えた本が現在流布している。このことから、孝霊天皇の御代から文字が伝えられたという説もあながち疑う必要はないかもしれない。

さて、中国ではこの日本のことを君子不死の国ともいっている。孔子は世が乱れてしまったことを嘆いて、「九夷《きゅうい》に住みたい」と言われた。日本はその九夷の一つである。異国では日本を「東夷《とうい》」といっているが、これはわが国が異国のことを「西蕃《せいばん》」ということと同じことである。また、中国で四海というのは東夷・南蛮《なんばん》・西羌《せいきょう》・北狄《ほくてき》のことである。南は蛇の種族だから虫に従う字を、西は羊だけを飼う国だということで羊に従う字を、北は犬の種族なので犬に従う字をあてているのである。ただ、東国だけは仁徳があり長寿の国なので、「大」と「弓」に従う「夷」という字を用いるとのことである。

孔子のときですら、わが国のことを知っていたのだから、秦の時代にわが国と通行していたことは怪しむにたりないのではなかろうか。

孝霊天皇は天下《あめのした》を治めなさること七十六年、百十歳(5)であられた。

【註】

（1）黒田盧戸宮／推定所在地は、奈良県磯城郡田原本町黒田。

（2）焚書坑儒／法家をのぞく儒学諸派の弾圧。始皇帝三十四年に医書・農書・卜書以外の書を焼き、同三十五年に多くの儒者を生き埋めにした。

（3）応神天皇の御代に儒書などの経史の学が……／『日本書紀』応神天皇十五年八月条に、「阿直岐《あちき》、また能《よ》く経典を読めり。すなわち、太子菟道稚郎子《うじのわきいらつこ》、師としたまう」、同十六年二月条に、「王仁《わに》来り。すなわち、太子菟道稚郎子、師としたまう。諸《もろもろ》の典籍《ふみ》を王仁に習いたまう」とある。また、『古事記』応神天皇の段には、「命を受けて貢上《たてまつ》れる人、名は和邇吉師《わにきし》。すなわち論語十巻、千字文一巻、あわせて十一巻をこの人に付けて、すなわち貢進《たてまつ》りき」とある。

（4）吉備真備／持統《じとう》天皇九年（六九五）生まれ。吉備の豪族下道氏の子。霊亀《れいき》三年（七一七）、唐への留学生として出発し、十七年間、儒学・兵学などを学び帰国する。『唐礼《とうれい》』や『大衍暦経《だいえんれききょう》』などを伝えた。帰国後、大学助に任じ、日本の大学制度を整えた。のち再び入唐、帰朝し、孝謙《こうけん》女帝の教師となり、恵美押勝《えみのおしかつ》の乱では造東大寺司《ぞうとうだいじし》長官として活躍、のち異例の右大臣《うだいじん》に昇る。宝亀《ほうき》六年（七七五）死去。

（5）百十歳／『日本書紀』には享年が記されていない。『古事記』には、「百六歳」とある。

第八代　孝元天皇

第八代孝元《こうげん》天皇は孝霊《こうれい》天皇の皇太子。母は細媛《くわしひめ》といい、磯城県主《しきのあがたぬし》の娘である。丁亥《ひのとい》の年に即位され、大和の軽境原宮《かるのさかいはらのみや》(1)におられた。この天皇の九年乙未《きのとひつじ》の年、中国の秦が滅んで漢に移った。

孝元天皇が天下《あめのした》を治めなさること五十七年、百十七歳(2)であられた。

【註】

(1) 軽境原宮／推定所在地は、奈良県橿原市見瀬町。

(2) 百十七歳／『日本書紀』には享年が記されていない。『古事記』には、「五十七歳」とある。

第九代　開化天皇

第九代開化《かいか》天皇は孝元《こうげん》天皇の第二の御子である。母は鬱色謎姫《うつしこめひめ》といい、穂積臣《ほづみのおみ》の先祖、鬱色雄命《うつしこおのみこと》の妹である。甲申《きのえさる》の年に即位され、大和の春日率川宮《かすがのいさがわのみや》(1)におられた。

天下《あめのした》を治めなさること六十年、百十五歳(2)であられた。

【註】

(1) 春日率川宮／推定所在地は、奈良県奈良市本子守町。

（2）百十五歳／この年齢は、『日本書紀』によるもので、『古事記』には、「六十三歳」とある。

第十代　崇神天皇

第十代崇神《すじん》天皇(1)は開化《かいか》天皇の第二の御子である。母は伊香色謎姫《いかがしこめひめ》［はじめ孝元《こうげん》天皇の妃《きさき》で彦太忍《ひこふとおし》信命《まことのみこと》を生んだ］といい、太綜麻杵命《おおへそきのみこと》(2)の娘である。甲申《きのえさる》の年に即位され、大和の磯城瑞籬宮《しきのみずかきのみや》(3)におられた。

この崇神天皇の御時は神代をへだたること十代、六百余年(4)になった。ようやく神威を恐れられて、即位の六年己丑《つちのとうし》の年［神武《じんむ》天皇元年辛酉《かのととり》よりこの己丑までは六百二十九年］、天皇は、神代の鏡造りであった石凝姥神《いしこりどめのかみ》の子孫に命じて鏡を模して作らせ、天目一箇神《あめのまひとつのかみ》の子孫に命じて剣を作らせた。そして大和の宇陀《うだ》郡においてこの鏡と剣を鋳改められて、これを護身の璽《しるし》として「同殿《おなじとの》」に置くこととした。神代から伝えられた宝鏡と霊剣を皇女豊鍬入姫命《とよすきいりひめのみこと》(5)につけて大和の笠縫邑《かさぬいのむら》(6)に移され、神籬《ひもろぎ》（神木を植えめぐらせた、神霊の宿るところ）をたてて崇め奉った。以後、神宮と皇居とは別々になった。そののち天照大神《あまてらすおおみかみ》の御託宣があって、豊鍬入姫命は御神体を奉じ各地を巡歴なさった。

神武天皇十年の秋、大彦命《おおひこのみこと》を北陸《ほくろく》に、武渟川別命《たけぬなかわわけのみこと》を東海《とうかい》に、吉備津彦命《きびつひこのみこと》を西道《さいどう》に、丹波道《たんばのみち》主命《ぬしのみこと》を丹波に遣わした。(7)いずれも印綬《いんじゅ》を授けて将軍としたが「将軍の名がこのとき初めて見られた」、天皇の叔父武埴安彦命《たけはにやすひこのみこと》が朝廷を倒そうと企てたので、将軍らの出発を止め、まず武埴安彦命を追討した。冬十月になって将軍らは出発した。同十一年の夏、四道に遣わされた将軍らは、皇威に服さぬ「戎夷《じゅうい》」を平定したことを、生還して報告した。同六十五年秋には任那国《みなまのくに》が使者を派遣して貢物を奉った(8)「任那は筑紫より二千余里という」。

崇神天皇が天下《あめのした》を治めなさること六十八年、百二十歳(9)であられた。

【註】

（1）崇神天皇／『記紀』ともに、この天皇を「ハックニシラススメラミコト」と称しており、神武天皇ではなく、この崇神天皇こそ初代天皇であるという説が有力である。それは、前記のごとく辛酉革命説に引かれて「記紀」の編纂者が皇統を数百年も繰り上げたという事情もあるが、崇神の大叔母にあたる倭迹迹日百襲姫命《やまとととひももそひめのみこと》の墓と伝えられる箸墓《はしはか》古墳の径が、『魏志倭人伝《ぎしわじんでん》』に記された卑弥呼《ひみこ》の墓の大きさと一致し、築造された年代も卑弥呼の没年である三世紀半ばにあたるので、開国の王権である蓋然性が高いという観測である。その場合、神武天皇について「記紀」が記す事績は、崇神天皇の創業説話の一部が反映したものでないかとの説がある。

（2）太綜麻杵命の娘／『日本書紀』崇神天皇即位前紀には、「物部氏の祖」とあるが、『先代旧事本紀』天孫本紀には、「饒速日尊の五世孫・鬱色雄命の弟」とある。

（3）磯城瑞籬宮／推定所在地は、奈良県桜井市金屋。

（4）六百余年／崇神天皇の即位した年は、皇紀五六四年になるので合致しない。鎌倉時代中期に伊勢神宮外宮の神官であった渡会行忠《わたらいゆきただ》によって撰録された『倭姫命世記《やまとひめのみことせいき》』には、神武天皇から開化天皇までを九代、六百三十余歳とある。

（5）豊鋤入姫命／崇神天皇の皇女。『日本書紀』では「豊鍬入姫命」と表記される。『魏志倭人伝』にいう「台与《とよ》」を、この崇神天皇の皇女に比定する説がある。その場合、崇神天皇は、『魏志倭人伝』にいう「男弟王」にあたることになる。

（6）笠縫邑／奈良県磯城郡田原本町にある多神社・笠縫神社付近といわれるが諸説ある。

（7）大彦命を北陸に……／以下いわゆる、「四道将軍伝説」である。辛亥年（四七一）につくられた『稲荷山古墳出土鉄剣銘』に、「上祖の名は大彦」とあり、五世紀後半の東国には、四道将軍伝説がすでにあったという有力な証左になるという説がある。

（8）任那国が……／『日本書紀』崇神天皇六十五年七月条に「任那国、蘇那曷叱知《そなかしち》をして、朝貢らしむ」とある。

（9）百二十歳／この年齢は、『日本書紀』によるもので、『古事記』には、「百六十八歳」とある。

第十一代　垂仁天皇

第十一代垂仁《すいにん》天皇は崇神《すじん》天皇の第三の御子である。母は御開城姫《みまきひめ》といい、大彦命《おおひこのみこと》［孝元《こうげん》天皇の御子］の娘である。壬辰《みずのえたつ》年に即位され、大和の巻向珠城宮《まきむくのたまきのみや》(1)におられた。

この天皇の御時、皇女大和姫命《やまとひめのみこと》が豊鋤入姫《とよすきいりひめ》と交替して天照大神を斎《いつ》き奉った。大和姫命も神の御託宣により、豊鋤入姫に続いてなお国々をめぐった。垂仁天皇二十六年丁巳《ひのとみ》の冬十月甲子《きのえね》に、伊勢《いせの》国度会郡《くにわたらいのこおり》五十《い》鈴川《すずがわ》の川上に宮所を建て、高天《たかま》の原《はら》に届かんばかりに高々と千木をさし立て、地底の岩盤に大宮柱を立て、鎮座し給うた。ここは昔、天孫降臨の時、来合わせた猿田彦《さるたひこの》神が「自分は伊勢の狭長田《さながた》の五十鈴の川上に行こう」と申された場所である。

大和姫命が宮所を探し求めていた時、大田命《おおたのみこと》という人［または興玉《おきたま》ともいう］が参って、ここをお教えしたのである。この命は昔の猿田彦神の子孫だという。その川上に五十鈴・天上の図形などがあった［天逆戈《あめのさかほこ》もここにあったという説もある］。大田命は「八万年もの間、これを崇め守って参りました」と申しあげた。こうして中臣《なかとみ》氏の祖《おや》である大鹿島命《おおかしまのみこと》を祭主とした。また、大幡主《おおはたぬし》という人を大神主《おおかんぬし》になさって、これ以後、皇大神《すめおおみかみ》として崇め奉ったので、天下第一の宗廟となったのである。

垂仁天皇が天下《あめのした》を治めなさること九十九年、百四十歳(2)であられた。

【註】

（1）巻向珠城宮／推定所在地は、奈良県桜井市巻野内。

（2）百四十歳／この年齢は、『日本書紀』によるもので、『古事記』には、「百五十三歳」とある。

第十二代　景行天皇

景行天皇の熊襲征討

第十二代景行《けいこう》天皇は垂仁《すいにん》天皇の第三の御子である。母は日葉洲媛《ひはすひめ》といい、丹波道主王《たにわのみちぬしのみこ》の娘である。辛未《かのとひつじ》の年に即位され、大和の纏向日代宮《まきむくのひしろのみや》(1)におられた。

景行天皇十二年の秋、熊襲《くまそ》(2)［日向《ひゅうが》にいた］が叛《そむ》き、貢物を奉らなかった。八月天皇は筑紫に行幸して、熊襲を征伐した。同十三年の夏、すべてを平定し、高屋宮《たかやのみや》(3)におられた。同十九年の秋、筑紫から大和にお帰りになった。

【註】

（1）纏向日代宮／推定所在地は、奈良県桜井市穴師。

（2）熊襲／古代の九州南部に住み、大和朝廷に反抗し、従わなかった勢力。「くま」は肥後の球磨《くま》地方、「そ」は大隅の贈於地方の意ともいわれる。

（3）高屋宮／推定所在地は、宮崎県西都市岩爪。

小碓尊の熊襲征討

景行天皇二十七年秋、熊襲がまた叛いて、辺境を侵した。皇子の小碓尊《おうすのみこと》(1)は十六歳であったが、幼いときから勇気があり、容貌もすぐれて立派であった。身長は一丈もあり、鼎《かなえ》さえも持ち上げるほどの力強さであられたので、天皇はこの皇子に熊襲を伐たせた。小碓尊は冬十月、秘かに日向《ひゅうが》に行き、奇策を用いて梟帥《たけるひとこのかみ》取石鹿父《とりいしかや》という者を殺された。梟帥は殺されそうになったとき、尊を誉めて日本武《やまとたける》という名を奉った。尊はさらに残党をことごとく平らげて凱旋なさった。その後もまた各地の邪神を討ち、同二十八年春、天皇にその戦果を報告した。天皇はその功を称え、他の皇子たちよりも特別に愛された。

日本武尊の東征

景行天皇四十年の夏、多くの東夷がしきりに反乱を起こし、辺境が騒がしくなったので、また日本武尊を遣わされた。それには吉備武彦《きびのたけひこ》、大伴武日《おおとものたけひ》を左右の将軍としてこれに同行させなさった。日本武皇子は十月に、まわり道をして伊勢神宮に参詣し、大和姫命《やまとひめのみこと》にいとまごいを申しあげた。命は神剣を皇子に授けて「注意して、油断することないように」と諭した。

皇子が駿河《するが》［駿河は『日本書紀』の説で、『古語拾遺《こごしゅうい》』では相模《さがみ》］に入ると、賊徒が野に火をつけて皇子を焼き殺そうと企てた。火の勢いが激しく、逃れられないほどであったので、皇子は腰に帯びた叢雲剣《むらくものつるぎ》を抜いて、まわりの草を薙ぎ払われた。これ以後、この剣の名を改めて草薙剣《くさなぎのつるぎ》という。

また火打石で草に火をつけ、こちらからも向かい火をつけて、賊どもを焼き殺してしまった。このあと船に乗られて上総《かずさ》に渡り、さらに転じて陸奥国《みちのおくのくに》に入り、日高見国《ひたかみのくに》(2)「その場所については異説がある」に至り、蝦夷《えびす》(3)をことごとく平定なさった。

そこから帰途につき、常陸《ひたち》を経て甲斐《かい》に入り、武蔵《むさし》・上野《かみつけ》を経て碓日坂《うすひざか》で、弟橘媛《おとたちばなひめ》(4)という妾《みめ》を偲《しの》ばれた「上総へ渡ろうとしたとき、風波が荒かったので、尊の命を救おうとして海に身を投げた人である」。皇子は東南の方を望んで「吾嬬者耶《あづまはや》（ああ、いとしいわが妻よ）」といったので、これ以来、この山より東の国々を「あずま」というようになったのである。

ここで進路を二手に分けて、吉備武彦を越後国《えちごのくに》に遣わせ、なお服さない者を平定させた。尊は信濃《しなの》から尾張《おわり》に進軍した。この国に宮簀媛《みやすひめ》という女がいた。尾張の稲種宿禰《いなたねのすくね》の妹である。この女を召して側におき、長く滞在していると、五十葺《いぶき》の山(5)に荒神《あらぶるかみ》がいるということを聞き、剣を宮簀媛の家において、徒歩でその山に行った。山神《やまのかみ》が小蛇に化身して尊の通る道に横たわっていた。尊がそれを跨いで通ると、山神の蛇が毒気を吐き出したため、尊はこれにあてられて御心が乱れてしまわれた。尊は伊勢に移動した。能褒野《のぼの》(6)というところで病気が重くなったため、吉備武彦命を遣わし、景行天皇にことの次第を申し上げなされたが、尊はついにここでお亡くなりになった。御年三十(7)であった。

天皇はこのことをお聞きになって、限りなく悲しまれ、各省の長官、その配下の官吏まで多くの役人にお命じになって、尊を伊勢国能褒野に埋葬し奉った。尊の霊魂は白鳥となって大和国を目指して飛び、琴弾原《ことひきのはら》に留まった。そこにまた陵《みささぎ》を造らせなさると、白鳥はまた飛んで河内《かわち》の古市《ふるいち》に留まった。またそこに陵をお定めになったところ、白鳥はさらに飛んで天に上った。そのために三つの陵があるのである。

尊の残した草薙剣は、宮簀媛が崇め奉って尾張にお留めになったが、これが今の熱田神《あつたのかみ》である（熱田神宮の祭神として祀られている）。

景行天皇五十一年の秋八月、天皇は武内宿禰《たけのうちのすくね》(8)を棟梁《とうりょう》（国の重職について天下の政《まつりごと》に任ずる者）の臣に登用した。同五十三年の秋、天皇は小碓命の平定した国を視察しないわけにはいかないと東国に行幸された。十二月、東国から帰って、伊勢の綺宮《かんばたのみや》におられた。同五十四年の秋、伊勢から大和に移り、纒向宮《まきむくのみや》(9)にお帰りになった。

天下《あめのした》を治めなさること六十年、百四十歳(10)であられた。

【註】

（1）小碓尊／日本武尊の幼名。『日本書紀』では「日本武尊」と記述され、景行天皇の第二皇子。『古事記』では「倭建命」と記述され、第三皇子とある。母は播磨稲日大郎姫《はりまのいなびのおおいらつめ》。

（2）日高見国／『日本書紀』景行天皇二十七年七月条、同四十年是歳条にみえる。陸奥の北上川《かたかみがわ》流域というのが有力説だが、『常陸国風土記』信太郡条に、「この地は、本、日高見の国なり」とある。もともとは、特定の場所を指すものではなく、日の出の方向にある国という意味である。
（3）蝦夷／意味や地域については諸説あるが、大和からみて、東方もしくは北方にすむ人々を異族とした呼称とされている。
（4）弟橘媛／日本武尊の妃とされる。東国征討に同行し、一行が相模から上総に船で渡ろうとしたとき、馳水《はしりみず》の海（今の浦賀水道《うらがすいどう》）が暴風のため進めなくなった。弟橘媛は、海神の怒りをしずめるため海に身を投じ、暴風をしずめたといわれる。『古事記』では「弟橘比売命」と表記される。
（5）五十葺の山／滋賀県と岐阜県にまたがる伊吹《いぶき》山地の主峰、伊吹山。標高一三七七メートル。
（6）能褒野／三重県の鈴鹿市と亀山市にわたる台地。日本武尊が東征ののち、この地で没したという。付近には尊の墓といわれる白鳥塚《しらとりづか》古墳（鈴鹿市）や能褒野古墳（亀山市）、尊を祀る加佐登《かさど》神社がある。
（7）御年三十／『日本書紀』の記述によっているが、同景行天皇二十七年十月条に「年十六」とあり、日本武尊が亡くなった年が景行天皇四十三年とすると、「三十二」歳となる。
（8）武内宿禰／「記紀」に登場する人物で、理想的な大臣として描かれた説話上の人物と考えられる。八代孝元天皇の孫とも曾孫ともされる。景行天皇から仁徳《にんとく》天皇にいたる五代の天皇につかえた。葛城《かつらぎ》・平群《へぐり》・巨勢《こせ》・蘇我《そが》氏ら有力豪族の共通の祖先とされている。『古事記』では「建内宿禰」と表記される。
（9）纒向宮／推定地は、奈良県桜井市穴師。
（10）百四十歳／『日本書紀』には「百六歳」、『古事記』には「百三十七歳」とある。

第十三代　成務天皇

第十三代成務《せいむ》天皇は景行《けいこう》天皇の第三の御子である。母は八坂入姫《やさかいりひめ》といい、八坂入彦皇子《やさかいりひこのみこ》［崇神《すじん》天皇の御子］の娘である。日本武尊《やまとたけるのみこと》が皇位をお継ぎになるはずであったが、早く世を去られたので、この帝《みかど》が即位された。辛未《かのとひつじ》の年に即位され、近江《おうみ》の志賀高穴穂宮《しがのたかあなほのみや》（1）におられた。神武天皇から十二代の間、帝は大和国におられた［景行天皇の御代の終わり頃、この高穴穂におられたが正式の都ではない］が、この天皇のとき初めて他の国にお移りになった。三年の春、武内宿禰《たけのうちのすくね》を大臣《おおおみ》（2）とした［大臣の称号はこのときから始まった］。四十八年の春、姪《おい》（女子がその兄弟の子を呼ぶ称）の仲足彦尊《なかたらしひこのみこと》［日本武尊の御子］を皇太子とした。

天下《あめのした》を治めなさること六十一年、百七歳（3）であられた。

【註】

（1）志賀高穴穂宮／推定所在地は、大津市穴太《あのう》。

（2）大臣／この大臣は、天皇に仕える廷臣といった意味で、後世の職名の「大臣」とは異なる。

（3）百七歳／『日本書紀』には、享年が記されていない。『古事記』には「五十七歳」とある。

第十四代・第十四世　仲哀天皇

第十四代・第十四世仲哀《ちゅうあい》天皇は日本武尊《やまとたけるのみこと》の第二の御子で、景行《けいこう》天皇の御孫である。母は両道入《ふたぢいり》姫《ひめ》といい、垂仁《すいにん》天皇の娘である。大祖神武《たいそじんむ》天皇から第十二代景行天皇までは代《だい》の順に位を継がれたが、日本武尊が早くお亡くなりになったので、成務天皇が皇位をお継ぎになり、仲哀天皇を皇太子として位を譲られてからは、代と世《せい》とが別々に成りはじめた(1)のである。これからは世をもととして記し申しあげるべきである［代と世とは普通の意味では区別がない。しかし、およその承運《しょううん》（先王の大業を継ぐこと）とまことの継体とを区別するために書き分けたのである。ただし、字書でも両者を区別するいわれがないわけではない。代は更《こう》（代わる）の意味である。世は『周礼《しゅらい》』の注には「父が死んで子が立つのを世という」と書かれている］。

仲哀天皇は輝くばかりに容姿端正で、身長が一丈もおありになった(2)。壬申《みずのえさる》の年に即位された。この御時、熊襲がまた反乱して貢物を奉らなかった。仲哀天皇は兵を率いてみずから征伐しようと、筑紫の国に赴かれた。

皇后の息長足姫尊《おきながたらしひめのみこと》(3)は越前国《えちぜんのくに》の笥飯《けい》の神（気比神宮）に詣で、それから北の海をめぐって天皇に会われた。そのとき、一人の神がいて、皇后に、「ここから西に宝の国がある。討伐して服従させなさい。熊襲は小国である。それに伊弉諾《いざなぎ》・伊弉冉《いざなみ》の神がお生みになった国だから、征伐しなくとも、最後は天皇に従うことだろう」と告げられたが、天皇はこの神の託宣を信じられなかった。熊襲征伐は成功せず、天皇は橿日《かしひ》の行宮《かりみや》(4)でお亡くなりになった。長門《ながと》に葬り奉った。これを穴戸豊浦宮《あなとのとようらのみや》(5)という。

天下《あめのした》を治めなさること九年、五十二歳でおられた。

【註】

（1）代と世とが別々に成りはじめた／第一章の「四」の（2）および「五」を参照。

（2）身長が一丈もおありになった／『日本書紀』仲哀天皇即位前紀では「身長十尺」、同景行天皇二年三月戊辰条では、日本武尊を「身長一丈」と記す。

（3）息長足姫尊／父は息長宿禰王《おきながのすくねのみこ》で、仲哀天皇の皇后となり、応神《おうじん》天皇を生む。息長氏は近江湖東（米原《まいばら》付近）の豪族で、継体天皇の登場とともに有力な重臣となった。天皇系図に多出する息長氏については、継体天皇の即位以後のある時期に、系図上に「架上」されたという説がある。

（4）橿日の行宮／推定所在地は、福岡市東区香椎。

（5）穴戸豊浦宮／推定所在地は、山口県下関市長府宮の内町。

第十五代　神功皇后

仲哀天皇の皇后となる

第十五代神功皇后《じんぐうこうごう》(1)は息長宿禰《おきながのすくね》の娘で、開化《かいか》天皇四世の孫(2)である。息長足姫尊《おきながたらしひめのみこと》と申しあげる。仲哀《ちゅうあい》天皇が皇后にお立てになった。天皇が神の霊示に従わなかったため、早く世を去られたので、皇后はご立腹なさって、七日(3)たつと別に斎殿を作られて、身を清めてお籠もりになられた。このとき応神《おうじん》天皇をご懐妊なさった。皇后は神がかりなさって、いろいろの道について神の霊示があった。この神は「表筒男《うわつつのお》・中筒男《なかつつのお》・底筒男《そこつつのお》である」と名乗られた。これは伊弉諾尊《いざなぎのみこと》が日向《ひむか》の小戸《おど》の川檍ヶ原《あわぎがはら》で（黄泉国の汚穢を洗い清めるために）禊《みそぎ》をなさったときに化生《けしょう》なさった神であり、のちに摂津国住吉《すみよし》に居着かれた。

【註】

（1）神功皇后／『日本書紀』以来、『本朝皇胤紹運録《ほんちょうこういんしょううんろく》』など中世の王代記はすべて、この皇后を天皇扱いにし、代数に入れる。親房はそれに倣ったまでで、摂政だから天皇の代数に入れるのは誤りという見方はできない。

（2）開化天皇四世の孫／『日本書紀』神功皇后摂政前紀には、「稚日本根子彦大日日天皇《わかやまとねこひこおおひひのすめらみこと》（開化天皇）の曾孫、気長宿禰王の女なり」とあり、『古事記』開化天皇の段の系譜によれば、息長宿禰は開化天皇の玄孫となる。

（3）七日／上代では短い日数を二日、相当長い日数を七日とした。

朝鮮半島出兵

こうして神功皇后は、新羅《しらぎ》・百済《くだら》・高麗《こうらい》(1)［この三カ国を三韓という。正確には新羅だけに限るべきであろうか。辰韓《しんかん》・馬韓《ばかん》・弁韓《べんかん》を合わせて新羅というのである。しかし昔から百済・高麗を加えて三韓という習わしである］を討ち従えられた。海神が姿を現わし、皇后の船をはさんでお守り申しあげたので、意のままに三韓を討つことがおできになったのである。神代から年月が久しくたっているのに、このように神威が現われたのは、皇后にとっても予測できないことであったろう。

皇后は海中で如意《にょい》の珠《たま》(2)というものを得られたので、筑紫に帰ったところで皇子を出産なさった。これが応神天皇であられる。神が申しあげたことであるので、この天皇「胎中天皇《たいちゅうのてんのう》」とも申し上げる。皇后は摂政となって、辛巳《かのとみ》の年から天下《あめのした》を治めなさった。

【註】

（1）新羅・百済・高麗……／倭の朝鮮半島への軍事行動は『高句麗好太王碑』にみえる。「百残新羅旧是属民由来朝貢而倭以辛卯年来　渡海破百残□□新羅以為臣民」とあり、辛卯年は三九一年に比定されている。神功皇后の実在性はともかくとして、倭の半島への軍事行動が四世紀末にあったことは否定できない。

（2）如意の珠／仏教用語で、仏舎利《ぶっしゃり》から出た宝玉で、物事を思うとおりにかなえてくれるという珠。

忍熊王の謀反

皇后がまだ筑紫におられたとき、皇子（後の応神天皇）の異母兄である忍熊王《おしくまのみこ》が謀反を起こして、皇子の即位を妨げようとしたので、皇子を武内宿禰《たけのうちのすくね》に抱かせて紀伊《き》の水門《みなと》に行かせ、皇后は急いで難波に着かれて、ほどなくその乱を平定された。皇子が成長なされたので皇太子とした。武内宿禰がもっぱら政治を補佐し奉った。皇后は大和の磐余稚桜宮《いわれわかさくらのみや》(1)におられた。

このときから三韓は毎年朝貢《ちょうこう》し、わが国から三韓の国々に鎮守のための役所を置いたので、西蕃《せいばん》とも通交が確立し、わが国は富み栄えた。また、中国へも使者を遣わしたらしく、『後漢書《ごかんじょ》』には「倭国《わこく》の女王(2)が使者を遣わして来朝した」と書かれている。

皇后摂政の元年辛巳《かのとみ》の年は、漢の孝献帝《こうけんてい》の二十三年にあたる。漢の世が始まって十四代のとき、王莽《おうもう》という臣が帝位を奪い、十四年間帝位にいた。その後、帝位は漢に戻り、十三代目の孝献帝のときに漢は滅び、神功皇后の十九年己亥《つちのとい》の年に、献帝は帝位を去り、魏《ぎ》の文帝《ぶんてい》に譲った。これから天下は三つに分かれて、魏・蜀《しょく》・呉《ご》となった。

呉は東に寄った国なので、日本の使者もまず呉と通交したのであろうか。呉の国からはさまざまな技芸の道にすぐれた工人までもが送られてきた。また、魏の国とも通じたようである。四十九年乙酉《きのととり》の年、魏が滅び晋《しん》に替わった［蜀の国は三十年癸未《みずのとひつじ》に魏のために滅ぼされ、呉は魏より後まで続いたが、応神天皇の辛丑《かのとうし》、晋のために滅ぼされた］。

神功皇后は天下《あめのした》を治めなさること六十九年、百歳であられた。

【註】
（1）磐余稚桜宮／推定所在地は、奈良県桜井市谷。
（2）倭国の女王／『日本書紀』神功皇后摂政三十九年条に、「魏志に云わく」として、「倭の女王（卑弥呼）」が朝献したことを記している。『後漢書』には、卑弥呼の名は出てくるが、「使を遣わせて来朝した」という記述はないので、親房は、『魏志倭人伝』と『後漢書』を混同したのかもしれない。ともあれ、『日本書紀』の編者は、卑弥呼と神功皇后とが同一人物である可能性を強く意識し、神功皇后の在位期を後漢末・三国初の時代に繰り上げている。卑弥呼・神功皇后同人説は以後、中世の皇代記や、近世の新井白石《あらいはくせき》の『読史余論《とくしよろん》』まで、日本の史学界に永く影響を及ぼし続けた。しかし、後註のように、南朝の史書にいう「倭王讃」を応神天皇に比定した場合、三九一年の神功皇后の軍事行動は整合性があり、卑弥呼・神功皇后同人説は成立の余地が少ない。

第十六代・第十五世　応神天皇

わが国の起源をめぐる異端の説

第十六代・第十五世応神《おうじん》天皇は仲哀《ちゅうあい》天皇の第四の御子である。母は神功皇后《じんぐうこうごう》である。胎中《たいちゅう》天皇とも、または誉田《ほんだ》天皇（1）ともお呼びした。庚寅《かのえとら》の年に即位され、大和の軽島豊明宮《かるしまとよあかりのみや》（2）におられた。

この天皇の御時、百済から博士（阿直岐《あちき》・王仁《わに》）を招き、経史の書（『論語』と「千字文」）が伝えられ、皇太子以下の人々がこれを習い学んだ。わが国で経史および文字を用いるようになったのは、このときから始まったという。

外国のある書のなかに「日本は呉《ご》の太伯《たいはく》の後裔である」（3）とあるが、まったく事実に合わないことである。昔、「日本は三韓と同種の国である」（4）と書かれていた書物があり、それが桓武《かんむ》天皇（5）の御代に焼きすてられた。天地が開けてのち、「素戔鳥尊《すさのおのみこと》が韓の地に行かれた」（6）などということもあるから、彼らの国々も神の子孫であろうことは、そう誤った解釈ではないかもしれない。だが、その説さえも昔から承認されていない説である。わが国は天地の神の御子孫であるから、どうして、それより後の世の呉の太伯の子孫などということがあろうか。

三韓・震旦（中国）と通交してから後、多くの異国人がわが国に帰化した。秦や漢の子孫、高麗・百済の種族、その他の蕃人の子孫もやって来て、わが国の神・天皇の御子孫と混り乱れたので、その系譜を明らかにするため『姓氏録《しょうじろく》』（7）という書物が作られた。しかし、それも人民の系譜に関することで、皇統には関わりない。

外国でも人の考えはさまざまであるから、異端の説を唱える人たちが、呉太伯先祖説を言い出したことだろうか。『後漢書《ごかんじょ》』（8）以後の中国の史書は、日本のことを簡単に記すようになっている。その記述が日本側の記録と符合することもあれば、また納得できないこともある。『唐書《とうじょ》』(9)には、日本の皇代記を神代から光孝《こうこう》天皇の御代まではっきりのせている。

さて、応神天皇の御代に、武内宿禰大臣《たけのうちのすくねのおおおみ》が筑紫を平定するために遣わされたころ、大臣の弟（甘美内宿禰《うましうちのすくね》）の讒言《ざんげん》のために天皇から追討されたが、大臣の家来で真根子《まねこ》という人がおり、その顔かたちが大臣に似ていたので、大臣の身代わりとなって誅された。大臣は秘かに都に上り、科《とが》のないことを明らかにした(10)。

上古の神霊ある天皇でさえこのような過ちを犯しなされるのだから、末代の帝は何としてでも慎みなされなければならない。

応神天皇は天下《あめのした》を治めなさること四十一年、百十一歳(11)であられた。

【註】

（1）誉田天皇／『日本書紀』では「誉田別」、『古事記』では「品陀和気」とも表記され、応神天皇の実名だったとする説がある。中国南朝の史書（『宋書蛮夷伝《そうじょばんいでん》』）にいう「倭王讃」を、この天皇に比定する説がある。「誉」字を中国風に「讃」字に替えて王名としたというのである。また、神功皇后の朝鮮半島出兵を三九一年とすれば、応神天皇を「讃」とする見方は、年代的にも無理がない。

（2）軽島豊明宮／推定所在地は、奈良県橿原市大軽町。

（3）「日本は呉の太伯の後裔である」／太伯は周太王の長子で、蘇州《そしゅう》を都として呉の国を建てたといわれる。

弟に国を譲った君子として有名。『晋書《しんじょ》』四夷伝倭人条に、「自ら太伯の後と謂う」、『梁書《りょうじょ》』諸夷伝倭条に「倭は自ら太伯の後と云う」とある。

（4）「日本は三韓と同種の国である」／『日本書紀私記』弘仁私記序には、「帝王系図」の注で「天孫の後を悉に帝王となす。しかしてこの書に云わく、あるいは新羅・高麗に到りて国王となり、あるいは民間を帝王となすと。ここに因りて、延暦年中、符を諸国に下してこれを焚かしむ」とある。

（5）桓武天皇／第五十代天皇。天平九年（七三七）生まれ。光仁天皇の第一皇子。母は百済系の高野新笠《たかののにいがさ》。律令国家としての強化・拡大をはかる政策を実施した。延暦二十五年（八〇六）に崩御。

（6）「素戔烏尊が韓の地に行かれた」／『日本書紀』神代上の第八段第四の一書に「素戔烏尊、その子五十《い》猛《そたけるの》神《かみ》を帥《ひき》いて、新羅国に降到《あまくだ》りまして、曾尸茂梨《そしもり》の処に居します」とある。

（7）『姓氏録』／『新撰姓氏録』のこと。古代氏族の系譜をまとめた、三十巻と目録一巻の書物。万多《まんだ》親王らの撰録で弘仁六年（八一五）に完成。京畿内の千百八十二の氏族をその出自により、皇別（天皇家から分かれた氏族）、神別（神々から分かれた氏族）、諸蕃《しょばん》（渡来系の氏族）に分類し、編成してある。

（8）『後漢書』／中国の後漢について記された歴史書。二十四史の一つで、中国南北朝時代に范曄《はんよう》によって編纂された。

（9）『唐書』／中国の正史の一つ。唐王朝（六一八～九〇七）の正史で、『旧唐書《くとうじょ》』と『新唐書《しんとうじょ》』の二種がある。『旧唐書』は五代後晋の劉昫《りゅうく》らの奉勅撰で、開運二年（九四五）に完成、全二〇〇巻。『新唐書』は宋の欧陽《おうよう》修《しゅう》らの奉勅撰で嘉祐六年（一〇六〇）の成立、全二二五巻。

（10）大臣の家来……／この話は、『日本書紀』応神天皇九年四月条に記されている。ただし、真根子は壱伎直《いきのあたい》の祖とあるが、武内宿禰の家来とは書いていない。

（11）百十一歳／『日本書紀』には『百十歳』とあり、『古事記』には「百三十歳」とある。

宇佐宮と男山石清水八幡宮

応神天皇は、欽明《きんめい》天皇(1)の御代に初めて神となって、筑紫の肥後国菱形《ひごのくにひしかた》の池《いけ》(2)というところに現われなさって、「私は人皇《にんのう》十六代誉田《ほんだ》の八幡麻呂《やはたまろ》(3)である」とおっしゃった。誉田は応神天皇の御名であり、八幡とは垂迹《すいじゃく》(4)の号である。後になって、豊前国《ぶぜんのくに》の宇佐宮《うさのみや》(5)に鎮座なさった。

ところが、聖武《しょうむ》天皇の東大寺《とうだいじ》(6)建立の後、八幡神が都まで巡礼をなさるとの託宣《たくせん》(7)があった。そこで天皇は威儀を整え、八幡神をお迎え申しあげた。また神託があって、出家なさるということであった。そこで東大寺に勧請《かんじょう》（八幡神としてお迎えし、新しく祭ること）し奉った。しかし、その後も勅使などは宇佐宮に参った。

清和《せいわ》天皇(8)の御代に、大安寺《だいあんじ》の僧行教《ぎょうきょう》が宇佐に参ったところ、霊告があって、今の男山石清水《おとこやまいわしみず》(9)に移りなさった。それ以来、行幸も奉幣《ほうへい》も石清水のほうになされるようになった。しかし、天皇一代に一度は宇佐にも勅使を遣わされている(10)。

昔、天孫が天降られたとき、お供として従った神々は八百万《やおよろず》であった。また、大物主神《おおものぬしのかみ》が天上に上られたときにお供に従えた神々も八十万《やそよろず》だったという。今でも天皇が幣帛《へいはく》を奉る神々は三千余座である。しかし、天照大神《あまてらすおおみかみ》の皇大神宮と並ぶ二カ所の宗廟《そうびょう》として、八幡を崇敬されることは、非常に尊い御事である。

八幡という名前は、御託宣に「道を得てよりしてこのかた、法性《ほっしょう》を動かさず。八正道を示して権《ごん》迹《じゃく》を垂《た》る。皆、苦の衆生《しゅじょう》を解脱《げだつ》することを得たり。このゆえに八幡大菩薩《はちまんだいぼさつ》と号す」とあることによるのである。

八正とは、内典《ないてん》（仏典）にいう、正見《しょうけん》・正思惟《しょうしゆい》・正語《しょうご》・正業《しょうごう》・正命《しょうみょう》・正精進《しょうしょうじん》・正定《しょうじょう》・正恵《しょうえ》で、これを八正道[11]という。およそ心が正しければ身口《しんく》はおのずと浄《きよ》らかになる。三業《さんごう》（身業《しんごう》・口業《くごう》・意業《いごう》）に邪《よこしま》なことがなく、内と外が真で正しいことを諸仏出世の本懐とする。そもそも神がお姿を変えてこの世に現われるのも、そのためである。

また、八方に八色の幡《はた》を立てることがある。密教の習いで、幡は西方阿弥陀《あみだ》の三昧耶形《さんまやぎょう》（仏と菩薩の徳を象徴するもの）である。そのためか行教和尚《ぎょうきょうかしょう》の目には、八幡が弥陀三尊の形をとってお見えになったという。和尚は光明が袈裟の上にお映りになっていたこの弥陀三尊を頂戴して、男山に安置し申しあげたとのことである。

化身してこの世に姿を現わされた神の本地《ほんじ》（化身してこの世に現れる前の仏・菩薩のこと）についての諸説は、さして確かでないことが多いが、大菩薩が時に応じ化身して身を現わされることについては、昔から明らかな証拠がおありになるようだ。あるいはまた、「昔、霊鷲山《りょうじゅせん》において法華経を説く」（霊鷲山で法華経を説いた釈迦が本地だということ）とも、あるいは弥勒《みろく》だとも、大自在王菩薩《だいじざいおうぼさつ》だとも、いろいろ託宣をなさっている。しかし、なかでも、八正の幡を立てて多くの人々を済度《さいど》なされるという本誓《ほんぜい》（本願。仏・菩薩がたてた誓い）をこそよくよく思いおこして、お仕えすべきであろう。

【註】

（1）欽明天皇／第二十九代の天皇。継体天皇の皇子。母は皇后手白香《たしらか》皇女。

（2）肥後国菱形の池／肥後国は豊前国が正しい。菱形お池は、宇佐神宮の境内にあるという。

（3）十六代誉田の八幡麻呂／『扶桑略記』欽明天皇三十二年正月一日条に、「我はこれ日本人皇第十六代誉田天皇八広幡八幡磨なり」とある。

（4）垂迹／仏教の諸仏が、日本の神として顕現すること。ここでは、天皇が八幡大神として化身したこと。

（5）宇佐宮／宇佐神宮は、大分県宇佐市にある神社で、豊前国一宮。全国に約四万四千社ある八幡社の総本社である。本殿には、一之御殿には応神天皇、二之御殿には比売《ひめ》大神、三之御殿には神功皇后が祀られている。

（6）東大寺／奈良市にある華厳宗の大本山。南都七大寺の一つ。東大寺の名称は西大寺に対する通称である。天平年間に聖武天皇の勅願により建立され、本尊の盧舎那仏の開眼供養が、天平勝宝四年（七五二）に行なわれた。勧請したのは手向山八幡宮《たむけやまはちまんぐう》。

（7）託宣／『続日本紀』天平勝宝元年十一月己酉条に「八幡大神、託宣して京に向んとす」とみえる。

（8）清和天皇／嘉祥三年（八五〇）生まれ。元慶四年（八八〇）崩御。第五十六代の天皇。文徳《もんとく》天皇の第四皇子、母は太政大臣藤原良房《だいじょうだいじんふじわらのよしふさ》の娘明子。外祖父《がいそふ》の良房は、太政大臣として天皇を補佐し、そのため皇族以外の人臣として初めて摂政となり、藤原氏の全盛期が始まったといわれる。

（9）男山石清水／京都府八幡市の男山に鎮座する石清水八幡宮のこと。祭神は誉田別尊《ほんだわけのみこと》（応神天皇）、息長帯比売命《おきながたらしひめのみこと》（神功皇后）、比咩大神《ひめのおおかみ》。貞観元年（八五九）、大和国大安寺《だいあんじ》の僧行教《ぎょうきょう》が宇佐神宮から八幡神を勧請したのが始まりという。

（10）天皇一代に一度は宇佐にも勅使を遣わされている／天皇の即位や国家の大事の際、宇佐神宮に幣帛《へいはく》を献じて祈願するために勅使を派遣された。即位のときは必ず和気《わけ》氏五位の人が任じられたので、宇佐使ともいう。

（11）八正道／涅槃に達するための修行の基本となる八種の実践徳目のこと。八聖道とも書く。八つの「正」とは諸説あるが、（1）正見（正しいものの見方）、（2）正思惟（正しい思考）、（3）正語（いつわりのない言葉）、（4）正業（正しい行為）、（5）正命（正しい職業）、（6）正精進（正しい努力）、（7）正念（正しい集中力）、（8）正定（正しい精神統一）の八つをいう。

君臣の求めるべき道

天照大神も、ただひたすら正直のみをその御心となさっている。神鏡を子孫にお伝えになったことの由来は、さきにも述べたとおりである。

また、雄略《ゆうりゃく》天皇二十二年の冬十一月に、伊勢神宮の新嘗祭《にいなめのまつり》の夜がふけて、まわりの人々も退出したあと、神主《かんぬし》(1)・物忌《ものいみ》(2)だけが残っていたところに、皇太神《すめおおみかみ》・豊受太神《とようけのおおかみ》が大和姫命《やまとひめのみこと》に神がかりして、「人はすなわち天下の神物で神性を具有している。ゆえに人たるもの心神（精神の正しさ、正直な心）を失ってはならない。神は深く祈る者に姿を現わして幸いを与え、冥《みょう》々なる神々（目には見えない神仏の働き）は正直なものをまず加護するであろう」と託宣なさった。

　また、同二十三年二月、かさねて「日月《じつげつ》は四洲(3)をめぐり、六合《りくごう》（天地と四方、つまり宇宙）をくまなく照らすが、特に正直の頂《いただく》を照らすであろう」と託宣なさった。

　それゆえ、天照大神(4)と石清水八幡の二神の御心を知ろうと思えば、もっぱら正直を第一とすべきである。およそ天地の間のありとあらゆる人は、陰陽の気を受けているのだから、不正であっては立ちゆくことができない。とくにわが国は神国なので、神道に背いては一日たりとも日月を戴くことはできないのである。大和姫命が人に教えたことは、「黒心《きたなき》をなくして丹心《きよき》をもち、清潔にして、穢れを避けて身を慎みなさい。左の物を右に移さず、右の物を左に移さずして、左を左とし、右を右として、左にかえり右にめぐることも、万事違うことなくして、太神にお仕えしなさい。元《はじめ》を元《はじめ》とし、本《もと》を本《もと》とすべきだからである」ということである。まことに、君に仕え、神に仕え、国を治め、人を教えることも、このようなものでなくてはならないと思われる。すこしのことでも油断することがあれば、それが大きく過ちを犯す元となる。

　『周易《しゅうやく》(5)』に「霜《しも》を履《ふ》んで堅い氷に至る(6)」とあるのを、孔子《こうし》(7)は解釈して「積善の家に余慶あり、積不善の家に余殃《よおう》あり。君を弑《しい》し父を弑すること一朝一夕の故にあらず（善を積んだ家には幸いが訪れ、不全を積んだ家の子孫には凶事が巡ってくる。君主を殺し父親を殺すことは一朝一夕の原因ではない）」といった。

　わずかでも君を軽んじ疎かにするような心をもつ兆しのある者は、必ず乱臣となる。わずかでも親を疎かにするような形のある者は、結局、賊子となる。だからこそ古《いにしえ》の聖人は「道は須臾《しゅゆ》も離るべからず、離るべきは道にあらず(8)（道はいささかも離れてはならない。離れることができるような道は道ではない）」と言ったのである。

ただし、道の末ばかりを学んで源を究めないと、いざというとき思いがけない過ちを犯すことになる。その源というのは、心に一物も蓄えないことである。しかも、虚無の世界に低迷してはならない。(9)天あって地あり、君あって臣がある。「善悪の報は影響《かげひびき》の如し」である。自分の欲を捨て、他人を利することを先とし、遭遇するその時々の境遇に対しては、鏡が物を照らすように澄明で迷わぬことこそ、真の正道というべきものであろう。

世が神代から下ったからといって、自ら卑しんではいけない。天地の初めは今日を初めとするという理《ことわり》である。そればかりか、君も臣も神代から隔たることは、それほど遠いわけではない。いつも「冥《みょう》」の知見をかえりみて、神の「本誓」を悟って、正しく生活することを志し、邪な心のないように心掛けるべきである。

【註】

（1）神主／神事に際し神霊が宿り教えを託する人。

（2）物忌／神宮などの大社の神事に仕える童男・童女のこと。

(3) 四洲／仏教の世界説で須弥山《しゅみせん》の四方にあるとされる四州、つまり世界。
(4) 天照大神／以下は、親房が度会神道の教義に則り、その著『元々集』で述べたことの要約である。
(5) 『周易』／中国の周の時代に行われたとされる占い法で、「三易」の一つ。陰陽説に基づき、陽と陰の記号の組み合わせで「八卦《け》」を作り、さらに八通りに組み合わせて「六十四卦」としてそれぞれに名を与え、これによって宇宙万物の生成・発展・消長を説明しようとするもの。
(6) 「霜を履んで堅い氷に至る」／『易経』坤卦にみえる言葉で、「霜が降りてそれを踏んで歩く季節になると寒さがまして、やがて堅く氷が張る季節がくる」という意から、物事の兆候は最初はわずかだが、やがて大事にいたるということ。
(7) 孔子／中国の春秋《しゅんじゅう》時代の思想家。弟子とともに諸国をまわり、徳の道を説いた。孔子が唱えた「仁」「礼」を重んじる教えや考えを体系化したものが儒教。『論語』は、孔子の死後にその教えを弟子らがまとめた書物。
(8) 「道は須臾も離るべからず、離るべきは道にあらず」／儒教の経典である『中庸《ちゅうよう》』にある言葉。
(9) 天あって地あり、君あって臣がある／古代中国の思想書である『管子《かんし》』にある言葉。

第十七代　仁徳天皇

第十七代仁徳《にんとく》天皇は応神《おうじん》天皇の第一の御子(1)である。母は仲姫命《なかつひめのみこと》といい、五百城入彦皇子《いおきいりひこのみこ》(2)の娘である。大鷦鷯尊《おおさざきのみこと》(3)という。

応神天皇は、菟道稚皇子《うじのわかのみこ》といういちばん末の皇子を可愛がり、皇太子に立てようとお思いになった。

兄の皇子たちは承諾しなかったが、仁徳天皇だけが承諾したので、応神天皇はお喜びになり菟道稚皇子を皇太子とし、大鷦鷯尊をその補佐役にお決めになった。

応神天皇が崩御されたので、兄の皇子たちは皇太子となった菟道稚皇子を殺そうとしたが、大鷦鷯尊が気づいて、皇太子と心を合わせて兄の皇子たちを誅された。そこで、皇太子は皇位を大鷦鷯尊にお譲りになったが、尊は固辞なさった。三年の間、お互いに譲りあったので、皇位は空位となった。菟道稚皇子は山城《やましろ》の宇治に、尊は摂《っ》津の難波《なにわ》におられた。国々から奉る貢物もお互いに、あちらへと譲りあって受け取らず[4]、人民を困らせることになったので、菟道稚皇子は自殺されてしまった。尊はたいそう驚き歎かれた。しかし、皇位を逃れたままにしておくことはできないので、癸酉《みずのととり》の年に即位され、摂津国《つのくに》[5]難波高津宮におられた。

皇位にお即きになると、国を治め、民を慈しみなされること今まで例を見ないほどであった。民の貧しいことに心を痛められ、三年間、貢物を免除なさった。そして高殿に上られてごらんになると、民の生活が賑わっている様子がわかったので、

高屋に　のぼりてみれば　煙立《けぶりたつ》　民のかまどは　にぎわいにけり[6]

と歌をお泳みになった。

さらに三年の間、徴税を免除なさったので、皇居はいたんで雨露を凌ぐことができず、宮廷の人々の衣服は破れて、装束は満足できるものではなかった。しかし、天皇はそのような状態を楽しみとさ

え思われた。こうして六年がすぎると、諸国の民が進んで集まって、大宮を造り、いろいろな貢物を献上したということである。世にもめずらしい善政というべきである。

天下《あめのした》を治めなさること八十七年、百十歳(7)であられた。

【註】

(1) 第一の御子／第四子が正しい。『日本書紀』に、「誉田天皇の第四子なり」とある。

(2) 娘／孫が正しい。「日本書紀」に、「五百城入彦皇子の孫なり」とある。

(3) 大鷦鷯尊／仁徳天皇の実名「大ササギ」のササから、南朝史書にいう「倭王讃」に比定する説があったが、従いがたい。

(4) 国々から奉る貢物もお互いに、あちらへと譲りあって受け取らず／『日本書紀』仁徳天皇即位前紀にある説話。

(5) 難波高津宮／推定所在地は、大阪市天王寺区餌差町。

(6) 高屋に　のぼりてみれば　煙立　民のかまどは　にぎわいにけり／『新古今和歌集《しんこきんわかしゅう》』などにみえる、仁徳天皇の作といわれる歌。この歌の初出は『和漢朗詠集《わかんろうえいしゅう》』で、作者は不明とある。『日本書紀』仁徳天皇四年三月己酉条の「三稔の間、百姓富寛なり。頌徳すでに満ちて、炊烟また繁し」、『古事記』仁徳天皇段の「のちに国の中を見たまえば、国に烟満てり」などの伝承をもとに、後世に作られた歌を仁徳天皇に仮託されたもの。

(7) 百十歳／『日本書紀』に享年は記載されていない。『古事記』には、「八十三歳」とある。

第十八代　履中天皇

第十八代履中《りちゅう》天皇は仁徳《にんとく》天皇の皇太子である。母は磐之姫命《いわのひめのみこと》といい、葛城襲津彦《かつらきのそつひこ》の娘である。庚子《かのえね》の年に即位され、また大和の磐余稚桜宮《いわれわかさくらのみや》(1)におられた。後稚桜宮《のちのわかさくらのみや》という。天下《あめのした》を治めなさること六年、六十七歳(2)であられた。

【註】

（1）磐余稚桜宮／推定所在地は、奈良県桜井市池之内。

（2）六十七歳／『日本書紀』に「七十歳」、『古事記』には、「六十四歳」とある。

第十九代　反正天皇

十九代反正《はんぜい》天皇は仁徳《にんとく》天皇の第三の御子である。履中《りちゅう》天皇と同じ母からお生まれになった弟である。丙午《ひのえうま》の年に即位され、河内の丹比柴籬宮《たじひのしばがきのみや》(1)におられた。

天下《あめのした》を治めなさること六年、六十歳(2)であられた。

【註】
（1）丹比柴籬宮／推定所在地は、大阪府松原市上田。
（2）六十歳／『日本書紀』に享年は記載されていない。『古事記』には、「六十歳」とある。

第二十代　允恭天皇

第二十代允恭《いんぎょう》天皇は仁徳《にんとく》天皇の第四の御子である。履中《りちゅう》・反正《はんぜい》天皇の同母弟である。壬子《みずのえね》の年に即位され、大和の遠明日香宮《とおつあすかのみや》(1)におられた。

允恭天皇のときまでは、三韓の貢物(2)が毎年変わらず続いていたが、これ以後は常に滞ってしまったという。天皇の八年己未《つちのとひつじ》(3)の年に、中国では晋が滅んで南北朝となった。宋《そう》・斉《せい》・梁《りょう》・陳《ちん》があいついで興り、これを南朝といった。その次に興った後魏《こうぎ》・北斉《ほくせい》・後周《こうしゅう》を北朝という。百七十余年の間、南朝と北朝の両方が並びたっていた。

允恭天皇は、天下《あめのした》を治めなさること四十二年、八十歳(4)であられた。

【註】
（1）遠明日香宮／推定所在地は、奈良県高市郡明日香村。
（2）三韓の貢物／『日本書紀』允恭天皇四十二年十一月条に、「新羅人、大きに恨みて、さらに貢上の物の色および船の数を減す」とある。
（3）己未の年／西暦四二〇年だから、天皇の即位九年庚申《かのえさる》が正しい。しかし、允恭天皇は「倭王済」に比定されるので、実際にこの天皇が宋に入貢したのは、永初二十年（四四三）のことである（『宋書夷蛮伝』）。
（4）八十歳／『日本書紀』には「天皇崩りましぬ。時に年若干」とあり、『古事記』には、「七十八歳」とある。

第二十一代　安康天皇

第二十一代安康《あんこう》天皇（1）は允恭《いんぎょう》天皇の第二の御子である。母は忍坂大中姫《おしさかのおおなかつひめ》といい稚渟野毛二派皇子《わかぬけふたまたのみこ》（2）［応神天皇の御子］の娘である。甲午《きのえうま》の年に即位され、大和の穴穂宮《あなほのみや》（3）におられた。

安康天皇は、大草香皇子《おおくさかのみこ》〔仁徳《にんとく》天皇の子〕を殺し、その妻をめとって皇后とした。大草香皇子の子眉輪王《まゆわのみこ》は幼かったので、母に従って宮中に出入りしていた。そこで、安康天皇が高楼《たかどの》の上で酒に酔って寝ておられるのをうかがって、天皇を刺し殺し、大臣葛城円《おおおみかずらきのつぶら》の家に逃げこんだ。

安康天皇が天下《あめのした》を治めなさること三年、五十六歳（4）でいらっしゃった。

【註】
（1）安康天皇／中国南朝の史書にいう「倭王興」に比定される。宋朝第四世祖孝武帝《こうぶてい》に叙爵されたのは大明六年（四六二）のことである。
（2）稚渟野毛二派皇子／『日本書紀』には「稚渟毛二岐皇子」、『古事記』には「若野毛二俣王」と表記される。
（3）穴穂宮／推定所在地は、奈良県天理市田町。
（4）五十六歳／この年齢は、『日本書紀』に享年の記載はない。『古事記』には、「五十六歳」とある。

第二十二代　雄略天皇

第二十二代雄略《ゆうりゃく》天皇(1)は允恭《いんぎょう》天皇の第五の御子である。安康《あんこう》天皇の同母弟である。大泊瀬尊《おおはつせのみこと》(2)と申した。安康天皇が眉輪王《まゆわのみこ》によって殺されたとき、眉輪王と円大臣《つぶらのおおおみ》を誅殺なさった。そのうえ、眉輪王に加担したわけでもない市辺押羽《いちべのおしはの》皇子《みこ》まで殺して、皇位に即《つ》かれた。

丁酉《ひのととり》の年である。大和の泊瀬《はつせ》朝倉宮《あさくらのみや》(3)におられた。天皇は性格が猛々しかったが、神に通じる不思議な神力の持主であられた(4)。

雄略天皇二十一年、丁巳《ひのとみ》の年の冬十月、大和《やまと》姫命《ひめのみこと》に伊勢の皇太神《すめおおみかみ》の御託宣があって、丹波国《たんばのくに》与佐《よさ》(5)の魚井原《まないのはら》から豊受太神《とようけのおおみかみ》をお迎えした。大和姫命がこれを天皇にご報告なさったので、翌年戊《つちのえ》午《うま》の秋七月に勅使を遣わしてこの神をお迎えした。九月に伊勢の度会郡《わたらいのこおり》山田《やまだ》の原《はら》の新宮に神鎮《かみしず》めなさった。垂仁《すいにん》天皇の御代に、皇太神が五十鈴宮《いすずのみや》にお遷りになってから四百八十四年になる。神武の初めからはすでに千百余年になるだろうか。また、このときまで大和姫命が生きながらえておられたので、内宮《ないくう》・外宮《げくう》の造りも、日小宮《ひのわかみや》(6)の配置・構造・装飾そのままにお造りになったという。

そもそも、この豊受太神については異説がある。外宮には天祖《あまつみおや》天御中主神《あめのみなかぬしのかみ》を祀るという申し伝えがそれである。すなわち、皇太神の御託宣によれば、内宮より外宮の祭を先になさり、神拝《かみおがみ》申しあげるのも外宮を先とするのである。天孫瓊々杵尊《あめみまににぎのみこと》もこの外宮の相殿《あいどの》（同じ社殿に二柱以上の神を祭ること）に鎮座されている。よって、天児屋根命《あめのこやねのみこと》・天太玉命《あめのふとたまのみこと》も天孫瓊々杵尊につき従われて相殿に鎮座されている。これから以後、二所《にしょ》の大神宮《だいじんぐう》と申すのである。

豊受太神が丹波から遷られなさったのには次のような事情があった。昔、豊鋤入姫命《とよすきいりひめのみこと》が天照大神を奉戴して丹波の吉佐宮《よさのみや》に遷られたとき、この神も天降《あまくだ》って同じところにおられた。四年が過ぎ、天照大神はまた大和にお帰りになった。しかし、豊受太神は丹波に留まられていたので、道主命《みちぬしのみこと》（丹《たに》波道主命《わのみちぬしのみこと》）という人がお祀り申しあげた。

昔はこの外宮で御饌《みけ》（神前へ奉る食事）を整えて、内宮へも毎日お送りしていたが、神亀《じんき》年間（七二四〜七二九年）から外宮に御饌殿《みけどの》を建てて、内宮の御饌も同じ場所で整え申しあげることになった。このようなことから、外宮の祭神は御饌の神という説もあるが、「みけ」には御食《みけ》と御気《みけ》(7)との二つの意味がある。御気とは陰陽元初の気ということで、天《あめ》の狭霧《さぎり》・国の狭霧と申す御名もあるのだから、天御中主神が祭神であるという先の説が正しいとすべきであろう。天孫でさえ相殿に合祀されているのだから、御饌の神が祭神という説は当たらないのではないか。

雄略天皇は天下《あめのした》を治めなさること二十三年、八十歳(8)であられた。

【註】

（1）雄略天皇／中国南朝の史書（『宋書夷蛮伝』および『梁書諸夷伝』）にいう「倭王武」に相当することは、かなり以前から歴史学界でいわれており、通説化している。「武」が南朝に入貢したのは、四七八年、五〇二年の二回である。

（2）大泊瀬尊／『日本書紀』に「大泊瀬幼武《おおはつせのわかたけ》」、『古事記』に「大長谷若建《おおはつせのわかたける》」とあり、実名の一部〝武〟または〝建〟をとって南朝に「武」と自称したらしい。肥後国（熊本県）の江田船山古墳出土鉄剣の銀象嵌銘に「治天下獲□□□鹵大王」とあり、武蔵国（埼玉県）の稲荷山古墳出土鉄剣の金象嵌銘に「獲加多支鹵大王寺在斯鬼宮時」とあって、「ワカタケル大王」と在世時から呼ばれていたようである。とくに、一九七八年に岸俊男博士が解読した稲荷山古墳出土鉄剣銘は、「辛亥年」に作刀と刻まれており、この辛亥年は四七一年と確定したこともあって、雄略天皇の実在性はほぼ証明された。なお、雄略天皇の臣下を称する作刀者が、武蔵と肥後の豪族である点から、この天皇の版図は、関東から九州に及ぶ広範囲にわたることも推測されるにいたった。

（3）泊瀬朝倉宮／推定所在地は、奈良県桜井市黒崎。崇神天皇の項、註（3）（一〇六ページ）の「シキの宮」は大和国磯城郡であり、泊瀬朝倉は、この郡域に含まれる。

（4）不思議な神力の持主であられた／『日本書紀』雄略天皇二年四月条に、葛城山で狩りをしているときに、一言主神に遭遇した逸話が記されている。
（5）丹波国与佐／与佐（与謝）は、丹後国である。親房の記憶違いか。
（6）日小宮／高天原の天照大神の宮殿。
（7）御食と御気／外宮の祭神を天御中主神とする度会神道の立場をとっているので、「御気」説を採用してる。
（8）八十歳／この年齢は、『日本書紀』に享年の記載はない。『古事記』には、「百二十四歳」とある。

第二十三代　清寧天皇

第二十三代清寧《せいねい》天皇は雄略《ゆうりゃく》天皇の第三の御子である。母は韓姫《からひめ》といい、葛城円《かずらきのつぶら》大臣《のおおみ》の娘である。庚申《かのえさる》の年に即位された。大和の磐余甕栗宮《いわれのみかくりのみや》(1)におられた。生まれたとき、白髪がおありなったので、「しらかの天皇《すめらみこと》」と申した。

御子がおられなかったので、皇統が絶えることを嘆かれて、諸国に勅使を遣わし、皇胤を探された。市辺押羽皇子《いちべのおしはのみこ》が雄略天皇に殺されたとき、皇子には皇女《こうじょ》一人、皇子《おうじ》二人がおられたが、丹波国《たんばのくに》(2)に隠れていらっしゃったのを探し出されて、御子として養いなされた。

天下《あめのした》を治めなさること五年、三十九歳(3)であられた。

【註】
（1）磐余甕栗宮／推定所在地は、奈良県橿原市東池尻町。
（2）丹波国／「記紀」ともに、播磨国志染屯倉《しじみのみやけ》の豪族の奴になっていたと記している。「丹波」は、親房の記憶違いか。
（3）三十九歳／この年齢は、『日本書紀』には「天皇、宮に崩りましぬ。時に若干」とあり、『古事記』には享年が記載されていない。

第二十四代　顕宗天皇

第二十四代顕宗《けんそう》天皇は市辺押羽皇子《いちべのおしはのみこ》(1)の第三の御子で、履中《りちゅう》天皇の孫である。母は荑媛《はえひめ》といい、蟻《ありの》臣《おみ》の娘である。白髪《しらかの》天皇（清寧《せいねい》天皇）が養子となさった人である。

兄の仁賢《にんけん》天皇が、顕宗天皇より先に即位なさるべきであったが、お互いに譲り合われたので、同母の姉の飯豊尊《いいとよのみこと》(2)がしばらく皇位に即かれた。しかし、やがて顕宗天皇が即位なさることになったので、飯豊天皇は日嗣（天皇の代数）には数え申し上げないのである。顕宗天皇は乙丑《きのとうし》の年に即位され、大和の近明日香八釣宮《ちかつあすかのやつりのみや》(3)におられた。

天下《あめのした》を治めなさること三年、四十八歳(4)であられた。

【註】

（1）市辺押羽皇子／『日本書紀』には「市辺押磐皇子」、『古事記』には「市辺忍歯王」と表記される。

（2）飯豊尊／『日本書紀』顕宗天皇即位前紀に、「天皇の姉、飯豊青皇女《いいとよのあおのひめみこ》、忍海角刺宮《おしぬみのつのさしのみや》に、臨朝秉政《みかどまつりごと》したまう」とあり、『古事記』清寧天皇の段には、「市辺忍歯別王の妹、忍海郎女《おしぬみのいらつめ》、またの名は飯豊王、葛城の忍海の高木の角刺宮に坐しましき」とある。また、『扶桑略記』には、「飯豊天皇、二十四代女帝」とあり、天皇としている。

（3）近明日香八釣宮／推定所在地は、奈良県高市郡明日香村八釣。

（4）四十八歳／『日本書紀』には享年が記載されていない。『古事記』には、「三十八歳」とある。

第二十五代　仁賢天皇

第二十五代仁賢《にんけん》天皇は顕宗《けんそう》天皇の同母の御兄である。雄略《ゆうりゃく》天皇が父（市辺押羽皇子）を殺したことを恨んで、「雄略天皇の御陵《みささぎ》を掘り、御屍《みかばね》に恥ずかしめを加えよう(1)」と言われたのを、顕宗天皇が諌められた。仁賢天皇は自分の徳が弟に及ばないことを恥じて、顕宗天皇を先に皇位にお即かせになった。天皇は戊申《つちのえさる》の年に即位され、大和の石上広高宮《いそのかみひろたかのみや》(2)におられた。

天下《あめのした》を治めなさること十一年、五十歳(3)であられた。

【註】

（1）「雄略天皇の御陵を掘り……」／『日本書紀』顕宗天皇二年八月朔条に、顕宗天皇（弘計王）が兄で皇太子であった億計王（後の仁賢天皇）に、「我が父・市辺押磐皇子は罪もないのに、雄略天皇に殺されて、その骨は野辺に放置したままである。できるならば、雄略天皇の陵を壊して、その骨をまき散らしたい」と語ったとある。さらに億計王が、それを諫《いさ》めて思いとどまらせたと記述されている。親房の記述とは、食い違いがある。

（2）石上広高宮／推定所在地は、奈良県天理市石上町。

（3）五十歳／『日本書紀』『古事記』ともに、享年の記載はない。鎌倉時代初期に成立した『水鏡《みずかがみ》』には、「五十歳」とある。

第二十六代　武烈天皇

第二十六代武烈《ぶれつ》天皇は仁賢《にんけん》天皇の皇太子である。母は大娘皇女《おおいらつめのひめみこ》といい、雄略《ゆうりゃく》天皇の娘である。己卯《つちのとう》の年に即位され、大和の泊瀬列城宮《はつせなみきのみや》(1)におられた。

武烈天皇の性格は暴虐で荒々しく、行わない悪行(2)はなかったので、「天祚《あまつひつぎ》」（皇位）も長くはなかった。仁徳天皇はあれほど聖徳が高かったのに、その皇胤もここで絶えてしまった。

「聖徳を備え善政を行った君主は、百代先までも人々から祭られる」［『春秋』に見える］と言われているが、不徳の子孫があると、本家を絶えさせてしまう先例はたいへん多い。したがって上古の聖人・賢者は、自分の子であっても慈愛に溺れず、天子の器量でない人物であれば、その位を伝えなかった。

堯《ぎょう》はその子丹朱《たんしゅ》が不肖の子だったので帝位を舜《しゅん》に授け、舜の子商均《しょうきん》もまた不肖であったので、夏《か》の禹《う》に帝位を譲ったのが、その例である。堯・舜より以降は、天下《あめのした》を私するようになったからか、帝位を必ず子孫に伝えるようになったが、禹の後の桀《けつ》が暴虐のため国を滅ぼしてしまい、また殷《いん》の世の湯《とう》は徳が高かったが、紂《ちゅう》が無道であったので、永遠に殷も滅んでしまった。

天竺でも仏が亡くなってから百年を経て、阿育《あいく》(3)という王がいた。姓は孔雀《くじゃく》氏といった。王位についた日、鉄輪が飛び降《くだ》り、転輪の威徳を授かって（四九ページ参照）、閻浮提《えんぶだい》(4)を統領した。さらに多くの鬼神を従えていた。王は正法をもって天下を治め、仏教の理に通じて三宝（仏・法・僧）を崇敬した。八万四千の塔を立て、舎利（釈迦の火葬の骨）を安置し、九十六億一千の金を喜捨して功徳を施すという人物だった。

しかし、その三代目の孫の弗沙密多羅王《ふしゃみったらおう》は、悪臣のすすめで阿育王の建てた卒塔婆《そとば》を破壊しようとの悪念を起こし、多くの寺を破壊し、比丘《びく》（出家した男子）を殺した。また、阿育王の敬っていた雞《けい》雀寺《じゃくじ》の仏牙歯《ぶつげし》（釈迦の歯）を安置した塔を壊そうとしたので、護法神《ごほうじん》（仏法を守護する護法善神《ごほうぜんじん》）たちが怒って、大山を動かして王とその軍兵を圧し殺してしまった。これ以後、孔雀氏の子孫は絶えてしまった。

このように、先祖がいかに徳を備えていても、不徳の子孫が出れば、先祖の祭祀を絶やしてしまうことは疑いない。

武烈天皇は、天下《あめのした》を治めなさること八年、五十八歳(5)であられた。

【註】

（1）泊瀬列城宮／推定所在地は、奈良県桜井市出雲。

（2）悪行／真偽は定かではないが、『日本書紀』武烈天皇紀には、天皇が「妊婦の腹を裂いて、胎児をご覧になった」「人の爪を剝がして、芋を掘らせた」などという暴虐の記事を多数記している。『日本書紀』の編者の筆法は、武烈天皇の悪虐を強調することで、この皇統断絶の必然性を唱えることにあったとみられる。

（3）阿育／阿育王、アショーカ王。仏教を深く信じ、この王が建立した仏塔は多く現存している。

（4）閻浮提／仏教の世界観において、須弥山の南方にある島で人間の住む世界。

（5）五十八歳／『日本書紀』『古事記』ともに、享年の記載はない。平安時代に成立した『扶桑略記』には、「十八歳」とある。

第二十七代・第二十世　継体天皇

第二十七代第二十世継体《けいたい》天皇は応神《おうじん》天皇の五世の御孫である。応神天皇の第八の御子は隼総別皇《はやぶさわけのみ》子《こ》で、その子が大迹王《おおとのみこ》、その子が私斐王《しいのみこ》、その子が彦主人王《ひこぬしのみこ》(1)、そして、その子の男大迹王《おおとのみこ》と申すのがこの天皇であられる。母は振姫《ふるひめ》といい、垂仁《すいにん》天皇の七世の御孫である。

この方は越前国におられた。武烈《ぶれつ》天皇がお亡くなりになり、皇胤《こういん》が絶えてしまったので(2)、群臣はこれを悲しんで、諸国をめぐり、血縁の近い皇胤を探したが、この方には王者の風格が備わっており、その潜龍(3)の勢いが世に知られていたのだろうか、群臣が協議して皇位にお迎え申しあげた。帝は三度まで固辞なさったが、ついに即位なさった。

このとき丁亥《ひのとい》の年であった［武烈天皇がお亡くなりになってのち二年間は空位であった］(4)。大和の磐余玉穂宮《いわれたまほのみや》(5)に行かれて、仁賢《にんけん》天皇の御娘である手白香皇女《たしらかのひめみこ》を皇后とされた。

継体天皇は、即位なさったときから真の賢王であった。応神天皇には御子が大勢いらっしゃったが、そのなかで仁徳《にんとく》天皇は徳の高い天皇であられたのに、その御子孫は絶えてしまわれた。隼総別皇子《はやぶさわけのみこ》の御子孫(6)がこのように皇位を固く保たれていることは、どういう理由によるものかはっきりとはわからない。

仁徳天皇は大鷦鷯尊《おおさざきのみこと》と申しあげ、第八の皇子を隼総別と申した。仁徳天皇の御代に、この兄弟がたわむれて、鷦鷯《さざき》（みそさざい）は小さい鳥であり、隼《はやぶさ》は大きい鳥だ、と言い争われたことがある(7)が、隼という名によってこの尊が勝って、のちに天皇の位を受け継ぎなさったのだろうか。中国にもこうした例がある［『春秋左氏伝《しゅんじゅうさしでん》』に見える］。名前をつけるのも、よくよく慎重に考えなければならないことなのだろうか。

もっとも、このように決まったのも自ずから天命（天照大神の思し召し）だとしたら、凡人の思慮の思い及ぶことではない。継体天皇が位に即かれたことは、思いもかけぬ御運だと思われる。ただしこれは、皇胤が絶えそうになったとき、群臣が探し申しあげ、賢明な方だということで皇位にお迎えしたのだから、それこそ天照大神の御本意と考えられる。

天皇の直系の子孫がいらっしゃる場合は、賢明で皇位を継承するにふさわしい諸王がいても、どうして望みを果たすことができようか。皇胤の絶えたときに、賢明な人が皇位に即かれることは、天の許すところである。継体天皇は、わが国中興の祖と仰ぎ奉るべきである。

天下《あめのした》を治めなさること二十五年、八十歳(8)であられた。

【註】

（1）彦主人王／『日本書紀』には、継体天皇の父「彦主人王」以外には、継体天皇の先祖の人名はまったく記されていない。皇統の由緒をうたう『日本書紀』としては異例であり、奇異なことである。ただ、「記紀」より成立が古いとされる『上宮記逸文《じょうぐうきいつぶん》』（『釈日本紀《しゃくにほんぎ》』に引く）には、継体天皇の先祖の名が列記されている。それは、ホムツワケ王―ワカヌケフタマタ王―オホホド王―ヲヒ王―ウシ王―ヲホド大公主（継体天皇）というものであるが、親房の記す先祖名とはまったく異なる。なお、『上宮記』のホムツワケ王は、応神天皇を指すという説と、垂仁天皇の皇子ホムツワケとする説に分かれている。

（2）皇胤が絶えてしまった／『日本書紀』継体天皇即位前紀には、仲哀天皇五世孫の倭彦王《やまとひこのみこ》を丹波桑田《たんばのくわた》に探し出して迎立せんとしたが、倭彦王は恐れて逃亡したとある。しかし、倭彦王は継体天皇に比して皇統として血縁が遠く、血の濃い人物（継体天皇）をさしおいて、倭彦王迎立を記すのは史実性に乏しく、和田萃《あつむ》氏は、「継体の簒奪をカムフラージュするため挿入された作為」と推定している。

（3）潜龍／まだ天に上らない龍。帝位に即かず、それを避けている人。

（4）二年間は空位であった／『日本書紀』の編年によれば、武烈天皇崩御の翌年に即位しているので、その間の空位は二ヵ月になる。

（5）磐余玉穂宮／推定所在地は、奈良県桜井市池之内。なお、『日本書紀』によれば、継体天皇は河内で即位、その後、山背《やましろ》（山城）の筒城《つつき》（綴喜）、弟国《おとくに》（乙訓）と都を転々とし、大和の磐余《いわれ》に入ったのは即位二十年の後である。また、陵墓も摂津（史跡・今城塚《いましろづか》）で、子の安閑《あんかん》天皇陵も河内である。これは継体天皇の血統を嫌疑する勢力が、継体天皇の大和入り、大和での陵墓を阻止したのではないかという見方が生じている。後掲の安閑天皇の註を参照（一四九ページ）。

（6）隼総別皇子の御子孫／親房は、継体天皇の先祖を隼総別皇子としているが、『日本書紀』では「誉田天皇（応神天皇）の五世孫」、『古事記』でも「品太王（応神天皇）の五世孫」としている。隼総別皇子の名は、何の史料・記録に拠ったのかは不明。

（7）鷦鷯は小さい鳥で……／『日本書紀』仁徳天皇四十年二月条では、「鷦鷯（仁徳天皇）と隼（隼別皇子）は、どちらが速いか」という記事がある。

（8）八十歳／この年齢は、『日本書紀』には「八十歳」、『古事記』には、「四十三歳」とある。

第二十八代　安閑天皇

第二十八代安閑《あんかん》天皇(1)は継体《けいたい》天皇の皇太子である。母は目子媛《めのこひめ》といい、尾張の草香連《くさかのむらじ》の娘である。

甲寅《きのえとら》の年に即位し、大和の勾金橋宮《まがりのかなはしのみや》(2)におられた。

天下《あめのした》を治めなさること二年、七十歳(3)であられた。


【註】

（1）安閑天皇／この天皇と次の宣化《せんか》天皇は、継体天皇の越前時代の所生で、武烈天皇との血縁がない。反面、欽明《きんめい》天皇は武烈天皇の姉・手白香皇女の所生であり、前皇統と血縁が濃い。また、「記紀」より成立が古い『上宮聖徳法王帝説《じょうぐうしょうとくほうおうていせつ》』や『元興寺縁起《がんごうじえんぎ》』は、安閑・宣化両帝の即位前である五三一年を欽明天皇即位としている。以上のことから、昭和三年（一九二八）に喜田貞吉は、「継体天皇以下三天皇皇位継承に関する疑問」（『歴史地理』）なる論文を発表し、継体天皇崩後に欽明天皇と安閑・宣化天皇とに皇統が分裂したとする両朝並立説を唱え、戦後、林屋辰三郎博士もこれを継承した。この両朝並立説を学界では「継体欽明朝内乱」と称し、今なお論争が続いている。

（2）勾金橋宮／推定所在地は、奈良県橿原市曲川町。

（3）七十歳／この年齢は、『日本書紀』によるもの、『古事記』には記載がない。

第二十九代　宣化天皇

第二十九代宣化《せんか》天皇は継体《けいたい》天皇の第二の御子で、安閑《あんかん》天皇の同母の弟である。丙辰《ひのえたつ》の年に即位し、大和の檜隈廬入野宮《ひのくまのいおりののみや》(1)におられた。

天下《あめのした》を治めなさること四年、七十三歳(2)であられた。

【註】

（1）檜隈廬入野宮／推定所在地は、奈良県高市郡明日香村檜前。

（2）七十三歳／この年齢は、『日本書紀』によるもの、『古事記』には記載がない。

第三章　『神皇正統記』（地）を読む

『神皇正統記』（地）

人皇（二）

第三十代・第二十一世　欽明天皇

欽明天皇の系譜

第三十代・第二十一世欽明《きんめい》天皇(1)は継体《けいたい》天皇の第三の御子である。母は皇后手白香皇女《たしらかのひめみこ》といい、仁賢《にんけん》天皇の娘である。二人の兄がおられたが、欽明天皇の御子孫が皇統を受け継がれた。母方も仁徳天皇の流れなので、その御聖徳がなお尽きることがなく、このように定まったのだろう。庚申《かのえさる》の年に即位され、大倭《やまと》の磯城嶋金刺宮《しきしまのかなしのみや》(2)におられた。

【註】

（1）欽明天皇／陵墓は、奈良県橿原市の見瀬丸山《みせまるやま》古墳とされる。宮内庁の管轄下にあるが、防備が杜撰で、近所の学童らが出入りしていた。平成三年（一九九一）、子供の父兄が石室内部を撮影し、形状・寸法等が明らかになった。それによると、石室の大きさは継体から宣化《せんか》天皇の諸帝陵をはるかに上回る、全国一の巨大なもので、墳長は全国六位であった。結局、武烈王統とのつながりから、大和諸豪族の支持を強く受けた王権であることが推測されるにいたった。

（2）磯城嶋金刺宮／推定所在地は、奈良県桜井市慈恩寺。

仏教伝来と善光寺縁起

欽明天皇十三年、壬申《みずのえさる》の年（五五二年）十月に、百済国から仏・法・僧（三宝）が伝来した。わが国に仏教が伝来した最初[1]である。釈迦如来の滅後一千十六年にあたる年、中国の後漢《ごかん》の明帝《めいてい》の永平《えいへい》十年に、仏教は初めて中国に伝えられた。そのときからこの壬申の年まで四百八十八年、中国では北朝の斉《せい》の文宣帝《ぶんせんてい》即位三年、南朝の梁《りょう》の簡文帝《かんぶんてい》の三年にあたる。簡文帝の父は武帝《ぶてい》といい、大いに仏教を崇拝なさった。この欽明天皇の御代の初めの頃は、武帝と同時代である。

仏教が初めて伝来したとき、他国の神を崇めることは、わが国の神慮に背くといって、群臣たちが強く諫め申しあげたので、天皇は仏教をお捨てになった。しかし、わが国に三宝という名がこのときから聞かれるようになった。

また、秘かに私的に崇め奉りお仕えする人[2]もいた。天皇には聖徳がおありで、三宝を感得なさったからであろう。天皇は群臣が諌めたので仏教を公認なさらなかったが、それは天皇の叡志《えいし》（御本意）ではなかったのではないだろうか。

昔、釈迦が在世中に、天竺の月蓋長者《げつがいちょうじゃ》(3)が鋳造した弥陀三尊《みださんぞん》の金像が、わが国に伝え渡し奉られた。その金像が難波の堀江に捨てられてしまった。それを善光《ぜんこう》(4)という人が拾い上げて、信濃国《しなののくに》に安置申しあげた。これが今の善光寺《ぜんこうじ》である。

欽明天皇のとき、八幡大菩薩が初めて垂迹《すいじゃく》なさった(5)。

天皇は天下《あめのした》を治めなさること三十二年、八十一歳(6)であられた。

【註】

(1)　わが国に仏教が伝来した最初／日本へ仏教が公的に伝えられた年次は、有力な説として五五二年と五三八年の二説がある。五五二年（壬申）説は、『日本書紀』欽明天皇十三年（五五二年、壬申）十月に百済の聖明《せいめい》王《おう》が使者を遣わして、仏像や経典を献上したという記事による。五三八年（戊午）説は、『上宮聖徳法王帝《じょうぐうしょうとくほうおうてい》説《せつ》』や『元興寺伽藍縁起《がんごうじがらんえんぎ》并《ならびに》流記資財帳《るきしざいちょう》』に記された、欽明天皇の「戊午年」に百済の聖明王から仏教が伝来したという記事による。しかし、『日本書紀』には、欽明天皇の治世間には「戊午」年が存在しないため、最も近い戊午年である五三八年（『日本書紀』では宣化天皇三年）とする説である。一般には五三八年が有力とされる。右のように、仏教伝来年に大きな食い違いが生じているのは、安閑《あんかん》天皇の項の註（1）（一四九ページ）に示したように、安閑・宣化《せんか》天皇の皇統と継体王朝とが同時並立していたという、喜田貞吉以来の〝継体欽明朝内乱〟説と深くかかわっている。

（2）私的に崇め奉りお仕えする人／蘇我稲目《そがのいなめ》・馬子《うまこ》などをさす。

（3）月蓋長者／古代インドの毘舎離《こんしゃり》城にすんでいた富豪。悪疫が流行した際、釈尊に病苦救済の法を求め、弥陀三尊に祈ることを学び、悪疫を除いたという。

（4）善光／欽明十三年（五五二）、百済の聖明王から阿弥陀如来像が献上されたが、物部《もののべ》氏によって難波の堀江に捨てられた。善光がその阿弥陀如来像を救い、信濃国（長野県）まで背負って帰り、如来堂を建立して安置したと伝えられる。それが現在の長野市善光寺に「絶対秘仏」として伝わる本尊である。『平家物語《へいけものがたり》』巻二や『善光寺縁起』にみえる所伝である。

（5）八幡大菩薩が初めて垂迹なさった／『扶桑略記《ふそうりゃっき》』欽明天皇三十二年正月一日条に「一にいわく、八幡大井、初めて豊前国宇佐郡馬城峯に顕わる」とある。

（6）八十一歳／『日本書紀』欽明天皇三十二年四月「この月」に天皇が崩御され、「時に年若干」とある。『古事記』には記載がない。

第三十一代・第二十二世　敏達天皇

敏達天皇の系譜

第三十一代・第二十二世敏達《びだつ》天皇は欽明《きんめい》天皇の第二の御子である。母は石姫皇女《いしひめのひみこ》といい、宣化《せんか》天皇の娘である。壬辰《みずのえたつ》の年に即位され、大倭《やまと》の磐余訳語田宮《いわれおさだのみや》(1)におられた。

厩戸皇子の誕生

敏達天皇二年 癸巳《みずのとみ》の年、天皇の御弟豊日皇子《とよひのみこ》（用明天皇《ようめい》）の妃（穴穂部間人皇女《あなほべのはしひと》）が皇子をお生みになった。厩戸皇子《うまやどのみこ》(2)（聖徳太子《しょうとくたいし》）であられる。この皇子が誕生されたときから不思議な奇端(3)がいろいろと現われた。世の常の人ではなかった。お生まれになったときは手を握っておられたが、二歳のとき、東方に向かわれて「南無仏《なむぶつ》」(4)と唱えられてその手を開かれると、一片の仏舎利《ぶっしゃり》（釈迦仏の遺骨）があった。この皇子は仏法を広めるために、仏が姿を変えて現われなさった人であることは疑いない。

この仏舎利は今も、大和の法隆寺《ほうりゅうじ》(5)に納め崇めている。

敏達天皇は天下《あめのした》を治めなさること十四年、六十一歳(6)であられた。

【註】

（1）磐余訳語田宮／推定所在地は、奈良県桜井市戒重。

（2）厩戸皇子／↓一五九ページ参照。

（3）不思議な奇瑞／『聖徳太子伝暦』『水鏡』等に詳述されている。仏家により大いに喧伝され、虚実半ばするが、あまりに荒唐の説も多く、学界に〝聖徳太子非実在説〟まで生じたが、厩戸皇子は、あくまで実在の人物である。

（4）南無仏／南無とは、帰命・敬礼の意味で、誠心誠意の気持ちで、全身全霊でもって信じること。「南無仏」と唱えることは、「心を込めて仏様を信じます」と表明することになる。

（5）法隆寺／奈良県生駒郡斑鳩町にある聖徳宗の総本山。南都七大寺の一。七世紀に聖徳太子によって創建されたと伝わる。『上宮聖徳法王帝説』などによれば、推古十五年（六〇七）の建立とされる。『日本書紀』には、天智天皇九年（六七〇）に法隆寺焼失の記述があり、のち再建されたとみられているが、再建・非再建をめぐる論争が続けられている。現存する世界最古の木造建築で、金堂・五重塔・講堂・南大門・中門・夢殿などが国宝。また、釈迦三尊・薬師如来坐像・百済観音・救世観音立像などの寺宝も国宝。平成五年（一九九三）、「法隆寺地域の仏教建造物」として世界遺産（文化遺産）に登録された。金堂内の壁画は、弥陀浄土図の最高峰で、和辻哲郎をして「東洋絵画の絶頂」と言わしめた（『古寺巡礼』）が、昭和二十四年（一九四九）、修復中の事故により惜しくも焼失した。この事件が契機となり、現在の文化財保護制度が確立した。別名は斑鳩寺。

（6）六十一歳／『古事記』『日本書紀』には、享年の記載がない。

第三十二代　用明天皇

第三十二代用明《ようめい》天皇は欽明《きんめい》天皇の第四の御子である。母は堅塩姫《きたしひめ》といい、蘇我稲目大臣《そがのいなめのおおおみ》の娘である。豊日尊《とよひのみこと》と申しあげる。厩戸皇子《うまやどのみこ》の父であられる。丙午《ひのえうま》の年に即位され、大和の池辺列槻宮《いけのへのなみつきのみや》(1)におられた。

用明天皇は仏教を敬い、わが国に広めようとなさったが、弓削守屋《ゆげのもりや》(2)の大連《おおむらじ》が非難して反対し、ついに反逆におよんだ。厩戸皇子は蘇我大臣と心を一つにして守屋を討ちたおされ、仏教を広めなさった(3)。

用明天皇は天下《あめのした》を治めなさること二年、四十一歳(4)であられた。

【註】
（1）池辺列槻宮／推定所在地は、奈良県桜井市谷。
（2）弓削守屋／教科書等では、物部守屋と教えている。称徳《しょうとく》天皇に寵愛された道鏡《どうきょう》は、この一族の出身という。
（3）守屋を討ち……／この争乱を〝崇仏廃仏戦争〟という。
（4）四十一歳／『古事記』『日本書紀』には、享年の記載がない。

第三十三代　崇峻天皇

第三十三代崇峻《すしゅん》天皇は欽明《きんめい》天皇の第十二の御子である。母は小姉君娘《こあねきみのいらつめ》といい、これも稲目大臣《いなめのおおおみ》の娘である。戊申《つちのえさる》の年に即位され、大和の倉橋宮《くらはしのみや》(1)におられた。この天皇には横死する運命の相が現われていたので、(2)よくよく注意するようにと厩戸皇子《うまやどのみこ》が奏上なさったということである。

天下《あめのした》を治めなさること五年、七十二歳(3)であられた。

ある人が言うには、崇峻天皇は母方の伯父の蘇我馬子大臣《そがのうまこのおおおみ》と仲が悪かったので、この大臣のために(4)殺されなさったとのことである。


【註】

（1）倉橋宮／推定所在地は、奈良県桜井市倉橋。
（2）天皇には横死する……／『聖徳太子伝』上には、「太子、奏して曰く。陛下の玉体は実に仁君の相有り。しかれば非命たちまち至るを恐る。伏して請らくは、よく左右を守り奸客を容るるなかれと」とある。
（3）七十二歳／『古事記』『日本書紀』には、享年の記載がない。
（4）大臣のために／天皇が、馬子の派した東漢直駒《やまとのあやのあたいこま》に弑《しい》されたのは『日本書紀』に述べられていて事実である。天皇が臣下に弑害されるのは、きわめて異例であり、親房はこのように表現したが、慈円は、道理が別の道理と争った「歴史悪」の問題としてとらえ、独自の考察を行っている。この慈円の態度を丸山眞男は高く評価する。

第三十四代　推古天皇

正式な「初」の女性天皇

第三十四代推古《すいこ》天皇は欽明《きんめい》天皇の御娘で、用明《ようめい》天皇の同母の妹である。御食炊屋《みけかしや》姫尊《ひめのみこと》と申しあげる。敏達《びだつ》天皇が皇后となさった［仁徳《にんとく》天皇も異母の妹を妃となさったことがある］。崇峻《すしゅん》天皇がお亡くなりになったので、癸丑《みずのとうし》の年(1)（五九三年）に即位され、大和の小墾田宮《おはりだのみや》(2)におられた。

昔、神功皇后《じんぐうこうごう》が六十余年も天下《あめのした》を治めなさったが、このときは摂政といって、天皇とはお呼びしなかったのではないか。しかし、この推古天皇は正式に皇位にお即きになったのである。(3)

そして、厩戸皇子《うまやどのみこ》を皇太子として、すべての政務をお任せし、摂政と申した。皇太子の監国《かんごく》(4)ということもあるが、それは一時的なことである。聖徳太子はずっと続いて天下を治めなさった。

【註】

（1）癸丑の年／この記述は、『日本書紀』によるもので、実際の即位は、前年の壬子《みずのえね》の年（五七二）。
（2）小墾田宮／推定所在地は、奈良県高市郡明日香村雷。
（3）推古天皇は……／神功皇后の項の註（1）（一一八ページ）でふれたように、『日本書紀』は神功皇后を天皇扱いとし、代数に入れている。親房の『神皇正統記』も、この点では『日本書紀』と同じ立場である。
（4）監国／中国において、天子が地方巡幸で都に不在のとき、皇太子が政治を代行すること。

冠位十二階の制定・十七条憲法の制定

太子は聖徳な方でいらっしゃったので、世の人々は太陽に対するように慕い、雲を仰ぎみるように敬い申した。太子がまだ皇子であられたときに、逆臣の物部守屋《もりや》を誅されて以来、仏教が初めて広まった。まして摂政として治められてからは、三宝を敬い、正法をお広めになることは、釈迦在世のときと同じようだと思われるほどであった。

また、太子はふつうでは測り知れないような神通力をもっていらっしゃった。自ら法衣をまとわれて経(1)を講じられると、釈迦が法華経を講じられたとき、六つの瑞祥(2)が現われたのと同じように、天より花が降り放光動地する瑞祥が現われた。そのため天皇や群臣たちは、太子を仏のように尊び崇め奉った。建てられた仏寺の数は四十余寺に及んだ。

また、わが国では昔から人民が素直なので法令なども定められていなかったが、推古天皇十二年甲子《きのえね》の年（六〇四年）に初めて冠位《かんい》ということを定め(3)〔冠の種類によって身分の上下を十八階に分ける〕、同十七年己巳《つちのとみ》の年（六〇九年）に、憲法十七条(4)をつくって、天皇に奏上された。これは内典《ないてん》・外典《げてん》(5)の深き道を探り、その主旨を簡潔におまとめになったものである。推古天皇は喜んでこれを天《あめの》下《した》に施行なさった。

【註】

（1）経／法華《ほっけ》、勝鬘《しょうまん》、維摩《ゆいま》の三経など。太子はその注釈書である「疏《しょ》」も著わしたとの伝承がある。

（2）六つの瑞祥／『妙法蓮華経』序品第一に記された不思議な現象のことで、「此土《しど》の六瑞《ろくずい》」「他土《たど》の六瑞」という。雨華瑞《うけずい》（天から蓮華が無数に降ること）、地動瑞《ちどうずい》（大地や建物が揺れること）、放光瑞《ほうこうずい》（釈尊の眉間から光が放たれ、周囲が急に明るくなること）、説法瑞《せっぽうずい》（釈尊が説法をされ、読経などの声が聞こえること）、入定《にゅうじょう》瑞《ずい》（心を集中させて動揺を静めて安定させること）、衆喜瑞《しゅうきずい》（瑞相を喜んで、仏を感じ、その姿が見えること）という六つの瑞祥。

（3）冠位ということを定め／『日本書紀』推古天皇十一年十二月壬申《みずのえさる》条に、「始めて冠位を行う。大徳・小徳・大仁・小仁・大礼・小礼・大信・小信・大義・小義・大智・小智、あわせて十二階」とある。日本最初の冠位制度で、冠には紫・青・赤・黄・白・黒の色を配し、大小はその色の濃淡で区別した。従来の世襲的な氏姓制度に代えて、個人の能力の違いによって与えるものであった。本文の「十八階」は誤り。

（4）憲法十七条／日本最初の成文法とされる。『日本書紀』推古十二年（六〇四）四月戊辰《つちのえたつ》条には、「皇太子親《みずか》ら肇《はじ》めて憲法十七条を作る」とあり、十七カ条から成る条文が掲げており、これが一般に「十七条憲法」と呼ばれている。

仏教思想を基調とし、豪族や官吏に対して、守るべき行動の道徳的な規範を示したもので、現代における法律規定とは異なる。この「十七」という数字は、後世にも強く意識され、鎌倉幕府の制定した『貞永式目《じょうえいしきもく》』も、初めは十七の三倍の五十一条であった。本文の、「十七年己巳の年」は誤りで、「十二年甲子《きのえね》」が正しい。

（5）内典・外典／内典とは仏教の典籍や仏典のことで、仏教以外の典籍（たとえば、儒教関係の漢文）を外典という。室町時代には、外典は陰陽道を指した。

遣隋使の派遣

この頃は中国では隋《ずい》(1)の時代である。中国は南北朝に分かれ、南朝は中国の正統を継ぐ王朝、北朝は戎狄《じゅうてき》から興った国であったが、結局、北朝が中国を統一した。隋は北朝の後周《こうしゅう》という王朝の譲りを受け、のちに南朝の陳《ちん》を討ち平らげて一統の世としたのである。推古天皇の元年、癸丑《みずのとうし》の年（五九三年）は文帝《ぶんてい》が統一してから四年目にあたる。同十三年乙丑《きのとうし》の年（六〇五年）は煬帝《ようだい》の即位元年にあたる。

このとき、隋よりわが国に初めて使者が送られてきて、国交を通じた。隋帝の書に、「皇帝恭《つつし》んで倭皇に問う(2)」とあったのを、群臣たちは「これは中国の天子が諸侯王（皇帝に服属した国々の王）に書を遣わすときの礼儀ではないか」と言って異議を申したところ、太子は「皇という字は容易《たやす》くは使わない詞《ことば》なので(3)」とおっしゃり、返書をもお書きになって、使者をいろいろ饗応してもてなし、ねぎらいの品々を授けてお返しになった。

こののち、わが国からも常に使者を遣わし、その使者を遣隋大使（遣隋使）と名づけられたが、同二十七年己卯《つちのとう》の年（六一九年）、隋が滅び唐《とう》の世となった。

同二十九年辛巳《かのとみ》の年(4)（六二一年）、皇太子がお亡くなりになった。御年四十九歳であった。天皇をはじめとして天下の人々は父母を失ったかのように深く悲しんだ。皇位も継がれるはずであったが、仏の化身であられるから、その死にも深い理由があったのだろう。聖徳という諱《いみな》がおくられた。

推古天皇は天下《あめのした》を治めなさること三十六年、七十歳(5)であられた。

【註】

（1）隋／中国の王朝（五八一～六一九）。北周の楊堅《ようけん》（文帝）が建国。都は大興《だいこう》（長安《ちょうあん》）。五八九年、南北に分かれていた中国を統一。二代皇帝の煬帝は大規模な外征を行ったが、各地に反乱が起こり、唐によって滅ぼされた。

（2）「皇帝恭んで倭皇に問う」／『日本書紀』推古天皇十六年八月癸卯《みずのとう》条に、「使者裴世清《はいせいせい》、みずから書を持ち、両度再拝《おが》みて、使いの旨を言上して立つ。その書に曰わく、『皇帝、倭皇を問う』」とある。

（3）皇という字は……／『聖徳太子伝暦』下に、「しかるに倭皇の字を用うるは、彼、その礼有り。恭みて修すべし」とある。太子の意は、「皇」の文字を用いたからといって、わが国を見下しているわけではないということ。

（4）二十九年辛巳の年／『日本書紀』推古天皇二十九年春二月条に、「半夜に廐戸豊聰耳皇子命《うまやとのとよとみみのみこのみこと》、斑鳩宮《いかるがのみや》に薨《まか》りましぬ」とある。

（5）七十歳／『日本書紀』推古天皇三十六年三月癸丑《みずのとうし》条に、「時に、年七十五」とある。

第三十五代・第二十四世　舒明天皇

第三十五代・第二十四世舒明《じょめい》天皇は忍坂大兄皇子《おしさかおおえのみこ》の子で、敏達《びだつ》天皇の孫である。母は糠手姫皇女《ぬかてひめのひめみこ》といい、皇女も敏達天皇の娘である。推古《すいこ》天皇は聖徳太子の御子(1)に皇位を伝えたいと思われなさっていたのかもしれない。しかし、舒明天皇は敏達天皇の直系の孫、欽明《きんめい》天皇の嫡曾孫でいらっしゃる。また、聖徳太子がご病気で伏せられていたとき、推古天皇はこの皇子（田村皇子、のちの舒明天皇）を使者としてお見舞いさせなさったが、そのとき、太子は天下《あめのした》のことをこの皇子に申しつけられたという。田村皇子は癸丑《みずのとうし》の年（六二九年）に即位され、大和の高市郡岡本宮《たけちのこおりおかもとのみや》(2)におられた。この年は中国では唐の太宗《たいそう》の初め、貞観《じょうがん》三年にあたる。
天下《あめのした》を治めなさること十三年、四十九歳であられた。

【註】

（1）聖徳太子の御子／山背大兄王《やましろのおおえのみこ》のこと。

（2）岡本宮／推定所在地は、奈良県高市郡明日香村岡。

第三十六代　皇極天皇

皇極天皇の系譜

第三十六代皇極《こうぎょく》天皇は茅渟王《ちぬのみこ》の娘、忍坂大兄皇子《おしさかおおえのみこ》の孫、敏達《びだつ》天皇の曾孫である。母は吉備姫女王《きびひめのおおきみ》といった。舒明《じょめい》天皇の皇后となられた。天智《てんち》・天武《てんむ》天皇の母である。舒明天皇がお亡くなりになったとき、皇子（1）が幼かったので、壬寅《みずのえとら》の年（六四二年）に即位され、大倭《やまと》の明日香河原宮《あすかのかわらのみや》（2）におられた。

【註】

（1）皇子／この皇子を、のちの天智とすると十六歳となる。『日本書紀』舒明天皇十三年十月条によると、「天皇（舒明天皇）、百済宮」で崩御され、「このときに、東宮開別皇子《ひらかすわけ》（天智天皇）、年十六にして誄《しのびごと》したまう」とある。ただし、親房は、天智天皇の享年を五十八歳としているので、逆算すると二十八歳となり、文章が矛盾する。

（2）明日香河原宮／推定所在地は、奈良県高市郡明日香村川原。

中大兄皇子・中臣鎌足、蘇我氏を滅ぼす

皇極天皇の御時、蘇我蝦夷大臣《そがのえみしのおおおみ》［馬子大臣《うまこのおおおみ》の子］とその子の入鹿《いるか》が朝権をほしいままにし、皇室をないがしろにした。自分の家を宮門《みかど》(1)、子どもたちを王子などといい、昔から伝わる国紀・重宝をみな自分の家に運んでしまった。なかでも入鹿は、天皇に対する反逆心が大変強く、何の罪もないのに聖徳太子の子たちを滅ぼしてしまった。

そこで、舒明天皇の御子で、皇極天皇のお生みになった皇子の一人の中大兄皇子《なかのおおえのみこ》(2)は、中臣鎌足《なかとみのかまたりの》連《むらじ》(3)と心を一つにして入鹿を殺した。父の蝦夷も自分の家に火をつけ自害したので、国紀・重宝もみな焼け失せた。(4)蘇我氏一族は長く権力を握っていたが、積悪《しゃくあく》のためか、みな滅びてしまった。(5)山田石川麻呂《やまだのいしかわまろ》(6)という人は、皇子と心を通わし、その味方をしていたので滅びなかった。

この中臣鎌足の大臣は天児屋根命《あめのこやねのみこと》の二十一世の孫である。この命は、昔、天孫降臨のとき、多く

の神々の上首たる方で、天照大神《あまてらすおおみかみ》の勅《みことのり》を受け、天孫の補佐役となった。中臣という姓も、二柱[7]の神の御中にあって神々の御心を和らげ申されたということからきているという。その孫の天種子命《あめのたねこのみこと》は神武《じんむ》天皇の御代、祭事を司った。上古は神と天皇とは一体であられたから、祭を司るということは、すなわち政《まつりごと》を行うことである［政という字の訓によってもわかるだろう］。

その後、天照大神が初めて伊勢国に鎮座なさったとき、種子命の子孫の大鹿島命《おおかしまのみこと》が祭官となり、それ以来、鎌足大臣の父［小徳冠《しょうとくかん》］御食子《みけこ》のときまでその官にあって仕えていた。鎌足のときになって勲功を立て、世に重んぜられるようになって、天孫を補佐するという祖業を再興し、祖先の功業をいっそう栄誉あるものとした。この上ないことである。中臣氏が政を司るのは神代からの余風《よふう》（残っている習慣）であるから、当然の理《ことわり》と思われる。

鎌足はのちに内臣《うちつおみ》に任じ、さらに大臣に転じ、大織冠《だいしょくかん》［正一位の名］となった。また中臣の姓を改めて、藤原の姓を賜った［内臣に任ぜられるということは、この御代のことではない。ことのついでに記す］。

皇極天皇は天下《あめのした》を治めなさること三年、同母の御弟の軽王《かるのおう》（孝徳《こうとく》天皇）に譲位なさった。天皇の御名を皇祖母尊《すめみおやのみこと》と申しあげた。

（裏書・略）

【註】

（1）宮門／『日本書紀』皇極天皇三年十一月条に、「蘇我大臣蝦夷、児入鹿臣、家を甘檮岡《うまかしのおか》に双《なら》べ起つ。大臣の家を呼びて、上の宮門《みかど》と曰う。入鹿が家をば、谷の宮門と曰う。男女を呼びて王子と曰う」とある。

（2）中大兄皇子／のちの、第三十八代・天智天皇。

（3）中臣鎌足連／父は御食子《みけこ》。いわゆる「大化改新」に功績があった飛鳥時代の人物で、藤原氏の祖となった。次男は不比等《ふひと》。

（4）国紀・重宝もみな焼け失せた／『日本書紀』皇極天皇四年六月己酉《つちのととり》条に、「蘇我臣蝦夷等、誅《ころ》されむとして、悉《ふつく》に天皇記・国記・珍宝を焼く」とある。

（5）蘇我氏一族は……／この争乱が、六月のことで、翌大化二年（六四六）正月、四カ条の詔が発布された。教科書等では、これをまとめて〝大化の改新〟と呼ぶが、一九七〇年代に、一部の学者から「改新詔」について疑問が提出され、学界では、この疑義を「大化改新否定論」と称する。以後、蘇我氏誅滅事変を「乙巳《いっし》の変」、翌年正月の詔を「改新詔」と呼び分ける研究者が多い。「改新詔」については、のちに『日本書紀』の編者が改文したことが明らかである（たとえば、当時は〝郡〟の呼び名はなく、評〟と呼んでいた）が、改革の実施については、意見が分かれている。

（6）山田石川麻呂／蘇我馬子の孫で、蘇我倉山田石川麻呂《そがのくらやまだいしかわまろ》のこと。

（7）二柱の神／天照大神と瓊瓊杵尊。

第三十七代　孝徳天皇

第三十七代孝徳《こうとく》天皇は皇極《こうぎょく》天皇の同母の御弟である。乙巳《きのとみ》の年（六四五年）に即位された。摂津《つの》国長柄豊碕宮《くにながらのとよさきのみや》(1)におられた。

この御代に、初めて大臣を左大臣・右大臣に分けた。大臣は成務《せいむ》天皇の御代に、武内宿禰《たけのうちのすくね》が任じられたのが始まりである。仲哀《ちゅうあい》天皇の御代に、また大連《おおむらじ》の官がおかれ、大臣と大連が並んで政治を司った。しかし、この孝徳天皇の御代に、大連をやめ、左右の大臣にされたのである。また八省百官の制を定められ、中臣鎌足を内臣《うちつおみ》になさった。

天下《あめのした》を治めなさること十年、五十歳であられた。

【註】

（1）長柄豊碕宮／推定所在地は、大阪市中央区。大阪城外濠の南側に当たる。のちに聖武《しょうむ》天皇が遷都した宮と同じ場所。戦後、考古学者の山根徳太郎の努力により調査が進められ、昭和三十二年（一九五七）に柱列跡が発見された。

第三十八代　斉明天皇

第三十八代斉明《さいめい》天皇は皇極《こうぎょく》天皇の重祚《ちょうそ》（再度皇位に即くこと）である。重祚ということは、日本ではこのときに始まった。

中国では殷《いん》のとき、太甲《たいこう》という王が愚かであったので、伊尹《いいん》がこの王を桐宮《とうきゅう》に退け三年間政権を握った。だが、太甲は帝位を捨てたわけではなかったようで、過ちを反省し徳を備えると、また元どおり天子となった。また晋《しん》の世に、桓玄《かんげん》という者が安帝《あんてい》の位を奪ったが、八十日たって義兵のために殺されたので、安帝がまた位に戻られた。

唐《とう》の世では、則天武后《そくてんぶこう》(1)が国政を乱したとき、自分の生んだ子ではあったが中宗《ちゅうそう》から帝位を奪い廬《ろ》陵王《りょうおう》に格下げした。つぎに、同じく自分の子である予王《よおう》を立てたが、これも帝位から降ろし自分が位に即いた。のちに中宗が帝位に復したので、唐朝は絶えなかった。予王もまた重祚し、これを睿宗《えいそう》といった。これこそまさしく重祚であるが、二代には数えないで、中宗・睿宗と一代ずつに数えている。

わが国では皇極天皇が重祚すると斉明天皇と号し、孝謙《こうけん》天皇が重祚すると称徳《しょうとく》天皇と号した。この点が中国とは違っているのである。これは皇統の継承を重く考えているからだろうか。賢い先人の取り決めたことには、相応の理由があるであろう。

斉明天皇は乙卯《きのとう》の年（六五五年）に即位され、このたびは大和の岡本におられた。後岡本宮《のちのおかもとのみや》(2)といったところである。

この御代は、中国では唐の高宗《こうそう》の時にあたる。唐が高麗を攻め、高麗からわが国に救援を求めてきたので(3)、天皇・皇太子は筑紫まで行かれた。しかし、三韓はついに唐に服属したので、天皇は軍を返された。その後も三韓（三韓の一つの新羅を指す）は、日本との国交をやめてしまうまでのことはなかった。この皇太子というのは中大兄皇子《なかのおおえのみこ》のことである。孝徳《こうとく》天皇の御代から皇太子になられ、このときは摂政であられた。

斉明天皇は天下《あめのした》を治めなさること七年、六十八歳(4)であられた。

【註】

（1）則天武后／六二四～七〇五年。中国、唐の高宗の皇后。中国史上唯一の女帝。美貌の誉れ高く、十四歳のとき太宗の後宮に入り、太宗の没後、感業寺《かんぎょうじ》で尼となっていたのを高宗が召し出して後宮に入れた。

（2）後岡本宮／推定所在地は、奈良県高市郡明日香村岡。

（3）高麗から……／この前後の記述は不正確。唐が攻めたのは高句麗で、日本に救援を求めたのは百済の残党軍である。その結果、六六三年に白村江の戦いが起こり、百済が滅亡した。

（4）六十八歳／『日本書紀』には、享年の記載はない。鎌倉時代後期に編纂された『帝王編年記《ていおうへんねんき》』には、六十一歳とある。

第三十九代・第二十五世　天智天皇

第三十九代・第二十五世天智《てんち》天皇は舒明《じょめい》天皇の御子で、母は皇極《こうぎょく》天皇である。壬戌《みずのえいぬ》の年（六六二年）に即位され、近江国大津宮《おおつのみや》(1)におられた。

天智天皇の四年八月、内臣《うちつおみ》の中臣鎌足《なかとみのかまたり》を内大臣大織冠《ないだいじんたいしょくかん》とし、また藤原朝臣《ふじわらのあそん》の姓を授けた。昔の大勲功を賞されたわけで、その朝奨《ちょうしょう》(2)は並びないものである。その前後、封戸《ふこ》一万五千戸を授けられ、鎌足が病気のときには行幸してお見舞いになったという。

天智天皇は中興の祖でいらっしゃる［光仁《こうにん》天皇の祖父である］。国忌《こっき》（先帝・先后の忌日）は、時につれて変わっても、この天皇の忌日は後世まで長く変えられることなく特別に祀られた。

天下《あめのした》を治めなさること十年、五十八歳(3)であられた。


【註】
（1）大津宮／推定所在地は、大津市錦織。当時、唐は高句麗を攻撃しており、日本への来襲も予想されるなか、日本側は対馬・壱岐等に「防人《さきもり》・烽《とぶひ》」を置き、水城《みずき》や高安城《たかやす》を築くなど、大陸への防備を固めていた。近江遷都は、その一環とみられる。大津京跡は、一九七〇年代の発掘調査（掘立柱跡、柵列出土）により確認された。
（2）朝奨／朝廷から恩典を賜り、その子孫が励まされること。
（3）五十八歳／『日本書紀』には享年の記載がないが、同舒明天皇十三年十月丙午条の「東宮開別皇子（天智天皇）、年十六」から換算すると、四十六歳となる。しかし、のちの文献によれば、五十三歳、五十八歳という記述もある。

第四十代　天武天皇

大海人皇子と大友皇子

第四十代天武《てんむ》天皇(1)は天智《てんち》天皇の同母の弟である。皇太子に立って大倭《やまと》におられた。天智天皇は近江におられた。天智天皇がご病気になり、皇太子（大海人皇子《おおあまのみこ》）を近江にお呼びしたが、朝廷の臣のなかに告げ知らせる人がいたので、天皇のご意向でもあったのだろう、皇太子の地位を自ら辞して、(2)これを天智天皇の御子である太政大臣大友皇子《だいじょうだいじんおおとものみこ》(3)に譲り、吉野宮《よしののみや》(4)に入りなさった。

【註】

（1）天武天皇／以下、『神皇正統記』が、壬申《じんしん》の乱《らん》を含め天武系皇統に冷淡な書き方をしているのは、結果的にこの皇統が傍系であって（したがって、天武天皇に「世数」なし）、本系でないと親房が認識していたからである。

（2）皇太子の地位を……／皇位への野心を漏らしたために、中大兄皇子に殺された皇族に古人大兄皇子《ふるひとのおおえのみこ》、有間《ありまの》皇子《みこ》らがいる。大海人皇子も当然、そのような危険を察し、自ら皇太子の地位を退いたとみられる。

（3）太政大臣大友皇子／大化四年（六四八）生まれ。天智天皇の皇子、母は伊賀采女宅子《いがのうねめやかこ》。天智天皇は、同母弟の大海人皇子（天武天皇）を後継者としたが、しだいに大友皇子を重んじ、皇太子に準ずる地位である太政大臣に任じていた。壬申の乱に敗れ、天武天皇元年（六七二）薨去。明治三年、弘文《こうぶん》天皇と追諡《ついし》され、歴代天皇に加えられた。

（4）　吉野宮／推定所在地は、奈良県吉野郡吉野町宮滝。

壬申の乱

天智天皇がお亡くなりになったあと、大友皇子《おおともの み こ》(1)はなお危ういと思ったのか、兵を召し、吉野を攻めようと計画された（壬申の乱）。天武天皇はひそかに吉野を抜け出し、伊勢にいたって、飯高郡《いいたかのこおり》に着いて太神宮を遙拝《ようはい》し、美濃国に入って東国の軍兵を召した。高市皇子《たけちの み こ》(2)が味方として来られたので、これを大将軍として美濃国の不破関《ふ わのせき》(3)を守らせ、ご自分は尾張国にお入りになった。こうして国々がみな天皇に従い奉ったので、不破関の戦いにもうち勝った。さらに、勢多《せ た》に進んで戦った。

大友皇子の軍は敗れ、皇子は殺された(4)。皇子に与《くみ》していた大臣以下の人々もあるいは殺され、あるいは遠流《おんる》に処せられた。一方、天武天皇の側に従い申しあげた者たちは、それぞれの功績に応じて恩賞が与えられた。

天皇は、壬申《みずのえさる》の年（六七二年）に即位され、大和の飛鳥浄御原宮《あすかきよ み はらのみや》(5)におられた。朝廷の多くの法（法律）を定めなさった。上下の者に結髪して漆《うるし》を塗った頭巾《かぶり》を着用させることも、この御代から始まった。

天下《あめのした》を治めなさること十五年、七十三歳(6)であられた。

【註】

（1）　大友皇子／現存史料には、大友皇子の吉野討伐の計画を示すものはない。ただ、大海人皇子の舎人の一人が美濃から、天智帝陵築造用に集められた人夫が武装させられている旨を報じ、驚いた大海人皇子が吉野から脱出したのである。

(2) 高市皇子／白雉五年（六五四）生まれ。天武天皇の第一皇子であったが、生母の胸形尼子娘の身分が低いことから、皇位継承では弟の草壁皇子や大津皇子より下位とされた。持統天皇十年（六九六）に薨去。

(3) 不破関／東山道の近江・美濃の国境に置かれた古代の関所。愛発・鈴鹿とともに三関の一つ。

(4) 大友皇子の……／事実は、敗走の途中、山城国山崎において自害したのである。

(5) 飛鳥浄御原宮／推定所在地は、奈良県高市郡明日香村岡。

(6) 七十三歳／『日本書紀』には享年の記載がないが、洞院満季が応永三十三年（一四二六）に編纂した皇室系図である『本朝皇胤紹運録』では、六十五歳とある。いずれも、兄の天智天皇より年長となってしまう。

第四十一代　持統天皇

第四十一代持統《じとう》天皇は天智《てんち》天皇の娘である。母は越智娘《おちのいらつめ》といい、蘇我山田石川麻呂大臣《そがのやまだのいしかわのまろのおおおみ》の娘である。天武《てんむ》天皇が皇太子であられたときに妃となられ、後に皇后となられた。皇子の草壁皇子《くさかべのみこ》が幼少だったので、戊子《つちのえね》の年（六八八年）より皇后であった持統天皇が政務をおとりになった。(1) 庚寅《かのえとら》の年（六九〇年）の正月一日に即位なさった。大倭《やまと》の藤原宮《ふじわらのみや》(2)におられた。

草壁皇子は皇太子に立たれたが早世されたので、その子軽王《かるのみこ》を皇太子とした。それが文武《もんむ》天皇であられる。草壁皇子は後に長岡天皇《ながおかのすめらみこと》(3)と追号を諡《おく》られた。

持統天皇は天下《あめのした》を治めなさること十年、皇位を皇太子に譲って太上天皇《だいじょうてんのう》と申された。太上天皇ということは、中国で漢の高祖《こうそ》の父を太公《たいこう》といい、尊号を太上皇《たいしょうこう》といった。その後、後《こう》魏《ぎ》の顕祖《けんそ》、唐の高祖・玄宗《げんそう》・睿宗《えいそう》なども同じように太上皇と称した。

わが国では昔はそういう例がない。皇極《こうぎょく》天皇は生前に皇位を譲られて皇祖母尊《すめみおやのみこと》と申した。持統天皇のときから太上天皇という称号があるのである。五十八歳であられた。

【註】

（1）政務をおとりに……／即位にいたるまでの、この天皇の臨時政務を当時「臨朝称制《りんちょうしょうせい》」と呼んだ。

（2）藤原宮／推定所在地は、奈良県橿原市高殿町。奈良盆地を南北に並行して走る中ツ道と下ツ道に、北は横大路に囲まれる矩形の京城《けいじょう》をなし、基本的には中国の漢魏洛陽城《かんぎらくようじょう》にならったものという。朱雀《すざく》大路を南へ延長した線上に、天武・持統合葬綾、文武陵、高松塚古墳等が位置する。

（3）長岡天皇／『続日本紀』天平宝字二年八月戊申条に「また詔して、日並知皇子命《ひなみしのみこのみこと》（草壁皇子）、天下いまだ天皇と称せず。尊号を追崇《ついすう》するは、古今の恒典なり。今より以後、よろしく岡宮御宇天皇《おかのみやにあめのしたしろしめしすめらみこと》と称《たた》え奉るべし」とあり、『本朝皇胤紹運録』には「長岡天皇と追号」とある。

第四十二代　文武天皇

第四十二代文武《もんむ》天皇は草壁《くさかべの》皇子《みこ》の第二の子で、天武《てんむ》天皇の嫡孫である。母は阿閇《あべの》皇女《ひめみこ》で天智《てんち》天皇の娘である［後に元明《げんめい》天皇となった］。丁酉《ひのととり》の年（六九七年）に即位され、引き続き藤原宮におられた。

この御代、唐の制度を模して、宮室の造りや文武官の衣服の色までが定められた。また即位の五年後、辛丑《かのとうし》の年（七〇一年）から年号の使用が始まった。大宝《たいほう》という。これ以前にも、孝徳《こうとく》天皇の御代に大化《たいか》・白雉《はくち》、天智天皇の御代に白鳳《はくほう》、天武天皇の御代に朱雀《しゅざく》・朱鳥《しゅちょう》などという年号があったが、大宝からあとは絶えることなく年号が用いられた。したがって、この大宝を年号の始まりとするのである。皇子を親王《しんのう》ということも、この御代から始まった。

また、藤原の内大臣《ないだいじん》鎌足の子不比等《ふひと》の大臣が、執政《しっせい》の臣《しん》(1)として律令《りつりょう》(2)などを撰定した（大宝律令）。藤原氏はこの不比等のときからいよいよ栄えた。不比等には四人の子がいた。これを四門《しもん》といった。一門は武智麿《むちまろ》の大臣の流れで南家《なんけ》といい、二門は参議《さんぎ》中衛大将《ちゅうえのだいしょう》房前《ふささき》の流れで北家《ほくけ》といい、現在の執政大臣をはじめ、藤原氏の主な人々はみなこの末裔である。三門は式部卿《しきぶきょう》宇合《うまかい》の流れで式家《しきけ》といい、四門は左京《さきょうの》大夫《だいぶ》麿《まろ》の流れで京家《きょうけ》というが、はやく絶えてしまった。

南家・式家も儒家の家筋で今日まで続いているが、ただ北家だけが栄えている。房前の大将が人とは異なる隠れた徳があったためであろう。

（裏書・略）

また不比等大臣は、後に「淡海公《たんかいこう》」といい、興福寺《こうふくじ》を建立した。この寺は大織冠鎌足が建てたもので山背《やましろ》の山階《やましな》にあったのを、不比等が平城《へいせい》（奈良）に移したのである。したがって、これを山階寺ともいう。後に玄昉《げんぼう》という僧が唐に渡って法相宗《ほっそうしゅう》を伝えてこの寺に広めてから、藤原氏の氏神である春日明神《かすがのみょうじん》も、法相宗を特に守護なさるということである［春日神は天児屋根神《あめのこやねのかみ》が本体である。本社は河内の平岡《ひらおか》にある。春日に移られたのは神護景雲《じんごけいうん》年間のことなので、不比等以後のことである。また、春日大社の第一の御殿は常陸の鹿島神、第二は下総の香取神、第三は平岡、第四は姫御神《ひめおんかみ》と申しあげる。したがって、藤原氏の氏神は第三の御殿におられる］。

文武天皇は天下《あめのした》を治めなさること十一年、二十五歳であられた。

【註】

（1）執政の臣／以前にも、大臣・大連など補佐の臣は古くからあったが、壬申の乱によって、天智天皇の旧大臣はすべて退けられ、天武朝には大臣不設置となった。これを学界では〝皇親政治〟と呼ぶ。持統天皇が不比等を登用したことで、大臣が復活したのである。

（２）律令／古代国家の基本法で、「律」は刑罰についての規定、「令」は政治・経済など一般行政に関する規定。律令は唐の制度を導入したのであるが、日本風に改変された諸点も多い。

第四十三代　元明天皇

第四十三代元明《げんめい》天皇は天智《てんち》天皇の四番目の娘で、持統《じとう》天皇の異母妹である。母は蘇我嬪《そがのひめ》といい、これも山田石川麻呂《やまだのいしかわのまろ》の大臣の娘である。草壁皇子《くさかべのみこ》の妃で文武《もんむ》天皇の母であられた。丁未《ひのとひつじ》の年（七〇七年）に即位され、戊申《つちのえさる》の年（七〇八年）に改元された。

和銅《わどう》三年庚戌《かのえいぬ》の年（七一〇年）、初めて大倭《やまと》の平城宮《へいぜいのみや》(1)に都を定められた。昔は天皇一代ごとに都を改め、天皇の名でその都をお呼びした。しかし、文武天皇は、持統天皇がおられた藤原宮を改めなさらなかった。この元明天皇が平城宮にお移りになってから、ここは七代の帝の都となった。

天下《あめのした》を治めなさること七年、禅位《ぜんい》(2)されて太上天皇と申した。六十一歳であられた。

【註】

（１）平城宮／所在地は、奈良市佐紀町。藤原京西辺（下ツ道）を北に延長して朱雀大路とした。東西八里、南北九里の碁盤目の街路を構成し、漢魏洛陽城を模した藤原京にならったもの。面積は藤原京の三倍。

（2）　禅位／先帝があってその位を退き、嗣君が継承することを禅位という。受ける側からは受禅という。

第四十四代　元正天皇

第四十四代元正《げんしょう》天皇は草壁皇子《くさかべのみこ》の娘で、母は元明《げんめい》天皇（1）、文武《もんむ》天皇の同母の姉である。乙卯《きのとう》の年（七一五年）正月に摂政になり、九月に皇位を継承されて、その日に即位。十一月（2）に改元された。平城京におられた。この御代に、百官に笏《しゃく》（3）を持たせることとした［五位以上は牙笏《げしゃく》（象牙）、六位は木笏《もくしゃく》］。

天下《あめのした》を治めなさること九年、譲位の後二十年を過ごされた。六十五歳であられた。

【註】

（1）母は……／元明・元正の二代女帝は、文武天皇の崩御後、聖武天皇が幼少のため、聖武天皇が成人するまでのワンポイント・リリーフであり、学界では〝中継ぎ女帝〟という。

（2）十一月／九月の誤り。和銅を霊亀と改元された。

（3）笏／束帯《そくたい》のとき威儀を正すために用いた細長い板状のもの。

第四十五代　聖武天皇

第四十五代聖武《しょうむ》天皇は文武《もんむ》天皇の太子（皇太子）。母は皇太夫人《こうたいぶにん》(1)の藤原宮子《みやこ》といい、淡海公不比等《たんかいこうふひと》の大臣の娘である。天皇は幼時に豊桜彦尊《とよさくらひこのみこと》といった。文武天皇がお亡くなりになったとき、まだ幼かったので、元明《げんめい》・元正《げんしょう》天皇がまず皇位に即かれた。聖武天皇は甲子《きのえね》の年（七二四年）に即位し、改元された。平城京におられた。(2)

この御代おおいに仏法を崇めなさったことは先代以上であった。東大寺《とうだいじ》(3)を建立し、金銅十六丈の仏像をお作りになった。また、諸国に国分寺《こくぶんじ》・国分尼寺《にじ》を建て、国土安穏を祈願して、法華経《ほっけきょう》・最勝《さいしょう》経《きょう》を講じられた。

また、この御代に大勢の高僧が外国から来朝した。南天竺《なんてんじく》（インド）の波羅門僧正《ばらもんそうじょう》［菩提《ぼだい》という］、林邑《りんおう》の仏哲《ぶってち》、唐の鑑真和尚《がんじんわじょう》(4)たちである。真言宗の祖師である中天竺《ちゅうてんじく》の善無畏三蔵《ぜんむいさんぞう》も来朝したが、「まだ日本には真言密教を受け入れる機が熟していない」と言って、帰ってしまったという。

わが国でも、行基《ぎょうき》(5)菩薩・朗弁《ろうべん》僧正などは仏が生まれかわった権化の人で、聖武天皇・波羅門僧正・行基・朗弁を「四聖《ししょう》」と申し伝えている。

聖武天皇のとき、大宰少弐《だざいのしょうに》の藤原広継《ひろつぐ》(6)という人［式部卿宇合《うまかい》の子］が謀反を企てているという噂があり、天皇はこれを追討なさった［この事件は玄昉僧正の讒言《ざんげん》によるともいわれている。そのため広継の霊は神となった。これが今の松浦明神《まつらのみょうじん》であるという］。天皇は祈禱のために、天平十二年（七四〇）十月、伊勢神宮に行幸なさった。また、左大臣長屋王《ながやのおう》(7)［太政大臣高市王《たけちのおう》の子、天武天皇の御孫］も謀反の罪によって誅せられた。また、陸奥国《みちのおくのくに》から初めて黄金《おうごん》が献上された(8)。わが国で金が出土したのはこのときが最初である。陸奥国の国守はその賞として三位に叙せられた。これも仏教繁昌の感応であろうといわれている。

天下《あめのした》を治めなさること二十五年、皇位を娘の高野姫《たかのひめ》の皇女（後の孝謙《こうけん》天皇）に譲って、太上天皇となられた。その後、出家されたが、これは天皇の御出家の最初である。昔、天武《てんむ》天皇が皇太子の位を退いて御髪《みぐし》を下ろされたが、それは一時的のことであった。皇后光明子《こうみょうし》(9)も一緒に出家なさった。

聖武天皇は五十六歳であられた。

【註】

（1）皇太夫人／天皇の生母で皇后に次ぐ夫人の地位にあるもの。夫人は後宮の三位以上の女性。

（2）平城京に……／平城京におられたというが、実際には広嗣の乱勃発のとき、天皇は伊勢に行幸し、天平十二年（七四〇）には山背国の恭仁《くに》京に遷都、次いで天平十六年（七四四）には難波京への遷都も決意するが（実現せず）、結局、翌天平十七年に都を平城に戻した。

（3）東大寺／奈良市にある華厳宗の大本山で「南都七大寺」の一つ。行基が勧進し、良弁《ろうべん》によって開山された。本尊の盧舎那仏の開眼供養は天平勝宝四年（七五二）に挙行された。鑑真《がんじん》が来日して戒壇院《かいだんいん》を創設、三大戒壇の中心となった。

（4）鑑真和尚／六八八～七六三年。奈良時代に渡来した唐の僧。日本の律宗《りっしゅう》の開祖。鑑真の来朝は、聖武天皇の譲位後、孝謙天皇の六年（七五四）のことである。

（5）行基／奈良時代の僧で、百済系の渡来人の裔といわれる。法相宗を学び、諸国を巡って布教しながら、道路や寺院の建設に尽力した。日本で最初に「大僧正」の位を授けられた。

（6）藤原広継／親房は「広継」と記すが「広嗣」の誤り。天平十年（七三八）、藤原宇合の長男・広嗣は大和守から大宰少弐に左遷され、大宰府に赴任した。広嗣は強い不満を抱いた。天平十二年（七四〇）八月二十九日、広嗣は政治を批判し、弟の綱手《つなて》とともに一万余の兵力を率いて反乱を起こした。しかし、追討軍に敗走し、肥前国松浦郡で捕らえられ処刑された。

（7）長屋王／天武天皇の孫。神亀元年（七二四）、聖武天皇即位とともに左大臣に進み、藤原氏に対抗する勢力として、政界を主導するとともに、有力な皇位継承候補者でもあったとみられる。神亀六年（七二九）、謀叛の疑いがあると密告され、妻子とともに自害に追い込まれた。昭和六十三年（一九八八）、奈良市の百貨店敷地から長屋王邸跡が発掘され、約四万点の木簡《もっかん》が出土し、奈良時代史に厖大な知見をもたらした。

（8）黄金が献上された／『続日本紀』天平勝宝元年（七四九）四月甲午《きのえうま》朔条の宣命《せんみょう》に、東方陸奥国守で従五位上の百済王敬福《きょうふく》が、「小田郡から黄金がでました」と奏して献上したという記事がある。大伴家持《おおとものやかもち》は「天皇《すめろぎ》の御代栄《みよさか》えむと東《あずま》なる　陸奥《みちのく》山に金《くがね》花咲く」と詠み、年号は「天平感宝」と改元された。産地は牡鹿《おじか》半島の〝金華山〟という。

(9) 光明子/聖武天皇の皇后。大宝元年(七〇一)生まれ。藤原不比等の娘で、名は安宿媛《あすかべひめ》。天平元年(七二九)、臣下から初めて皇后となった。仏教に帰依し、施薬院《せやくいん》・悲田院《ひでんいん》などをつくり病人や孤児の救済に尽力したという伝承がある。天平宝字四年(七六〇)死去。

第四十六代 孝謙天皇

第四十六代孝謙《こうけん》天皇は聖《しょう》武《む》天皇の娘である。母は皇后光明子《こうみょうし》といい、淡海公不比等《たんかいこうふひと》の大臣の娘である。聖武天皇の皇子安《あ》積《さかのしんのう》親王が早く亡くなり、そのあと男子がおられなかったので、この皇女が即位された。己丑《つちのとうし》の年(七四九年)に即位し、改元された。平城宮におられた。

天下《あめのした》を治めなさること十年。大炊王《おおいのみこ》(淳仁《じゅんにん》天皇)を迎えて皇太子とし、皇位をこの王に譲って太上天皇となられた。出家して、平城宮の西宮《にしのみや》におられた。

第四十七代 淡路廃帝(淳仁天皇)

第四十七代淡路廃帝《あわじのはいてい》(1)は一品舎人親王《いっぽんとねりしんのう》の子である。天武《てんむ》天皇の孫で、母は上総介当麻老《かずさのすけたぎまのおきな》の娘である。舎人親王は皇子たちのなかでも才能があったからか、知太政官事《ちだいじょうかんじ》という太政大臣に準ずる官を授けられて政務を補佐なさった。『日本書紀』もこの親王が勅を受けて撰進なさったのである。後に追号があって尽敬《じんけい》天皇(2)と申した。

孝謙《こうけん》天皇には子がおられず、また兄弟もなかったので、この廃帝を御子として皇位をお譲りになったが、年号などは改められず、孝謙天皇のときのままだったようである。戊戌《つちのえいぬ》の年（七五八年）に即位された。

天下《あめのした》を治めなさること六年、事情があって淡路国に配流された(3)。三十三歳であられた。

【註】

（1）淡路廃帝／「廃帝」とはいうが、中世以降の皇代記の類はすべて天皇の代数に入れている。したがって、大友皇子や九条《くじょう》廃帝（仲恭《ちゅうきょう》天皇）と異なって、天皇として扱われていた。明治三年（一八七二）、淳仁天皇と追諡された。

（2）尽敬天皇／『続日本紀』天平宝字三年六月庚戌《かのえいぬ》条の詔に、「今より以後、舎人親王を追皇《たたえまつ》りて崇道尽敬《すどうじんけい》皇帝と称す」とある。

（3）淡路国に……／淳仁天皇は、重用した藤原仲麻呂《なかまろ》（恵美押勝《えみのおしかつ》）の長男真従《まより》の妻であった粟田諸姉《あわだのもろね》を妃とした。後述のように、道鏡《どうきょう》の台頭で天皇が孝謙上皇を諫め、怒った上皇が、「常祀と小事」以外の大事と賞罰は自ら行うと宣言し、淳仁天皇の大権は大幅に削られた。のち仲麻呂による道鏡の排斥計画（いわゆる、恵美押勝の乱）が失敗に終わると、孝謙上皇に実権を全くうばわれ、廃位とされ淡路に流された。のち脱走を計るが捕らえられ、天平神護元年（七六五）に崩御。

第四十八代　称徳天皇

恵美押勝の乱

第四十八代称徳《しょうとく》天皇は孝謙《こうけん》天皇が重祚《ちょうそ》された天皇である。庚戌《かのえいぬ》（正しくは乙巳《きのとみ》）の年（七六五年）正月一日に再び即位し、同月の七日に改元された。

称徳天皇は、重祚の前から藤原武智麿《むちまろ》大臣の第二子押勝《おしかつ》を秘かに愛された。押勝は大師《たいし》［当時、太政大臣を中国風に改めて大師といった］で正一位《しょういちい》になった。そして、称徳天皇は押勝をご覧になると笑《え》みが浮かんでくるといって、「藤原」の下に二字をつけ加えて、藤原恵美《えみ》という姓を賜り、天下の政治をことごとくお任せになってしまった。

その後、道鏡《どうきょう》という法師［弓削《ゆげ》氏の一族である］をまた寵愛なさったので、押勝は怒って[1]、淡路《あわじの》廃帝《はいてい》（淳仁《じゅんにん》天皇）をそそのかして上皇（称徳天皇）の御殿を攻めようとしたが、露顕して押勝は誅され、[2]帝も淡路に流された。こうして上皇が再び皇位に即かれたのである。

すでにご出家なさっていたので、尼のままで皇位に即かれたのだが、これはまことに異常なことである。


【註】
（1）押勝は怒って……／天平宝字八年（七六四）九月、押勝は自ら「都督四畿内三関近江丹波播磨等国兵事使」の官に任ずるが、兵士の数を改竄しているとの密告が相次ぎ、上皇は天皇から鈴印を取り上げようとし、ついに合戦になった。
（2）押勝は誅され／近江国高島郡の湖上で捕えられた。

道鏡の専横政治と野望

唐の則天皇后（武后）は、太宗の女御で、才人という官だったが、太宗が亡くなると出家して感《かん》業寺《ぎょうじ》という寺にいた。これを高宗がご覧になって還俗《げんぞく》させ、自分の皇后としたのである。これを諌める人も多かったが、高宗は聞き入れなかった。

高宗が亡くなり中宗が即位したが、それを退位させ睿宗《えいそう》をたてた。しかし、それをまた退位させて、ついに則天皇后自らが帝位に即き、国を大周と改めた。唐という名をなくそうと思ったのだろうか。

中宗・睿宗も自分で生んだ子ではあるが、帝位から退けて諸王とし、自分の一族である武氏《ぶし》の輩《ともがら》を登用して国を伝えようとさえした。そのとき、僧侶や宦者《かんじゃ》（宦官《かんがん》）を多く寵愛したので、世の非難を浴びることが多かった。

道鏡も、はじめは大臣に準じて［日本の准大臣の初めらしい］大臣禅師《だいじんぜんじ》といっていたが、やがて太政大臣になった。これ以後、次々と納言・参議などにも僧侶を任じた。道鏡は世の中を自分の意のままにしたので、争う人はなかった。大臣吉備真備《きびのまきび》(1)や左中弁《さちゅうべん》藤原百川《ももかわ》らもいたが、力は及ばなかったのである。

僧侶が官職につくことは中国で始まり、僧正《そうじょう》・僧統《そうとう》（ともに僧尼を監督する役）などといったが、それさえ出家僧としては望ましいことではない。まして世俗の官職に就くべきではない。

しかし、中国でも(2)南朝の宋の世に、恵琳《えりん》という僧が政治に加わったのを黒衣宰相《こくいのさいしょう》といった［しかし、これは正規の官に任じたとは記録されていない］。梁の世に恵超《えちょう》という僧が学士という官になり、北朝の魏の明元帝《めいげんてい》の世、法果《ほうか》という僧が安城公《あんじょうこう》という爵位を賜わった。

さらに、唐の世になると、こういう例はたくさん伝えられている。たとえば粛宗《しゅくそう》のときに道平《どうへい》という人が、皇帝と心を合わせて安禄山《あんろくざん》の乱を平定された功によって、金吾《きんご》将軍に任命された。代宗《だいそう》の時代、天竺の不空三蔵《ふくうさんぞう》を尊敬なさったあまり、これに特進試鴻臚卿《とくしんしこうろけい》の官を授けられ、のちに開府儀同《かいふぎどう》三司《さんし》粛国公《しゅっこくこう》とした。そして帰寂《きじゃく》(3)後、司空《しこう》［大臣の位］を贈られた。

則天の世からこの称徳女帝の御代まで六十年ほど隔たっているようだが、中国と日本は、よく似ているようである。

天下《あめのした》を治めなさること五年、五十七歳であられた。

【註】

（1）大臣吉備真備／真備は、押勝の乱のとき、造東大寺司長官として活躍し、大功ありとして、乱後、地方豪族出身としては異例の右大臣に昇った。

（2）中国でも……／以下、恵琳から三蔵まで、鎌倉末期成立の『仏祖統記《ぶっそとうき》』の伝える説。

（3）帰寂／煩悩を脱し、生死の悩みを絶った境地になること。

和気清麻呂の活躍

天武天皇・聖武天皇は国のために多くの功業を残し、仏教をも広められたが、皇胤がいらっしゃらなかった。この女帝で絶えなさった。女帝がお亡くなりになると、道鏡は下野《しもつけ》の国分寺(1)の講師《こうじ》という僧官におとされて流された。

道鏡は法王の位を授けられたのになお満足せず、皇位に即きたいという野心をもっていた。称徳女帝もさすがに思い煩いなさって、和気清麻呂《わけのきよまろ》という人を勅使として宇佐《うさ》八幡宮に遣わし(2)、このことを申された。宇佐では大菩薩のさまざまの託宣(3)があって、道鏡のことを許されなかった。清麻呂は帰京してこれをありのままに奏聞《そうもん》した。道鏡は怒って、清麻呂の「よぼろ筋」（膝の後ろのくぼんだ所の筋）を切って、土佐国へ(4)流してしまった。清麻呂は憂い悲しんで、大菩薩にうらみごとを申しあげたところ、小蛇が出てきてその傷を癒した。

光仁《こうにん》天皇が即位されるとすぐに、清麻呂は都に呼びもどされた。清麻呂は神威を尊び申しあげ、河内国に神願寺《じんがんじ》という寺を建てた。その後、この寺は高雄《たかお》に移し建てた。今の神護寺《じんごじ》である。このころまでは、神威もこのように明らかだったのである。こうして道鏡の野望は遂げられなかった。女帝もまもなくお亡くなりになった。

宗廟社稷《そうびょうしゃしょく》(5)を安泰に保つことができたのは、八幡大菩薩の冥慮であり、皇統を定めることができたのは、藤原百川朝臣の功績(6)である。

【註】

（1）道鏡は下野の国分寺……／正しくは、下野薬師寺《やくしじ》の別当。

（2）宇佐八幡宮に遣わし……／『続日本紀』の伝えるところは、大宰府が「道鏡即位せば、天下太平」の神託を奏し、女帝は清麻呂にそれを確かめさせたのである。

（3）託宣／「天日嗣は必ず皇緒を立てよ」との託宣。

（4）土佐国へ……／『続日本紀』神護景雲三年九月己丑《つちのとうし》条に、「ここにおいて道鏡大に怒り、清麻呂が本官を解きて、出して因幡員外介となす。いまだ任所に之《ゆ》かず。尋《つい》で詔有りて、除名し、大隅に配す」とある。本文の「土佐」は間違い。
（5）宗廟社稷／「宗廟」は天皇の先祖の御霊を安置した社のこと。「社」は土地の神。「稷」は五穀の神。転じて、ここでは国家の意味。
（6）功績／秘かに清麻呂を援助したと伝えられる。のち、山部親王《やまべのしんのう》（桓武《かんむ》天皇）の嗣立にもかかわったという。

第四十九代・第二十七世　光仁天皇

第四十九代・第二十七世光仁《こうにん》天皇は施基皇子《しきのみこ》の子で、天智《てんち》天皇の孫である［皇子は第三の子で、後に追号されて田原天皇と申しあげた］。母は贈皇太后(1)紀諸子《きのもろこ》といい、贈太政大臣諸人《もろひと》の娘である。この天皇は白壁王《しらかべのみこ》と申した。天平年間（七二九〜七四九）、御年二十九歳で従四位下《じゅしいのげ》に叙され、しだいに昇進して正三位《しょうさんみ》勲二等大納言(2)になられた。

称徳《しょうとく》天皇が崩御されたので、大臣以下の人々で、皇胤のなかから適当な方をお選びした。それぞれの意見が分かれたが、参議藤原百川《ももかわ》という人が、この天皇を即位させようという志を示し、計略(3)をめぐらして、白壁王を天皇に決められた(4)。

天武天皇が世を治められて以来、争う人はいなかった。しかし、天智天皇は天武天皇の兄として先に皇位にお即きになり、それに先立って逆臣を討って国家を安泰になさった。その孫である光仁天皇が皇位を継承なさるのは、むしろ正統に戻る謂れがあったというべきである。まず皇太子に立ち、受《じゅ》禅《ぜん》(5)された［御年六十二歳］。この年は庚戌年《かのえいぬ》（七七〇年）であった。十月に即位し、十一月に改元された。平城宮におられた。

天下《あめのした》を治めなさること十二年、七十三歳であられた。

【註】

（1）贈皇太后／天皇の生母に死後贈られる尊号。

（2）正三位勲二等大納言／即位は六十二歳という、異例の高齢であった。長屋王以下、奈良朝の諸反乱で、横死する皇族が多く、白壁王は叛臣の擁立を逃れるため、朝から酒を嗜《たしな》み、〝アル中〟を装って難を逃れたという。

（3）計略／右大臣・吉備真備らが推す大市王《おおちのみこ》に対抗して、藤原百川が、一族の藤原良継《よしつぐ》・藤原永手《ながて》らと謀って、（称徳女帝の）偽の遺勅をつくり白壁王を皇太子にしたこと。道鏡一派の策謀を封ずるため、早急に白壁王の立太子が必要であったという。

（4）白壁王を天皇に……／ここでは、百川が光仁天皇擁立の主導者となっているが、実際は左大臣の藤原永手が良継・百川と組んで擁立を謀ったのであろう。

（5）受禅／皇位を譲りうけること。

第五十代・第二十八世　桓武天皇

早良親王幽閉事件

第五十代。第二十八世桓武《かんむ》天皇は光仁《こうにん》天皇の第一の御子である。母は皇太后高野新笠《こうたいごうたかののにいがさ》(1)といい、贈太政大臣和乙継《やまとのおとつぐ》の娘である。光仁天皇は即位してすぐ井上内親王《いのえないしんのう》［聖武《しょうむ》天皇の御娘］を皇后とした。この皇后の生みなさった沢良《さわら》親王(2)が皇太子にお立ちになった。ところが百川朝臣は、桓武天皇に皇位を継がせようと思い、また計略をめぐらし、皇后および皇太子を廃して、ついに桓武天皇を皇太子に立てられた。

光仁天皇はしばらくこれを許されなかったので、(3)百川は四十日もの間、宮殿の前に立ちつづけて申し上げた。(4)なんと類例のない忠烈の臣であったことか。井上皇后と沢良皇太子は幽閉されて亡くなられた。(5)この二人の怨霊(6)を鎮めるため、後に太子に追号して崇道《すどう》天皇と申しあげた。

【註】

(1) 高野新笠／父は百済系氏族の和乙継、母は土師真妹《はじのまいも》。白壁王（のちの光仁天皇）との間に、山部親王（のちの桓武天皇）・早良《さわら》親王らをもうけた。

(2) 沢良親王／親房の誤り。井上皇后の子は他戸《おさべ》親王で、沢良（早良）親王の母は、高野新笠である。他戸親王は、母親の巫蠱《ふこ》大逆罪に連座して、皇太子を廃された。早良親王は、同母兄の桓武天皇の皇太子であったが、藤原種継《たねつぐ》の暗殺事件に連座して、皇太子を廃され、淡路に流されてしまう。

（3）光仁天皇は……／藤原百川は山部親王（桓武天皇）を推し、藤原浜成《はまなり》は稗田《ひえだ》親王を推したので、議は定まらなかった。

（4）百川は……／『水鏡』の伝える説。

（5）井上皇后と……／井上皇后とともに幽閉されたのは、早良親王ではなく他戸親王である。二人は、宝亀六年（七七五）に死去。大和国宇智郡に幽閉され、同日、母子ともに没したとあるので、謀殺とみられる。

（6）怨霊／桓武天皇の第一皇子である安殿《あて》親王（後の平城《へいぜい》天皇）の発病や、桓武天皇の妃である藤原旅子の病死、桓武天皇の生母の高野新笠の病死、さらに疫病の流行や洪水などが相次いだ。これらの怪異は、早良親王たちの祟《たた》りであるとして、鎮魂のために、延暦十九年（八〇〇）、早良親王は崇道天皇と追称された。怨霊による死没は、長屋王の祟りにあったという僧玄昉《げんぼう》が初見であるが、桓武天皇はことさら怨霊を恐れた。

平安京遷都

桓武天皇は辛酉《かのととり》の年（七八一年）に即位(1)され、壬戌《みずのえいぬ》の年（七八二年）に改元された。はじめは平《へい》城《じょう》宮におられた。のちに山背《やましろ》の長岡(2)に移り、十年ほどここを都としたが、また今の平安《へいあん》城に遷都なさった。山背国も改めて山城《やましろ》ということになった。永久に変わることのない都にしようとの計画であった。

昔、聖徳太子が蜂岡《はちおか》(3)［太秦《うずまさ》である］にお登りになって、今の平安京を眺望し、「ここは四神に相応ずる四つの地相(4)を備えている。百七十余年後にここに移り、その後、変わらぬところとなろう」と言われた、と申し伝えている。その年数も同じで、平安京が数十代変わらぬ都となったことは、まことに王気(5)にふさわしい福徳を生ずる土地なのである。

桓武天皇は大いに仏教を崇拝された。延暦二十三年（八〇四年）、伝教《でんぎょう》(6)（最澄《さいちょう》）・弘法《こうぼう》(7)（空海《くうかい》）の両大師が、勅を承って中国に渡った。このとき、同時に唐の朝廷に使節を派遣された。大使は参議《さんぎ》左大弁《さだいべん》兼越前守《えちぜんのかみ》の藤原葛野麻呂《かどのまろ》朝臣であった。伝教大師は天台宗の道邃《どうすい》和尚に会い、天台の教義を窮めて、同二十四年、大使とともに帰朝された。弘法大師はさらに中国にとどまり、大同年中に帰国なさった。

この御代に、東国の蝦夷が反乱を起こしたので、坂上田村麻呂《さかのうえのたむらまろ》を征東大将軍(8)として派遣し、田村麻呂はこれをことごとく平定して凱旋した。この田村麻呂は武勇にすぐれた人であった。はじめは近衛将監《このえのしょうげん》(9)となり、さらに少将から中将になり、弘仁《こうにん》の御時であろうか、大将になって、大納言を兼任した。文才も備わっていたので、納言という文官《ぶんかん》にも昇ったのであろう。子孫は今も文官としてその流れを伝えている(10)。

天下《あめのした》を治めなさること二十四年、七十歳であられた。

【註】

（1）即位／ここには「即位」とあるが、実は践祚《せんそ》である。この天皇のとき初めて、即位と践酢が切り離され、神器を先帝のところから即座に移動して新帝の登壇に備えるようにした。これによって、権力の空白が回避され、スムースに皇位継承が行われるようになった。

（2）山背の長岡／延暦三年（七八四）に平城京から遷された都。京都府向日市、長岡京市と京都市伏見区・西京区にわたる地域に造営された。藤原種継の首唱によって遷都されたが、翌年種継の暗殺事件が起き、さらに廃太子早良親王の祟りといいわれる事件が相次いだため、平安京に遷都された。

（3）聖徳太子が蜂岡……／成立年代は不明だが、聖徳太子の事績を編年体で記した『聖徳太子伝暦』に記されている。

（4）四つの地相／東の清流（青竜）、西の大道（白虎）、南の湖沼（朱雀）、北の丘陵（玄武）のこと。

（5）王気／王者が出現する兆しのあるところに生じる気。

（6）伝教／日本天台宗の開祖、最澄。神護景雲元年（七六七）、近江国滋賀郡古市郷の生まれ。桓武天皇の信任を得、延暦二十三年、空海らと唐にわたり、天台・密教・禅・戒を学ぶ。弘仁十三年（八二二）死去。俗名は三津首広野《みつのおびとひろの》。

（7）弘法／真言宗の開祖、空海。宝亀五年（七七四）、讃岐国（香川県）多度《たど》郡弘田郷に生まれた。延暦二十三年（八〇四）に入唐し、帰国後、高野山に金剛峰寺《こんごうぶじ》を建立し、東寺《とうじ》（教王護国寺《きょうおうごこくじ》）を真言道場とした。承和二年（八三五）死去。

（8）征東大将軍／征夷大将軍が正しい。

（9）近衛将監／近衛府の判官。行幸の護衛、正月の賭弓《のりゆみ》などを司る。

（10）子孫は今も……／坂上氏は式部省大学寮《しきぶしょうだいがくりょう》の博士（明法《みょうぼう》博士・明経《みょうぎょう》博士）を歴任した。この博士家は院政期頃から世襲となり、中世にいたっても続いた。

第五十一代　平城天皇

第五十一代平城《へいぜい》天皇は桓武《かんむ》天皇の第一の御子(1)である。母は皇太后藤原乙牟漏《おとむろ》といい、贈太政大臣藤原良継《よしつぐ》の娘である。丙戌《ひのえいぬ》の年（八〇六年）に即位し、改元された。平安宮におられた(2)［これ以後、遷都はなかったので、都のことは記さない］。

天下《あめのした》を治めなさること四年、皇位を皇太弟に譲って、太上天皇と申した。平城の旧都に帰ってお住まいになった。尚侍《ないしのかみ》(3)であった藤原薬子《くすこ》(4)を寵愛なさっていたので、その弟（兄の誤り）参議右兵衛督《うひょうえのかみ》の藤原仲成《なかなり》らが上皇に（平城遷都を）進め申しあげて、逆乱を起こした。

嵯峨《さが》天皇は坂上田村麻呂を大将軍としてこれを追討し、平城上皇側の仲成らの軍が敗れ、上皇は出家なされた(5)。その子で皇太子であった高岡親王《たかおかのしんのう》も廃され、同じく出家して弘法大師の弟子となった。真如親王《しんにょしんのう》(6)というのはこの方である。薬子・仲成ら(7)も誅殺された。

上皇は五十一歳まで存命であった。

【註】

（1）第一の御子／実は兄に伊予《いよ》親王（母、藤原吉子）がいたので、第一子ではない。伊予親王は母とともに謀反を疑われ、母子ともに自害した。

（2）平安宮におられた／後述のように、譲位後、平城京に還都《かんと》しようとして、嵯峨天皇と対立し、争乱が起こった。

（3）尚侍／内侍司の長官。内侍司とは、律令制の後宮十二司の一つで、天皇に近して、奏請《そうせい》（天皇・上皇に報告・上奏を行うこと）・伝宣《でんせん》（天皇や上皇の勅旨を伝達すること）を主な役目としていた。職員は女性で、尚侍・典侍《ないしのすけ》・掌侍《ないしのじょう》・女嬬《にょじゅ》などがある。

（4）藤原薬子／藤原種継の娘。藤原縄主《ただぬし》の妻。娘が安殿《あて》親王（のち平城天皇）の妃となると、みずからも出仕。嵯峨天皇の即位後、大同五年（八一〇）、兄仲成とともに平城京への還都をはかるが失敗する。これを一般に「薬子の変」と称する。

（5）上皇は出家なされた／乱を起こした平城上皇であるが、奈良で出家して許され、太上天皇としての地位を全うした。これを〝敗者出家制〟という学者もある。敗者出家制は、以後、皇位継承争いにおいて、皇族が誅殺されることがなくなり、日本の政治を温和化させる絶大な効用があった。敗者出家制は、ビザンツ帝国でもみられた。

（6）真如親王／真如親王は天竺行きを企て、インドシナ半島のラオス付近で死去したという。

（7）薬子・仲成ら／仲成は射殺されたが、薬子は毒を仰いで自殺した。

第五十二代・第二十九世　嵯峨天皇

桓武天皇に寵愛された皇太子

第五十二代・第二十九世嵯峨《さが》天皇は桓武《かんむ》天皇の第二の御子で、平城《へいぜい》天皇の同母弟である。皇太弟にお立ちになっていたが、己丑《つちのとうし》の年（八〇九年）即位、庚寅《かのえとら》の年（八一〇）に改元された。嵯峨天皇は幼少のころから聡明で、読書を好み、諸芸を習われた。また、謙譲の度量を備えていらっしゃった。桓武天皇も限りなく厚く寵愛なさった。儲君《もうけのきみ》（皇太子）にお立ちになったのも、父桓武天皇が皇位継承のために、後事を託して御遺言なさったからである。

格式《きゃくしき》(1)（弘仁格・弘仁式）などもこの御代に撰進作業が始められた。天皇はまた仏教を深く尊崇なさった。昔、美濃国《みののくに》の神野《かんの》というところに、すぐれた僧がいた。橘太后《きったいこう》(2)の祖先が、この僧が厚くお仕えしたのに感じて、二人そろって、今の世に再誕されたとのことである。この天皇の諱《いみな》を神野と申すのも、自然の理にかなっている。

【註】

（1）格式／律令を改訂・補足する古代の法律。「格」は律令の規定を部分的に修正した単行法令、式は律令および格の施行細則。平安時代に編纂された、弘仁格式、貞観格式、延喜格式を「三代格式」という。多くは太政官符の形で伝えられ、『類聚三代格《るいじゅうさんだいきゃく》』の名で「国史大系」に収められている。

（2）橘太后／嵯峨天皇夫人の 橘《たちばなの》 嘉智子《かちこ》のこと。檀林皇后《だんりんこうごう》と呼ばれた。

伝教大師と弘法大師

伝教《でんぎょう》［御名最澄《さいちょう》］・弘法《こうぼう》［御名空海《くうかい》］の両大師が唐から伝えた天台《てんだい》・真言《しんごん》宗もこの御代から広まった。両大師は常人ではなく仏が再誕された聖身である。

伝教大師は入唐以前から比叡山を開山して修行したが、今の根本中堂《こんぽんちゅうどう》の土地を地ならししたとき、八つの舌（山型）のある鍵が地下から出てきたので、これを唐まで持って行った。天台山(1)に上り、智《ち》者大師《しゃだいし》(2)［天台宗の四代の祖、天台大師ともいう］六代の正統道邃《どうすい》和尚にお目にかかって天台宗を学んだ。あるとき、天台山で智者大師が亡くなって以来、鍵がなくなって開かない一つの蔵があった。ためしにこの鍵を使ってみると滞ることなく蔵が開いた。天台山の僧侶たちは一人残らず伝教大師に深く帰依《きえ》した。こうしてこの宗の奥義は残らず伝教に伝えられたという。

その後、慈覚《じかく》大師(3)・智証《ちしょう》大師(4)もまた入唐し、天台・真言の奥義をきわめて、比叡山に広められたので、この「門風《もんふう》」（宗の教え）はますます盛んになり、天下に流布した。

唐国が乱れて多くの経典がなくなった。(5) 道邃和尚から四代後(6)にあたる義寂《ぎじゃく》という人までは、観心《かんじん》(7)ばかりを行い、経典による宗義を明らかにすることは途絶えてしまったらしい。呉越国《ごえつこく》の忠懿王《ちゅういおう》［姓は銭《せん》、名は鏐《りゅう》、唐の末頃から東南の呉越を領有し、辺境の王であった］は天台宗の衰えるのを嘆いて、使者十人を日本に送って経典を求めさせた。彼らは教典をすべて写して持ち帰った。義寂大師はこれを研究して天台宗を再興した。中国では五代のうちの後唐の末の頃であるから、日本では朱雀《すざく》天皇の頃にあたる。日本から返し渡した宗派だから、日本の天台宗が帰って本となったのである。

伝教大師が天台宗の秘密・奥義を日本に伝えられたことも(8)［唐の台州《たいしゅう》刺史《しし》陸淳《りくじゅん》の『印記《いんき》』の文に見える］、この宗の論疏《ろんしょ》（論は教義の綱要書、疏は経典の解釈）をすべて写して持ち帰ったことも［釈《しゃく》志磐《しばん》の『仏祖統紀《ぶっそとうき》』に見える］、みな中国の本に書かれている。

弘法大師にはその母が大師を懐胎したとき、夢の中で、天竺の僧が来て宿を借りたという話がある。また、大師は宝亀《ほうき》五年（七七四）甲寅《きのえとら》六月十五日に生まれたが、この日は唐の大暦《たいれき》九年六月十五日にあたり、この日、不空三蔵《ふくうさんぞう》(9)が入滅した。そこで、大師は不空三蔵の生まれかわりだといわれたのである。

また、恵果《けいか》和尚という人のお告げ(10)で「私とあなたには久しい契約がある。誓ってともに密蔵《みつぞう》（真言密教の教義・経典・教え）を広めよう」といわれたというのもそのためであろう。唐に渡ったときにも、大師は五筆の芸[11]を披歴するなど、さまざまな神異[12]があったので、唐の君主順宗《じゅんそう》皇帝も大師をとりわけ仰ぎ信じられたという。

この恵果和尚［真言の第六祖、不空三蔵の弟子］には、六人の附法《ふほう》（教えを授け伝えた弟子）がいた。剣南《けんなん》の惟上《ゆいしょう》・河北《かほく》の義円《ぎえん》［金剛一界《こんごういっかい》を伝えた］、新羅《しらぎ》の恵日《えにち》・訶陵《かりょう》の弁弘《べんこう》［胎蔵一界《たいぞういっかい》を伝えた］、青《せい》竜《りょう》の義明《ぎめい》・日本の空海［両部を伝えた］である。

義明は唐で灌頂《かんじょう》[13]の師となるはずの人だったが、早世した。弘法大師は六人のなかでも瀉瓶《しゃびょう》[14]である［恵果和尚の俗弟子呉殷《ごいん》の纂《さん》の詞《ことば》にそう書かれている］。だから真言宗の正統の流れというべきだろう。このこともまた中国の書に書かれている。

伝教大師も不空三蔵の弟子順暁《じゅんぎょう》に会って真言を伝えられたが、唐にわずかしか滞在できなかったので、深く学べなかった[15]のだろう。帰朝してから[16]弘法大師にも教えを受けたが、この系統は今は絶えてしまった。

慈覚・智証大師は恵果和尚の弟子義操《ぎそう》・法潤《ほうじゅん》の弟子といわれる法全《はっせん》に会って真言を伝えられたのである。

【註】

（1）天台山／中国浙江《せっこう》省東部の天台県霊山。伝教大師が修業したのは国清寺《こくせいじ》。

（2）智者大師／隋の煬帝に菩薩戒《ぼさつかい》を授け智者大師の号を贈られた。その法統は、智者―灌頂―智威―慧威―玄朗―湛然―道邃となる。

（3）慈覚大師／平安前期の天台宗の僧、円仁《えんにん》。延暦十三年（七九四）、下野に生まれた。十五歳で最澄の弟子となり、入唐し五台山等で学び、帰朝後、延暦寺三世座主《ざす》に任じられ、天台宗山門派の祖となった。貞観六年（八六四）死去。

（4）智証大師／延暦寺五代座主、寺門派《じもんは》の祖、円珍《えんちん》。弘仁五年（八一四）、讃岐国那珂《なか》郡に生まれる。寛平三年（八九一）死去。

（5）多くの経典が……／これは戦乱によるものではなく、九世紀中ごろに起こった武宗《ぶそう》による仏教弾圧（会昌《かいしょう》の廃仏《はいぶつ》）が原因である。のち十世紀半ば、後周の世宗《せいそう》も廃仏を実施した。会昌の廃仏は慈覚大師の『入唐求法巡礼行記』に詳しい。

（6）四代／『仏祖統記』によれば、五代が正しい。

（7）観心／自己の心を観察すること。天台宗の宗義の研鑽において重視される。

（8）天台宗の秘密・奥義……／最澄の伝えた天台は、密教の儀軌《ぎき》を欠き、天台の密教化（台密《たいみつ》）は円仁の入唐により初めて真言密教に対抗しうるものとなった。この箇所、親房の表現は不正確。

（9）不空三蔵／七〇五～七七四年。密教を唐に定着させた高僧、訳経僧《やっきょうそう》の不空金剛のこと。真言宗では三蔵法師の一人であることから「不空三蔵」と尊称する。

（10）恵果和尚……／『弘法大師御伝』巻上に記載される。

（11）五筆の芸／口に一筆、左右の手足おのおのに一筆と一度に五行の書を書いた能筆の技。

（12）神異／『水鏡』『古今著聞集』に記載される。しかし、中国側の史料に、順宗《じゅんそう》が空海と面謁した記録なく、事実ではなかろう。

(13) 灌頂／法水を受者の頭頂に灌《そそ》ぎ附法とする儀。
(14) 瀉瓶／真言の法義すべてをもっとも完全なかたちで相承された人。
(15) 深く学べなかった／最澄は短期留学生で、在唐八ヶ月の短さであった。
(16) 帰朝してから／最澄は帰国後、密教の重要さを悟り、空海に師事して金剛・胎蔵両界の灌頂を受けた。

わが国の仏教諸流（一）――真言・天台の二宗

本朝（日本）に流布した宗派は七つある。そのなかでも真言・天台の二宗においては、宗門の祖である弘法・伝教大師の「意」（善巧の意思）は、もっぱら鎮護国家のためというところにあった。比叡山［比叡という言葉は、桓武天皇と伝教大師が心を一つにして興隆なされたので、名づけられたと叡山の僧たちはいっている。しかし、『旧事本紀《くじほんぎ》』に比叡の神のことが書かれている」(1)では顕教の天台と密教の真言が並んで、先人の業を受け継ぎ盛んになっていた。ことにここは天皇が本命星(2)を祭り、国家鎮護を祈られる道場を建てたところである［これは密教の義に基づく］。

また、根本中堂を止観院《しかんいん》というが、これは法華経に基づき、天台宗義によるものであって、そこには鎮護国家という深い意味が含まれている。

東寺《とうじ》は桓武天皇が平安京に遷都したとき、皇城鎮護のために建てられた寺であるが、弘仁のとき、弘法大師に賜わって長く真言の寺としている。ここは諸宗の雑住を許さない地で、この宗を神通乗《じんつうじょう》（如来の神通力が説く奥深い教法）という。たしかに如来果上《かしょう》の法門であって、諸教にまさる深奥の教えである。

特にわが国は神代からの建国の由来が、この宗の説くところとよく符合している。そのためか、唐に流布したのはしばらくの間だけで、あとは日本に留まって広まった。この点で、真言を相応の宗（日本にふさわしい宗教）というのももっともなことである。わが国では唐の内道場《ないどうじょう》に倣って、宮中に真言院《ごんいん》(3)を建てた［場所は、もとは勘解由使《かげゆし》の庁である］。

弘法大師の奏聞によって、毎年正月(4)、ここで御修法《みしほ》（密教の法会）が行われる。国土安穏の祈禱と五穀豊穣の秘法である。また十八日の観音供《かんのんく》（観音供養）、毎月晦日《つごもり》に行う御念誦《みねんじゅ》（経典読誦する法会）も、流派によってそれぞれ深い意味づけをもつ。

三流の密教（延暦寺・園城寺《おんじょうじ》の台密二流と東寺の真言）のどれが主であるというわけではないが、真言宗を諸宗のなかで第一とするのも、主として東寺によるのである。延喜の御代（醍醐《だいご》天皇）に、綱所《しょ》(5)の印鎰《いんやく》（所印と鍵）を東寺の一阿闍梨《いちのあじゃり》(6)に預けられた。したがって、東寺が法務のことをすべて行い、諸宗の第一に置かれたのである。

山門（延暦寺）と寺門（園城寺）は天台宗を主としているためか、顕教と密教を兼ねているが、その宗の長《おさ》は天台座主《てんだいざす》という。

嵯峨《さが》天皇は、諸宗派をいずれも振興させられた。なかでも伝教・弘法大師への御帰依は深かった。伝教大師が初めて大乗《だいじょう》の円頓戒《えんどんかい》(7)を授ける戒壇《かいだん》を建てたいと天皇に奏請したとき、奈良の諸宗は意見書を奉って争い申したが、ついに戒壇の建立が許され、(8)四つの戒壇(9)ができた。弘法大師は天皇と師弟の約束を結んでいたので、重んじられた。

【註】

(1)『旧事本紀』……『先代旧事本紀』地祇本紀に、「次に大山上咋神《おおやまかみくいのかみ》、この神は近淡海比叡山に坐ます」とある。

(2)本命星／北斗七星のうちその人の生年にあたる星。

(3)真言院／皇居の西に立てられた禁中の修法道場。

(4)毎年正月……／正月元旦から七日までは、宮中で神事のみを行い、八日から真言の法会を行う。これを、「後七日御修会《ごしちにちみしほ》」という。禁中で最重要の仏式。

(5)綱所／僧正・僧都・律師の事務を司る役所。

(6)一阿闍梨／阿闍梨の筆頭者。阿闍梨は天台・真言僧の学位。

(7)円頓戒／天台宗で主張された大乗戒。天台宗の究極の教え。

(8)建立が許され／最澄没後七日目のことである。

(9)四つの戒壇／他の戒壇は、東大寺・下野薬師寺・筑紫観世音寺《かんぜおんじ》で、いずれも小乗《しょうじょう》戒壇。

わが国の仏教諸流（二）――華厳・三論・法相宗

この二宗（真言・天台）のほか、華厳《けごん》・三論《さんろん》は東大寺で弘まった。

華厳宗は唐の杜順和尚《とじゅんかしょう》から盛んになったのを、日本の朗弁僧正《ろうべんそうじょう》が学び伝えて東大寺で盛んになった。東大寺は華厳宗によって建てられたからなのだろうか、大華厳寺という名がある。

三論は東晋《とうしん》と同じ頃、後秦《こうしん》という国に羅什三蔵《らじゅうさんぞう》(1)（鳩摩羅什《くまらじゅう》）という師が出て、この宗派を開いて世に伝えた。孝徳《こうとく》天皇の御代(2)に高麗の僧恵灌《えかん》が来朝して、これを伝え始めた。したがって、仏教諸宗のなかで最も早く広まった教えのようである。その後、道慈律師《どうじりっし》が経論を請い受けて持ち帰り、大安寺《だいあんじ》でこれを弘めた。今は華厳宗とともに東大寺に伝わっている。

法相宗《ほっそうしゅう》は興福寺に伝わっている。唐の玄奘三蔵《げんじょうさんぞう》が天竺から伝えてこれを中国に弘められた。後に日本の定恵和尚《じょうえわじょう》［大織冠藤原鎌足の子］が唐に渡って玄奘の弟子となったが、帰国後からまもなく亡くなってしまった。

今の法相宗は、玄昉《げんぼう》僧正という人が入唐して淄州《ししゅう》の智周大師《ちしゅうだいし》［玄奘二世の弟子］に会って、これをわが国に伝え流布したという。春日の神も、とりわけこの法相宗を擁護されるということだ。

この三宗（華厳・三論・法相）に天台宗を合わせて「四家《しけ》の大乗《だいじょう》」(3)という。倶舎《くしゃ》・成実《じょうじつ》(4)などというのは小乗仏教である。小乗の教えも、道慈律師によって伝え広められたが、依学《えがく》(5)の宗であったので、別に一宗派を立てることはなかった。わが国は仏教がよく練熟（和らぎ栄える）した国だからだろうか、小乗仏教を学ぶ人はいない。

【註】

（1）羅什三蔵／三四四〜四一三年。西域亀慈《きじ》国の出身。中国の仏典翻訳僧。国師として長安《ちょうあん》に迎えられ、訳経に従事する。漢訳仏典はこの人に始まる。彼が漢訳した経典は、『法華経』『阿弥陀経』など三十五部三百巻に及ぶ。

（2）孝徳天皇の御代……／『日本書紀』推古天皇三十三年正月戊《つちのえとら》寅条に、「高麗の王、僧恵灌を貢る。しかりて僧正に任ず」とある。本文の「孝徳天皇」は誤り。

（3）四家の大乗／顕教の四宗派。真言宗は、密教ということで除かれた。

（4）倶舎・成実／奈良時代に平城京を中心に栄えた「南都六宗」の一つ。

（5）依学の宗／信心して修行するのではなく、学問を主とする宗派。

わが国の仏教諸流（三）――律宗

また律宗は、大乗、小乗いずれにも通じる宗である。鑑真和尚《がんじんわじょう》が来朝してこれを広められて以来、東大寺、下野の薬師寺、筑紫の観音寺に戒壇を建てて、この戒を受けない者は僧籍につらなることができないことになった。

中古以来、その名ばかりで戒体《かいたい》(1)を守ることが絶えてしまったのを、南都（奈良）の思円上人《しえんしょうにん》らが章疏《しょうしょ》（仏典の注釈書）を読み究め戒師《かいし》(2)となった。北京（京都）では我禅《がぜん》上人が入宋して、律法を受け伝え、これを広めた。南北の律宗が再興し、この宗に入る人々は、その威儀を身につけることが、昔のように盛んになった。

【註】

（1）戒体／戒を受けることによって備わる、悪を防ぎ止め善を行う力。

（2）戒師／出家を望む者に、戒法を授ける法師。

わが国の仏教諸流（四）――禅宗

禅宗は仏心宗《ぶっしんしゅう》ともいう。仏の教外別伝《きょうげべつでん》(1)の宗ということである。梁の代に天竺の達磨大師《だるまだいし》が中国に来てこれを広めたが、武帝はこれに心を寄せず、機縁がなかった。そこで達磨は長江《ちょうこう》を渡って北朝に行き、嵩山《すうざん》というところにとどまり、壁に向かって座り年を送られた（面壁九年の修行）。

後に恵可《えか》がこれを受け継いだ。恵可以後、四世の弘忍禅師《くにんぜんじ》という僧のとき、宗を継承するものが南北に分かれた。北宗の流れを伝教・慈覚が伝えて帰朝した。安然和尚《あんねんかしょう》［慈覚の孫弟子］が『教時諍《きょうじそう》論《ろん》』という書で、教理の深浅について判じたが、真言・仏心・天台と並べている。しかし、これを受け伝える人がなくて絶えてしまった。

近代（鎌倉時代）になって南宗の流れが多く伝わってきた。中国では南宗の下に五家(2)があり、その一つである臨済宗がまた二派（楊岐《ようぎ》派《は》・黄竜《おうりょう》派《は》）に分かれて五家《ごけ》七宗《しちしゅう》という。わが国では栄西《ようさい》僧正が黄竜の流れをくんで伝来させたあと、さらに聖一《しょういち》上人（円爾弁円《えんにべんえん》）が石霜《しきそう》の門下虎丘《くきゅう》の流れを無《む》準《じゅん》から受けている。禅宗の広まったのはこの両師のときからである。

これに続いて、中国から僧が多く来朝し(3)、わが国からも中国に渡って教えをわが国へ伝えたので、多くの禅宗諸派が流布した。五家七宗というけれども、それ以前の顕教（真言宗以外の諸宗）と密教（真言宗）、権教《ごんきょう》（法相宗・三論宗）と実教（華厳宗・天台宗）の違いと比べれば、禅宗諸派の違いは大きくない。いずれも直指人心《じきしにんしん》、見性成仏《けんしょうじょうぶつ》(4)の教理は同じである。

【註】

（1）教外別伝の宗／仏が言葉や文字によってではなく、仏心をもって直接心に伝える教え。

（2）五家／臨済宗・潙仰宗《いぎょうしゅう》・曹洞宗・雲門宗《うんもんしゅう》・法眼宗《ほうげんしゅう》のこと。

（3）中国から僧が……／日本中国間に「元寇《げんこう》」という大事件があり、その以前では、来朝僧に臨済宗の蘭渓道《らんけいどう》隆《りゅう》、留学生では曹洞宗の永平道元《えいへいどうげん》がいる。元寇後では、来朝僧に一山一寧《いっさんいちねい》、留学生に雪村友梅《せっそんゆうばい》、中巌円月《ちゅうがんえんげつ》ほか多士済々である。

（4）直指人心、見性成仏／真理は心の外にあるのではなく、自己の心のなかにある、ゆえに、他の教説や修行に頼ることなく、座禅によって心の本性を見極めるならば、悟りを開いて仏と成ることができるという教え。

わが国の仏教と神祇の特色

弘仁《こうにん》（嵯峨《さが》天皇の御代から真言・天台宗が盛んになったことをいささか記すにあたって、他の宗派の伝来の由来を書いた。きわめて誤りが多いであろう。しかし、天皇としてはどの宗派についても大概のことは受容されて、お捨てにならないことが、国家の災害を未然に防ぐための政策であった。菩薩《ぼさつ》・大士《だいし》(1)（菩薩の別称）もそれぞれに司る宗がある。また、わが国の神明にもとりわけ擁護なさる仏教の教えがある。

一つの宗派に志ある人が、他の宗派を誇り蔑視《そし》することは大きな間違いである。人の機根《きこん》(2)もいろいろであるから、教法も「無尽」で多種多様である。ましてや自分の信じている宗すら明らかにしないで、いまだ知らない他の宗を誇るのは、この上ない罪業である。自分はこの宗に帰依するが、他人は別の宗を信じており、ともに分に応じた利益《りやく》があるのである。これもみな現世だけの巡り会いではなく、深い仏縁によるのである。

一国の君主や、これを補佐する人ともなれば、もろもろの教えを捨てず、機会を逃さぬように利益の広まるように心がけるべきである。

【註】

（1）菩薩・大士／菩薩は、仏の次に値する菩提薩埵《ぼだいさった》の略語。悟りを求め、衆生《しゅじょう》を救うために多くの修行を重ねる憎のこと。大士は菩薩の別称でもあるが、衆生を済度《さいど》しようとする大心の上士。

（2）　人の機根／教えを聞いて修行できる衆生の能力。

道徳と政治の基本

また仏教にかぎらず、儒教《じゅきょう》(1)・道教《どうきょう》(2)をはじめさまざまの道、いやしい芸までも興し用いることこそ聖代といえるのである。男は「稼穡《かしょく》」（五穀を植え、農耕に励むこと）に努めて、自分が食べるばかりでなく、他人にも与えて飢えることのないようにする。女は糸を紡ぐことを仕事として、自分が着るばかりでなく、他人も暖かにする。賤《いや》しいことのようにも思われるが、これが人倫《じんりん》（人間生活の基本となる大切なこと）の根本なのである。天の時（自然の運行）に従い、地の利（自然からの恵み）に依った営みなのである。

このほか商業で利を得る者、手工業を得意とする者、また仕官を志す者もある。これらを四民という。仕官する者にも文と武と二つの道がある。坐して道を論ずるのは文士《ぶんし》の道であり、これにすぐれたものは宰相となることができる。戦場に赴いて功を立てるのは武人の仕事であり、この道で功績があれば将となる資格がある。だからこそ、文武の二つは、片時も捨てるべきでないのである。「乱世には武を右にし、文を左とする。平時には文を右とし、武を左とする」という［昔は右を上と考えたので、このようにいうのである］。

このようにさまざまの道を用いて人民の憂いを安心させ、お互いに争いごとのないようにすることを、国を治める根本すべきである。人民の租税を重くし、君主が気ままなことをするのは乱世乱国となる基である。わが国は皇統が変わることはないが、政治が乱れれば治世の年数が短くなる。皇統の流れが違ってしまう例を、これまでところどころで述べてきた。まして人臣としてそれぞれの職分を守り、勝手な振る舞いがいけないことは、いうまでもないことである。

【註】

（1）儒教／孔子が唱えた道徳・教理を体系化したもの。その学問内容を儒学という。仏教とともに東洋文化を形成する基盤となる哲学・思想体系といわれる。

（2）道教／中国の三大宗教といわれる「儒教、仏教、道教」の一つ。中国古来の巫術《ふじゅつ》もしくは鬼道《きどう》の教えを基盤とする。のち道教教団も結成されるが、多くは民間信仰として発展した。

学問と諸芸

そもそも人民を導いていくには、さまざまの学問・技芸はみな欠くべからざる肝要なものである。

昔、中国では、詩・書・礼・楽をもって治国の四術といった。わが国では、(1)四術の学として確立されたかどうか定かでないが、紀伝《きでん》（歴史・詩文など）・明経《みょうぎょう》（『論語』などの経書を学ぶこと）・明法《みょうぼう》（律令・格式などの法律を学ぶこと）の三道に、詩・書・礼を兼ねて修めるべきである。これに算道《さんどう》を加えて四道といった。これは代々にわたって長く用いられ、その職が置かれているのだから、詳しく述べる必要はないだろう。

医・陰陽の両道も治世において窮《きわ》めて大切である。金石糸竹《きんせきしちく》(2)の音楽は四学の一つで、もっぱら政治を行うときの根本である。現在、音楽が芸能のように思われているのは無念なことである。「世の悪風卑俗(3)を変えるには、音楽より良いものはない」といわれている。一音から五声《ごせい》・十二律(4)に転ずる調べは、治乱を弁《わきま》え興衰を知ることのできる道であると思われる。

また、詩賦歌詠（漢詩・和歌）の姿も、今の人が好むところは詩学の本来の姿(5)ではない。しかしながら、詩歌は一心から起こってさまざまの言葉となるものであり、末の世であっても人を感動させる道である。これをうまく用いれば、歪んだ心を正し、邪《よこしま》をふせぐ教えとなるだろう。それゆえに、いずれの諸道・技芸もすべて心の源を明らかにし、正道にかえる術である。

車作りの名工輪扁《りんぺん》(6)が車輪を削る仕事のなかで、斉の桓公《かんこう》(7)を教え、弓作りの職人(8)が弓を作って唐の太宗(9)を悟らせた例もある。あるいは囲碁・弾棊《だんき》(10)の遊びでさえ愚かな心を落ち着かせ、軽率な行動をとどめるためのものである。

ただし、その源に達しないにしても、一芸は学ぶに値するものである。孔子も「たらふく食べて(11)、終日、何も考えないよりは、博打《ばくち》でもやっていたほうがいい」と言われているようだ。まして、一つの道を学んで一つの芸に携わろうとする人は、その本源を究め、その理《ことわり》を悟ろうとする志があれば、それが世を治める要《かなめ》ともなり、また迷いをはなれ悟りの境地に入る方法ともなるだろう。
一気一心(12)に基づき、五大五行(13)により相剋《そうこく》・相生《そうしょう》(14)を知り、自らも悟り他人にも悟らせることは、よろずの道の理は一つである。

【註】

(1) わが国では……／日本古代の学制は、式部省の大学寮（明経・明法・紀伝・算の四道）と宮内省の典薬寮《てんやくりょう》（医学）および民部省の陰陽寮（天文・卜占）の三寮六道において教授された。これらは吉備真備が唐から輸入し、大学助として整備したものである。平安中期に大学寮は形骸化するが、諸道の博士家として、公卿の家ごとに世襲され伝えられた。

(2) 金石糸竹／金は金属製打楽器、石は石製打楽器、糸は弦楽器、竹は竹製管楽器。

(3) 世の悪風卑俗／『孝経《こうきょう》』に伝える儒学の教え。

(4) 五声・十二律／中国や日本の音律のこと。宮《きゅう》・商《しょう》・角《かく》・緻《ち》・羽《う》の五つの音を、その清濁・高低によって分類したもの。宮は土、商は金、角は木、緻は火、羽は水に五行が配される。十二律は、黄鐘《こうしょう》を基音とし、太簇《たいそう》・姑洗《こせん》・蕤賓《すいひん》・夷則《いそく》・無射《ぶえき》の六律と、大呂《たいりょ》・夾鐘《きょうしょう》・仲呂《ちゅうりょ》・林鐘《りんしょう》・南呂《なんりょ》・応鐘《おうしょう》の六呂からなる。

(5) 詩学の本来の姿／世俗人情を知り、修身治国に資する『詩経』の趣旨のこと。

(6) 輪扁が……／『荘子』天道篇に記されている故事。

(7) 桓公／中国、春秋時代の斉の君主。在位、前六八五～前六四三年。姓は姜《きょう》。名は小白。鮑叔牙《ほうしゅくが》の進言により管仲《かんちゅう》を宰相として登用し、富国強兵の策を行い、国力を充実させ、前六五一年、春秋五覇の第一となった。
（8）弓作りの職人が……／『貞観治要《じょうがんちよう》』巻一に記されている故事。
（9）唐の太宗／五九八〜六四九年。中国・唐の第二代皇帝。高祖李淵《りえん》の次男。隋王朝の末期、李淵の建国を助け各地を転戦した。李淵の即位後、兄の李建成《けんせい》を殺害して帝位についた。唐王朝の基礎を固める「貞観の治」とよばれる善政を行った。中国史上で最高の名君の一人といわれる。
（10）弾碁／盤上で碁石を指で弾いて石を取り合う遊び。
（11）たらふく食べて……／『論語』陽貨篇にある。
（12）一気一心／一気は物質的なものの根源、一心は世界を成立させる根源。
（13）五大五行／五大は地・水・火・風・空、五行は木・火・土・金・水。
（14）相剋・相生／相互にかかわりあっている世の中の法則。

嵯峨天皇の譲位

嵯峨天皇は誠に顕密の両宗に帰依されたばかりでなく、儒学も究め、文章も巧みで、書道にもすぐれておられたので、宮城の東面の門の額もご自分でお書きになった。

天下《あめのした》を治められること十四年。皇太弟（淳和天皇《じゅんな》）に皇位を譲られて太上天皇と申した。[1] 都の西、嵯峨山というところに離宮を造営して[2]お住まいになった。皇位をお譲りになっただけでなく、将来も淳和天皇の子孫を皇位につけようとのお考えからだろうか、新帝の御子の恒世《つねよ》親王を皇太子にお立てになったが、親王もまたそれを固辞して御出家なさった。これはめったにないことである。嵯峨上皇が深い謙譲の御心をお持ちになっていたうえに、親王もまたこのように立太子を辞退されたことは、末代まで残る美談であろう。昔、仁徳《にんとく》天皇の兄弟が位を譲りあわれたとき以来、聞いたことがない。天皇は五十七歳であられた。

【註】

（1）皇位を譲られて／この譲位に、左大臣藤原冬嗣《ふゆつぐ》は反対し、諫言を試みたが、天皇が譲位を強行したという。

（2）離宮を造営／嵯峨野の北東に嵯峨天皇が営んだ離宮。嵯峨天皇の信任が厚かった空海が、離宮内に五大明王《ごだいみょうおう》を安置する御堂を建てたことに始まる。嵯峨天皇の崩御後の貞観十八年（八七六）、皇女の正子内親王（淳和天皇皇后）が離宮を寺に改めて建立されたのが大覚寺《だいかくじ》である。

第五十三代　淳和天皇

第五十三代淳和《じゅんな》天皇は西院帝《さいいんのみかど》とも申された。桓武《かんむ》天皇の第三の御子である。母は贈皇太后藤原旅子《もろこ》といい、贈太政大臣の藤原百川《ももかわ》の娘である。癸卯《みずのとう》の年（八二三年）に即位し、甲辰《きのえたつ》の年（八二四年）に改元された。

天下《あめのした》を治めなさること十年、(1)皇太子に皇位を譲って太上天皇となられた。そのため、同時に二人の上皇が在世されることとなったので、嵯峨天皇を前《さきの》太上天皇、淳和天皇太上天皇といわれた。嵯峨天皇がお決めになっていたことらしく、皇太子にはまた仁明天皇の御子恒貞《つねさだ》親王がお立ちになったが、両上皇がお亡くなりになった後に、事情があって廃された。(2)五十七歳であられた。(3)

【註】

（1）天下を治めなさること……／左大臣藤原冬嗣が治世の初めに病死し、そのあとの台閣《たいかく》（政務）を、桓武天皇の眷顧《けんこ》厚く、地方官を歴任した藤原緒嗣《おつぐ》が左大臣として継ぎ、次の仁明《にんみょう》朝も「政術に暁達し、王室に臥治す」とまでいわれて執政を続けた。ただし緒嗣の嫡子は夭折したので、子孫は執政を継げなかった。

（2）事情があって……／承和《じょうわ》の変のこと。この事件は、次の仁明朝のことである。承和九年（八四二）七月、嵯峨太上天皇の葬儀の翌日、伴健岑《とものこわみね》・橘逸勢《たちばなのはやなり》らが、皇太子の恒貞親王を奉じて東国に赴き反乱を起こそうとしているという謀反が発覚し、捕らえられた事件。伴健岑は隠岐、橘逸勢は伊豆に流罪となった。恒貞親王は無実であったが廃された。藤原良房《よしふさ》の陰謀といわれ、事件後、良房の甥の道康《みちやす》親王（後の文徳《もんとく》天皇）が皇太子となった。

（3）五十七歳で……／この天皇は葬送が特異で、遺骸を灰とし、山城小塩山《おしおやま》の山頂に〝散骨〟された。この葬法は、嵯峨上皇の勅許を経て実施された。よって、御陵は小塩山にある。

第五十四代・第三十世　仁明天皇

第五十四代・第三十世仁明《にんみょう》天皇は、諱《いみな》は正良《まさら》［これ以前は諱がはっきりしない。たいていは乳母の姓などが諱に用いられた。これからは二字が正確であれば記載申しあげる］、深草帝《ふかくさのみかど》とも申された。嵯峨《さが》天皇の第二の御子である。母は皇太后　橘《たちばなの》　嘉智子《かちこ》といい、贈太政大臣清友《きよとも》の娘である。　癸丑《みずのとうし》の年（八二三年）に即位し、甲寅《きのえとら》（八三四年）の年に改元された。

仁明天皇は淳和《じゅんな》天皇の猶子《ゆうし》になっておられたので、朝覲《ちょうきん》の礼(1)も二人の上皇に対してなされた。ときには両上皇ご一緒に朝覲の礼を受けたこともあったという。

わが国の勢いが盛んであったのはこの頃であろうか。遣唐使も毎回派遣され、使者が帰朝すると、建礼門《けんれいもん》(2)の前で中国の宝物の市が立ち、群臣に賜わるというようなこともあった。律令は文武《もんむ》天皇の御代に定められたが、この御代に撰録され整えられた(3)。

天下《あめのした》を治めなさること十七年(4)、四十一歳であられた。

【註】

（1）朝覲の礼／天皇が上皇と皇太后に拝謁する儀式。ふつうは天皇が内裏から、上皇の仙洞《せんとう》に赴くが、その儀を「朝覲行幸《ぎょうこう》」という。「朝覲」の語は、中国の周代に諸侯が周王に謁見することから生じた。

（2）建礼門／平安京の内裏外郭十二門の一つ。南面中央の門で、内郭の承明門《しょうめいもん》に対する。

（3）撰録され……／平安時代の基本法である『養老令《ようろうりょう》』の官撰の注釈書である『令義解《りょうのぎげ》』全十巻の編修のこと。淳和天皇の命によって、清原夏野《きよはらのなつの》・小野篁《おののたかむら》らが作成。天長十年（八三三）に成立。

（4）天下を治めなさること／前の天皇ともども、自ら執政された記録があまりなく、いわゆる〝象徴天皇〟の始まりをしめす君主といえる。政治は淳和天皇の頃の註（1）（二一八ページ）でふれたように、左大臣藤原緒嗣と右大臣源常《みなもとのときわ》が執り行った。

第五十五代　文徳天皇

第五十五代文徳《もんとく》天皇は、諱《いみな》は道康《みちやす》、田村帝《たむらのみかど》とも申された。仁明《にんみょう》天皇の第一の御子である。母は太皇太后藤原順子《じゅんし》［五条后《ごじょうのきさき》ともいう］といい、左大臣藤原冬嗣《ふゆつぐ》の娘である。庚午《かのえうま》の年（八五〇年）に即位され、辛未《かのとひつじ》の年（八五一年）に改元された。

天下《あめのした》を治めなさること八年、三十三歳であられた。

第五十六代　清和天皇

幼帝の即位

第五十六代清和《せいわ》天皇は、諱《いみな》は惟仁《これひと》、水尾帝《みずのおのみかど》ともいう。文徳《もんとく》天皇の第四の御子である。母は皇太后藤原明子《あきらけいこ》［染殿后《そめどののきさき》ともいう］といい、摂政太政大臣藤原良房《よしふさ》の娘である。わが国では幼主《ようしゅ》が皇位(1)にお聞きになることは稀だったが、清和天皇は九歳で即位された。戊寅《つちのえとら》の年（八五八年）であった。己卯《つちのとう》の年（八五九年）に改元なされた。

【註】

（1）　幼主が皇位に……／飛鳥時代以降では、文武天皇の十五歳での即位がもっとも若い。

「摂政」政治の先例

清和天皇が践祚《せんそ》(1)されると、母方の祖父藤原良房《よしふさ》(2)が初めて摂政《せっしょう》(3)となった。

摂政というのは、中国で唐の堯《ぎょう》のとき、虞舜《ぐしゅん》を登用して政治を任せた。これを摂政というのである。三十年たって正式の帝位を虞舜に譲った。また殷《いん》のときに、伊尹《いいん》というすぐれた家臣がいて湯《とう》や大甲《だいこう》を補佐した。これは保衡《ほうこう》［阿衡《あこう》ともいう］といった。その意味は摂政と同じである。

さらに、周の時代に周公旦《たん》という徳の高い聖人がいた。文王の子で、武王の弟、成王《せいおう》の叔父にあたる人である。武王の御代に三公（太師・太保・太傅《たいふ》）に列し、成王が幼少で帝位に即いたので、周公旦が自ら南面して摂政になった(4)［成王を背に負って南面したとも書かれている］。漢の昭帝《しょうてい》もまた幼くして即位した。武帝の遺詔により、博陸侯霍光《はくりくこうかくこう》という人が大司馬大将軍であり摂政ともなった。なかでも、周公・霍光をもって摂政の先例というようである。

日本でも応神《おうじん》天皇がお生まれになって、まだ幼かったので、神功皇后《じんぐうこうごう》(5)が位に即かれたが、天皇とはいわず、摂政と申し伝えられている。しかし、これは藤原良房の場合とは違う。推古《すいこ》天皇の御代に厩戸《うまやど》皇太子が摂政となられた。このとき、天皇は皇位に即かれておられたが、天下の政《まつりごと》はことごとく摂政の心のままに行われた。斉明《さいめい》天皇の御代に御子の中大兄皇子が摂政となり、元明《げんめい》天皇の御代の末ごろ、皇女浄足姫尊《きよたらしのひめのみこと》［元正《げんしょう》天皇の御事である］がしばらく摂政をおつとめになった(6)。

【註】

（1）践祚／親房はここで初めて「践祚」の語を用いているが、桓武天皇の頃の註（1）（一九六ページ）でふれたように、即位から残祚の儀が分離されたのは、桓武天皇が初例である。

（2）藤原良房／平安時代前期の公卿。延暦二十三年（八〇四）生まれ。北家藤原冬嗣の次男。母は藤原美都子。

天安元年（八五七）に太政大臣、貞観八年（八六六）には人臣初の摂政となる。承和の変、応天門《おうてんもん》の変《へん》によって対抗勢力を排斥し、文徳天皇・清和天皇の外戚として権勢をふるった。貞観十四年（八七二）死去。

（3）摂政となった／正しくは、太政大臣。良房は、はじめは太政大臣として幼帝清和を後見した。良房が摂政となるのは、後述される応天門事件のときで、清和天皇は十七歳であった。しかし、後世、幼帝清和を後見した太政大臣良房の地位を含めて「摂政」と総称するようになった。

（4）南面して／君主になること。君主は南面し、臣は北面する。

（5）神功皇后が……／ただし、『日本書紀』以来、中世の王代記はすべて、神功皇后を天皇として扱い、代数に入れている。

（6）摂政を……／この時代の摂政を、学界では「皇太子摂政」と呼ぶ。

藤原良房の摂政就任

清和天皇の御代に良房が摂政になって以来、まさしく人臣であって摂政になることが始まったのである。ただし、この藤原氏の一門は、神代以来、由縁あって天皇を補佐なさってきたことは前にもたびたび述べてきた。淡海公藤原不比等《ふひと》のあと参議中衛大将房前《ふささき》、その子大納言真楯《またて》、その子右大臣内《うち》麿《まろ》の三代は上二代《かみにだい》（藤原鎌足《かまたり》・不比等）のときのようには栄えなかったようだが、内麿の子冬嗣大臣《ふゆつぐのおとど》［閑院《かんいん》の左大臣という。のちに贈太政大臣］[1]は、藤原氏の衰えるのを嘆き、弘法大師に相談して、興福寺に南円堂《なんえんどう》を建てて、祈願なさった。このとき、春日明神が役夫のなかに姿を変えて交じっており、

補陀落《ふだらく》の　南の岸に　堂たてて　今ぞさかえん　北の藤浪《ふじなみ》(2)

と詠じられたという。

このとき源氏の人々が多く死んだと言う人がいるが、これは大きな間違いである。皇子・皇孫が源の姓を賜わり、高位・高官についたのは後のことであるから、このとき源氏の誰が亡くなろう。しかし、藤原氏一門の勢力が盛んになったのは、まことに冬嗣の祈願に応えたのであろう。

この冬嗣の大臣は、遠い先のことまで思慮をめぐらされていたようである。子孫・親族の学問を奨励するために勧学院《かんがくいん》を建てた。大学寮のなかには東西の曹司《そうじ》（教室）があり、菅原《すがわら》・大江《おおえ》の二家(3)がこれを司って、人に教えていた。勧学院はこの大学寮の南に建てられたので南曹《なんそう》といっていた。藤原氏の氏長者《うじのちょうじゃ》たるべき人が主に勧学院を管領し、同時に興福寺および氏の社である春日社のことをとりしきってきた(4)。

良房の大臣が摂政となったので、以後、彼の子孫に伝わり、絶えることがなかった。天皇が幼少のときにだけ置かれると思われたが、摂政・関白(5)が常置の職となった。たまたまこの摂関という名が停止されたときも、内覧《ないらん》の臣(6)を置いたので、執政するということに変わりはなかった。

天皇が成長なさったので、良房は摂政の職を返上して太政大臣のまま白河に閑居された。天皇は良房の外孫《がいそん》であられたから、良房がなお政権を握りつづけたとしても反対する人はいなかった。しかし、良房は万事ひかえめで、へりくだる心の方だったから、世事をのがれて閑静に暮らすのを好み、常に朝廷に参内するなどということもなさらなかった。

【註】

（1）藤原氏の衰える／冬嗣は、嵯峨天皇の信任を受け、薬子の変では蔵人頭《くろうどのとう》に任じ、のち左大臣まで昇った。したがって、藤原氏の衰退ということはない。ただ、冬嗣が五十余歳で没し、あとを一門の緒嗣《おつぐ》が淳和・仁明両朝に重きをなしたことから、一時的に藤原北家が弱体化したように伝えられたのであろう。

（2）補陀落の……／この歌は、『新古今和歌集』巻十九にみえる。

（3）菅原・大江の二家／勧学院は、和気氏の弘文院《こうぶんいん》等と同じく、大学別曹（寄宿舎）であって、大学ではない。したがって、菅・江二家の教授というのは正しくなく、教授はあくまで大学寮で行われた。

（4）春日社の……／平安後期に大学寮は形骸化し、勧学院の役割はここで記されるように、興福寺の春日社を通じての藤原北家による〝大和支配〟に移った。勧学院政所下文《まんどころくだしぶみ》や南曹弁奉書《なんそうべんほうしょ》などは、このために出された支配文書である。

（5）摂政・関白／摂政は幼帝のときは必ず置かれたが、関白が常置の職となったのは、基経《もとつね》の初任から一世紀後の十世紀後半、実頼《さねより》の頃からである。

（6）内覧の臣／「内覧」は本来、太政大臣・関白の職能をさす語であったが、平安中期には関白とは別の一つの職名となった。内覧は、准関白であるという説が有力。内覧の初任は、天皇が関白を置かず、藤原時平《ときひら》と菅原道真《みちざね》を併任したのが始まりという。のち、藤原道長《みちなが》が関白に就任せず、内覧の地位にとどまり続けたのは有名。

応天門の変起こる

そのころ大納言伴善男《だいなごんとものよしお》(1)という人が天皇に寵愛されており、善男は大臣の地位を望んでいた。しかし、当時三公に闕官《けっかん》はなかった[太政大臣良房・左大臣源信《まこと》・右大臣藤原良相《よしすけ》である]。善男は、左大臣源信を殺し、(2)欠員の席に任じられようと謀り、まず応天門(大内裏朝堂院《だいだいりちょうどういん》の南面正門)を焼かせ、左大臣が反乱を企てていると讒奏《ざんそう》した。天皇は驚かれて事情の糾明もなさらず右大臣を召したので、源信は誅されるところ(3)だった。

太政大臣良房はこのことを聞き、驚き慌てたあまり烏帽子《えぼし》・直衣《のうし》を着たまま衣冠も整えず、白昼、馬を飛ばして参内し、天皇を宥《なだ》め申しあげた。(3)その後、善男の陰謀がはっきりしたので、善男は流刑に処された。良房の忠節はまことに立派なものである。

【註】

(1) 伴善男……／この話は、『宇治拾遺物語《うじしゅういものがたり》』の「伴大納言焼応天門事」の条に記載されている。

(2) 源信を殺し……／源信は誅される……／いずれも誤りである。薬子の変後、死刑は廃止されていたから、最高刑は配流《はいる》(島流し)である。

(3) 天皇を宥め申しあげた／天皇から摂政の勅が出て、藤原良房が初の人臣摂政となるのはこのときのことである。

清和天皇の帰依

清和天皇は仏法に帰依されて、常に退位を望んでおられたが、慈覚大師より戒をお受けになり、法号を授けられ素真《そしん》と称された。天皇が在位されたまま法号をお受けになるのは異例のことである。昔、隋の煬帝《ようだい》が晋王《しんおう》といっていたころ、天台宗の智者大師から受戒して惣持《そうじ》という名をもらったという。これは煬帝のような良からぬ君主の例というべきだが、慈覚大師は智者大師の流れを汲むものなので、これに準《なぞら》えて用いられたのであろう。

また、清和天皇の御代に、宇佐八幡大菩薩《うさはちまんだいぼさつ》が平安京の南、男山石清水《おとこやまいわしみず》に遷座した。天皇はこれをお聞きになると勅使を遣わし、神殿造営の地を選び定め、多くの工匠《たくみ》たちに命じて新宮をつくり、宗廟と見立てられたのである［鎮座のときの様子はすでに述べた］。

天皇は天下《あめのした》を治めなさること十八年、皇太子に位を譲って退位なさった。三年ほど経て出家、慈覚大師の弟子として灌頂をお受けになった。丹波の水尾《みずのお》(1)というところに移られ、仏道の修行を積んだが、まもなくお亡くなりになった。御年三十一歳であられた。

【註】

(1) 水尾／京都市右京区の北西部、愛宕山の南麓にある小村落。

第五十七代　陽成天皇

第五十七代陽成《ようぜい》天皇は、諱《いみな》は貞明《さだあきら》、清和《せいわ》天皇の第一の御子である。母は皇太后藤原高子《たかいこ》［二条《にじょう》天皇の皇后］といい、贈太政大臣長良《ながよし》の娘である。丁酉《ひのととり》の年（八七七年）に即位し、改元された。右大臣基経《もとつね》(1)が摂政して太政大臣となる［基経は良房《よしふさ》の養子で、本当は中納言長良の子である。したがって、陽成天皇の外舅《はははかたのおじ》にあたる］。忠仁公《ちゅうじんこう》良房の場合と同じである。

陽成天皇は「性悪」で帝王の器《うつわ》にふさわしくなかったので、摂政の基経は嘆いて廃位(2)を決断した。昔、漢の霍光《かくこう》が昭帝《しょうてい》を補佐して摂政となったが、昭帝は早く亡くなったので、昌邑王《しょうゆうおう》を立てて天子とした。だが、昌邑王は不徳で帝王にふさわしくなかったため、すぐ廃して宣帝《せんてい》を立てた。これは霍光の大功として語り伝えられている。

基経は天皇の外戚の臣として政権を握っていたが、天下のため大義を思って、陽成天皇の廃位を実行したことは、たいへん立派なことであった。そして、藤原氏の一門には人材が多いといわれているが、以後、摂政・関白は基経の子孫だけが絶えることなく継承することになった。つぎつぎと大臣・大将にのぼる者もみな基経の「苗裔」（子孫）であった。これも基経の積善《しゃくぜん》の余慶《よけい》というべきであろう。

天下《あめのした》を治めなさること八年で退位させられ、八十一歳であられた。

【註】

（1）基経／平安時代前期の公卿。承和三年（八三六）、北家藤原長良の三男に生まれ、のち叔父である良房の養嗣子となった。良房の死後、元慶四年（八八〇）には太政大臣となり、朝廷の実権を握った。寛平三年（八九一）死去。

（2）廃位／陽成天皇廃立の理由は、侍臣を殿上で撲殺《ぼくさつ》したことにあるという。平安朝で臣下に廃立された天皇は陽成天皇だけで、道鏡と称徳女帝に手を焼いた奈良朝に比し、天皇のマギー（聖性）の低下と執政家（藤原北家）の強大化が際立つ。廃立理由としては他に『三代実録《さんだいじつろく》』が病弱説を立てているが、八十二歳の長命であったことから、この説は作為の可能性が高い。別に一説として、生母高子が在原業平《ありわらのなりひら》の恋の相手であり、『伊勢物語《いせものがたり》』に「二条后に忍《しのび》て参りける」とあり、業平の所生と疑われた可能性が指摘されている。業平の東国追放と併せ考えると、一考の余地がある。

第五十八代・第三十一世　光孝天皇

藤原基経の関白就任

第五十八代・第三十一世光孝《こうこう》天皇は、諱《いみな》は時康《ときやす》、小松御門《こまつのみかど》ともいわれた。仁明《にんみょう》天皇の第三の御子である。母の贈皇太后藤原沢子《さわこ》は、贈太政大臣総継《ふさつぐ》の娘である。

陽成《ようぜい》天皇が廃位されたとき、摂政の昭宣公《しょうせんこう》（藤原基経）は、どなたが天皇にふさわしいか諸皇子の相を見申しあげた。この天皇は、当時、一品式部卿《いっぽんしきぶきょう》兼常陸太守《ひたちのたいしゅ》で、すでに年齢も高く小松宮にいらっしゃった。不意に参上して会われた際、天皇の位に即くにふさわしい器量が他の皇子たち以上に備わっているのを見て、ただちに儀仗《ぎじょう》の兵士を仕立て、これを皇位に迎え申しあげた。皇子は一品親王の服を着たまま、天皇の使う御輿《みこし》に乗り皇居に入られた。甲辰《きのえたつ》の年（八八四年）のことである。乙巳《きのとみ》の年（八八五年）に改元された。

光孝天皇は践祚なさると初めに摂政を改め、関白とした。わが国で関白の最初である(1)。漢の霍光《かくこう》が摂政であったが、宣帝のとき、その職を返上して引退した。しかし、帝が「万機の政《まつりごと》なお霍光に関白《あずかりもう》さしめよ(2)」といわれたことから、関白という言葉が使われるようになったのである。

陽成天皇は昭宣公（基経）の決定で皇位に即かれたので、基経に対する気持ちが深かったからであろうか、基経の子（時平《ときひら》）を殿上に召し元服させて、御自ら正五位下の位記《いき》をお書きになって賜われたという。光孝天皇は長く途絶えていた芹川野《せりかわの》への行幸をするなど、古くからの儀式や行事を再興されたことが伝えられている。

天下《あめのした》を治めなさること三年、五十七歳であられた。

【註】

（1）関白の最初である／この時期の関白は、摂政と混同されていたというのが通説であったが、近年の研究（坂上康俊氏「関白の成立過程」笹山晴生先生還暦記念会編『日本律令制 論集 下』）によれば、官政の奏下を天皇に先だって諮稟《しりん》するという明確な職務規定をもった役職（王権の補佐）が、このとき出現し、やがてより上位の王権代行的職務を「摂政」として区別するにいたったという。

（2）「万機の政なお霍光に関白さしめよ」／『漢書』霍光伝に、「諸事、皆まず光（霍光）に関白し、しかる後に天子に奏御せよ」とみえる。

皇位継承の「理」

およそ歴代天皇の治世の事績について記した書物は昔から今に至るまで家々にたくさんある。したがって、こうして私が書き記すことも珍しいことではない。神代から、皇位継承が正統を違えることなくなされてきたことの一端を述べるためである。

わが国は神国《かみのくに》であるから、天照大神《あまてらすおおみかみ》の御はからいにまかせられているのだろう。もっともそのなかで、天皇が過ちを犯されたために治世が長くない場合もあった。

また、最後には正統の流れにかえりはしたが、一時は正統の皇継が沈み込んでしまわれたこともあった。これはみな、天皇ご自身がなされた科《とが》であって、神明の加護が空しかったからではない。仏も衆《しゅ》生《じょう》を一人残らず導こうとなさり、神も万民に正直の徳を得させようとするが、衆生の因縁応報もさまざまで、もって生まれた性も同じではない。十種の善を積み、その効力で天子になられたといっても、代々の天皇の御業績と善悪はまちまちである。したがって本《もと》を本として正《しょう》にかえり、元《はじめ》を元として邪《じゃ》を捨てられることこそ、祖神の御意に適いなさるものである。

神武《じんむ》天皇から景行《けいこう》天皇まで十二代は、御子孫がそのまま皇位をお継ぎになったのであって、疑わしいことはない。(1)つぎは日本武尊《やまとたけるのみこと》が早くにお亡くなりになったので、弟の成務《せいむ》天皇が皇位に即かれたが、武烈《ぶれつ》天皇は悪王であったため、仲哀《ちゅうあい》天皇に伝えられた。仲哀・応神《おうじん》天皇ののちには仁徳《にんとく》天皇に伝えられた。武烈天皇は悪王であったため、皇統の継嗣が絶えられてしまったので、応神天皇の五世の御孫の継体《けいたい》天皇が選ばれて即位なさった。これはたいそう珍しい例である。

しかし、皇位継承を二人が並んで争うときは、どちらが正系と傍系かという疑いも生じるが、継体天皇の場合は、群臣が皇胤のないことを憂いて探し出したうえに、御本人も賢く天命を受けており、人民の望みにもかなっていたのだから、正統かどうかという疑いを抱くべきではない。

その後、あいついで天智《てんち》・天武《てんむ》天皇の御兄弟が即位なさったが、大友皇子の乱（壬申の乱）の結果、天武天皇の御子孫が長く皇位を継承なさった。しかし、称徳《しょうとく》女帝に継嗣者がなかった。また、政治も乱れがちであった（恵美押勝・道鏡の事件など）、確かな譲位もないままに天武天皇の流れは絶えてしまった。光仁《こうにん》天皇が傍流から選ばれて即位なさった。これは継体天皇の例とよく似ている。

しかし、天智天皇はもともと正統でいらっしゃり、第一の御子の大友皇子は過ち(2)を犯して皇位に即かれなかったが、第二の御子の施基皇子《しきのみこ》には非難されるような点はなにもない。したがって、施基皇子の御子にあたる光仁天皇が即位なさったのは「正理」にかえったのだといえよう。

今の光孝天皇も昭宣公（基経）が選び即位されたのだが、陽成《ようぜい》天皇は仁明《にんみょう》天皇の皇太子であった文徳《もんとく》天皇の嫡流であったが、悪王であったため廃位された。他方、光孝天皇は仁明天皇の第二の御子で、しかも他の親王たちに比べ賢才でいらっしゃったから、これが天命であることは疑えないことと思われる。このように傍流の方が皇位を継がれたのはこれまでに三代ある。これは人臣がなしたことと思ってはならない。先に書いてきた理《ことわり》をよくわきまえるべきだろう。

光孝天皇より昔はすべて上古である。すべての先例を考えるときは、光孝天皇の仁和年間（八八五〜八八九年）以降のことを例とするようである。しかし、上古の時代でもこうした理によって皇位を継承なさっているのである。まして末の世ともなれば、正統な譲位でなくては、皇位を保ちなさることはできないと心得るべきである。

光孝天皇の御代から、藤原氏の摂政となる家筋は、他の流れには行かず、基経の子孫にだけ正しく伝えられた。上《かみ》の天皇は光孝天皇の御子孫が天照大神の正統と決まり、下《しも》の昭宣公基経の子孫が、天児屋根命《あめのこやねのみこと》（藤原氏の祖）の嫡流となられた。天児屋根命が天照大神を補佐するという二神の誓い(3)に違わずして、今に至るまで上の天皇は三十九代、下の摂関は四十余人、四百七十余年にもなるであろうか。

【註】

（1）疑わしいことはない／親房はこう記すが、先述のように、二〜九代の欠史八代は、『日本書紀』編纂時の架上であって、王統の根拠とするのは疑問である。

（2）大友皇子は……／この親房の論は、いささか大友皇子に対して酷であろう。壬申の乱を「大海人皇子の乱」と称するならわかるが……。

（3）今に至るまで……／以上のように、親房は光孝天皇の条に、自らの継体正統論を掲げる。これは親房独特の時代区分であるが、要するに、光孝天皇の代が、摂関制が藤原北家に固定した重要な画期として意識していた結果と思われる。

第五十九代・第三十二世　宇多天皇

臣籍から即位

第五十九代・第三十二世宇多《うだ》天皇は、諱《いみな》は定省《さだみ》、光孝《こうこう》天皇の第三の御子である。母は皇太后班子《はんし》女王《じょおう》といい、仲野《なかの》親王〔桓武《かんむ》天皇の御子〕の娘である。元慶《がんぎょう》の頃、皇孫として源氏の姓を賜わった。（1）即位以前は、常に鷹狩を好まれていたが、あるとき、賀茂大明神《かもだいみょうじん》が現われて、皇位に即かれるはずであるということを申された。践祚ののち、天皇が賀茂社の臨時の祭を始められたのは、賀茂大明神の申し出を受けられたのである。

仁和《にんな》三年（八八七年）丁未《ひのとひつじ》の秋、光孝天皇がご病気になられたとき、兄の子たちをさしおいて、皇位を譲り受けられた。まず、源姓から親王に戻り、皇太子に立って、すぐに受禅《じゅぜん》された。同年冬に即位され、中一年おいて己酉《つちのととり》の年に改元された。践祚の初めから太政大臣基経《もとつね》がまた関白になった。関白基経の死後(2)、しばらくは関白になるような方はいなかった。

天下《あめのした》を治めなさること十年、位を皇太子に譲り太上天皇といった。

【註】

（1）源氏の姓を賜わった／『日本紀略』仁和三年（八八七）八月二十六日条に、「元慶八年四月十三日、詔して源朝臣となす」とある。

（2）基経の死後／太政大臣クラスで、しかも藤原北家の有力者であるという資格者が出なかったことをさす。

宇多法皇の法流

宇多天皇は、中一年ほどたって出家なさった。御年三十三歳のときであろうか。若いころから出家の御志があったとの仰せであった。弘法大師四代の弟子益信《やくしん》僧正を御師として、東寺で灌頂《かんじょう》(1)をお受けになった。また、智証《ちしょう》大師の弟子増命《ぞうみょう》僧正からも［当時法橋《ほっきょう》であった。のちに諡《おくりな》して静観《じょうかん》という］比叡山で灌頂をお受けになった。しかし、弘法大師の流れを主となされたので、宇多天皇の法流は今も絶えることなく仁和寺《にんなじ》に伝えられている。

そもそも、弘法大師の流れは、広沢《ひろさわ》［仁和寺］(2)と小野《おの》［醍醐寺《だいごじ》(3)・勧修寺《かんじゅじ》(4)］の二流あり、広沢は法皇（宇多上皇）の御弟子の寛空《かんぐう》僧正、その弟子寛朝《かんじょう》僧正［敦実《あつみ》親王の子、宇多上皇の御孫］に伝わり、寛朝が広沢に住んでいたので広沢流という。そののち、この流れは代々仁和寺御室《おむろ》(5)の法親王が伝え、親王でない一般の人がこれにまじったことはない［親王でない人が法流を預けられて師範となったことは二度あるが、御室は代々親王が継ぐ］。

小野の流れは、益信の相弟子に聖宝《しょうぼう》僧正といって「知法無双《ちほうむそう》」（宗の教理に通じること他に並びない）の人がいた。弘法大師の嫡流と称することもあったようである。

しかし、受戒してからの日が短かったためか、法皇の灌頂のときには色衆《しきしゅ》(6)に連なって歎徳《たんどく》(7)という役目を務められた。醍醐《だいご》天皇の護持僧《ごじそう》で、天皇は特に崇め重んじられた。その弟子の観賢《かんげん》僧正も続いて護持僧となり、同じように天皇は崇め重んじられた。綱《こう》(8)における法務を東寺の一阿闍梨《いちのあじゃり》に付託されたのも、宇多天皇のときからである［正《しょう》の法務はいつも東寺の一の長者がなった。他の諸寺の人がなるのはみな権（最上位に次ぐ地位「副《そえ》」）の法務である。また、仁和寺御室は惣の法務であって、綱《こう》所《しょ》を召し使われることは後白河《ごしらかわ》以後のことらしい］。この観賢僧正は、高野山に詣でて弘法大師の入滅した石室を開き、大師の髪を剃り、法服を着せ替えて差し上げた人である。

その弟子の淳祐《じゅんゆう》［石山の内供《ないく》という］も伴われて行ったが、大師の姿を見ることができなかった。

ただ、師の観賢僧正が淳祐の手をとって大師のお体に触れさせたという。淳祐は自分の罪障が深いために大師の姿を拝しえなかったと思い込み、自ら卑下し、（自分にはその資格がないとして）その弟子の元杲《げんごう》僧都［延命院《えんみょういん》という］にも許可《こか》(9)だけで、灌頂の授職《じゅしょく》は許さなかった。勅定によって、法皇の御弟子寛空に会い、授職灌頂を遂げた。元杲の弟子仁海《にんかい》僧正もまた法に通じた人であった。小野というところに住んでいたことから小野流という。それゆえ、この法皇は広沢・小野両流の法主であられる。

【註】

（1）灌頂／灌頂とは、密教の儀式の一つで、頭の頂に香水という水を灌ぐこと。諸仏と正しい縁を結び、正統な継承者とするための儀式。日本では、延暦二十四年（八〇五）に最澄が、高雄山の神護寺で初めて灌頂を行ったといわれる。

（2）仁和寺／京都市右京区御室にある、真言宗御室派総本山の寺院。仁和四年（八八八）に宇多天皇によって創建された。

（3）醍醐寺／京都市伏見区醍醐東大路町にある、真言宗醍醐派総本山の寺院。貞観十六年（八七四）、空海の弟子である理源《りげん》大師聖宝が笠取山（醍醐山）に小堂宇を建立して、准胝《じゅんてい》・如意輪《にょいりん》の両観音像を安置したのに始まる。

（4）勧修寺／京都市山科区にある門跡寺院。真言宗山階《やましな》派の大本山。昌泰三年（九〇〇）、醍醐天皇の生母藤原胤子《たねこ》の追善のため創建された。

（5）御室／宇多法皇が寺内一室を構えて御座所としたことに始まり、代々皇族の入室を「御室」と称した。

（6）色衆／色のついた袈裟を着し、灌頂式に列し、持華《じか》・持金剛《じこんごう》等の役目を司る役僧。
（7）歎徳／灌頂式で新阿闍梨の徳を讃嘆する文章を誦読する役僧。
（8）綱／僧侶のことを司る僧綱が執務する役所。
（9）許可／密教を学ぶことの許しを得ること。

宇多天皇以降の聖代

天皇が位を譲って仏門に入った例は多くある。しかし、宇多法皇のように法流の正統となり、しかも子孫がそれを継承なさっているという例は、めずらしいのではあるまいか。

今の世まで賢帝の御代は「延喜《えんぎ》・天暦《てんりゃく》」(1)と申しならわされているが、上代の考え方によれば、宇多天皇の御代こそ無為にして治まるという聖代であると推察できる。菅原道真《すがわらのみちざね》(2)には才智があるという評判によって、大納言・大将にまで登用されたのもこの御代であった。

また、宇多天皇が譲位されるとき、（幼かった醍醐天皇に）政治の心得をいろいろ教え申された「寛平《かんぴょう》の御誡《ぎょかい》」(3)は、その後、君臣ともに仰ぎ見奉ることもあった。昔、中国でも、「天下の明徳《めいとく》は虞舜《ぐしゅん》より始まる」(4)と言っている。堯が舜を登用したことから、舜の徳も世にあらわれ、天下の道も明らかになったというのである。この後の醍醐・村上天皇二代の「明徳」（すぐれた治世）から、宇多天皇の善政を推しはかり申しあげるべきである。

御寿命も長く、朱雀《すざく》天皇の御代に崩御された。七十六歳であられた。

【註】

（1）延喜・天暦／「延喜」は醍醐天皇、天暦は村上《むらかみ》天皇の治年号で、理想的な政治が行われたことを称えて「延喜・天暦の治」といわれる。また、「延喜一条院の御代」ともいわれる。儒教の徳治《とくち》主義を反映した語で、摂関政治の盛期、儒者の大江匡衡《おおえのまさひら》や右大臣藤原実資《さねすけ》あたりが言い出したらしい。後醍醐天皇は、摂関不設置の天皇親政の時代として、この期を讃美称仰した。

（2）菅原道真／承和十二年（八四五）生まれ。文章博士。宇多天皇に重用されるが、左大臣藤原時平《ときひら》の陰謀により、大宰権帥《だざいごんのそつ》に左遷され、延喜三年（九〇三）、大宰府で没した。

（3）寛平の御誡／『寛平遺誡』一巻。政治の心得の条々を教示した書。

（4）「天下の明徳は虞舜より始まる」／『史記』五帝本紀に、「天下の徳を明らかにすることは、みな、虞帝より始まる」とある。

第六十代・第三十三世　醍醐天皇

時平・道真を内覧とする

第六十代・第三十三世醍醐《だいご》天皇は、諱《いみな》は敦仁《あつひと》、宇多《うだ》天皇の第一の御子である。母は贈皇太后藤原胤子《たねこ》といい、内大臣藤原高藤《たかふじ》の娘である。丁巳《ひのとみ》の年（八九七年）に即位し、戊午《つちのえうま》の年（八九八年）に改元された。大納言左大将藤原時平《ときひら》と大納言右大将菅原道真《すがわらのみちざね》の二人が上皇の勅を受けて天皇を補佐申しあげた。(1)のちに二人が左右大臣となり、ともにすべての政務を内覧なさった。

醍醐天皇は御年十四歳で即位された。若くあられたが、聡明叡哲でいらっしゃった。時平・道真の両大臣が天下の政《まつりごと》を司ったが、(2)特に右大臣道真は年も重ねており才智にすぐれ、天下万民の人望を集めていた。また、左大臣時平は先祖代々朝廷にお仕えしてきた藤原家にふさわしい器であったから、重んじないわけにはいかなかった。

【註】

(1) 天皇を補佐……／幼帝なので本来、摂政を置くべきであったが、時平の官位が低く、大臣級の臣下が北家に見当たらなかったので、やむなく摂政不設置、時平・道真を内覧としたのである。

(2) 天下の政……／この時期発給の太政官符がすべて、時平・道真の奉勅宣旨に基づく（山本信吉氏「平安中期の内覧について」坂本太郎博士古稀記念会編『続日本古代史論集下』）ので、このことが裏づけられる。

菅原道真の左遷と天皇の一失

あるとき、(1)醍醐天皇は宇多上皇の御在所朱雀院《すざくいん》に行幸し、政務を右大臣道真にまかせようと相談し、すぐに道真を召してこれを仰せつけられたが、道真が固辞したのでそれは実現しなかった。

そのことが世間に洩れたのか、左大臣時平は内心大いに怒って、道真のことをいろいろ讒言し、(2)そのため道真がついに天下を傾けようとしたことにしてしまった。まことに嘆かわしいことであった。これは醍醐天皇の御代の唯一の失策と申し伝えている。しかし、道真は天満天神の権化《ごんげ》であったので、末世のためであったのかもしれない。神意は計りがたい。善相公清行朝臣《ぜんしょうこうきよつら》は、事件がまだ起こらないうちに気づき、道真に災を逃れるように進言したが、道真は何の対策もとらず、こうした結果になってしまった。

前にも述べたように、わが国では昔は幼少の君が即位なさることはなかった。貞観《じょうがん》(清和《せいわ》天皇)・元慶《がんぎょう》(陽成《ようぜい》天皇)の御代に、初めて二人の天皇が幼少で即位なさったので、忠仁公(藤原良房)・昭宣公(藤原基経)がそれぞれ摂政となって天下を治めた。

醍醐天皇は十四歳で皇位をお継ぎになって、摂政も置かず自ら政務をとられた。(3)しかし、若くあられたからであろうか、左大臣の讒言に迷いなさってしまった。聖人賢者でも不慮の一失はあるもので、このことは経書にも書かれている。だからこそ曽子《そうし》は「吾日《われ》に三たび吾《わ》が身を省みる」といい、季文子《きぶんし》は「三たび思う」ともいっているのである。聖徳の誉れがおありになるにつけても、いよいよお慎みにならないといけない。

昔、応神《おうじん》天皇も讒言を聞き入れられて、武内宿禰の大臣を誅伐なさろうとした。しかし、宿禰は難を逃れ身の潔白を明らかにすることができたが、このたびのことついては凡慮《ぼんりょ》の及ぶところではない。

道真はほどなく天満天神となって現われ、今にいたるまで「霊験無双《れいげんむそう》」であられる。これも末世の人々に利益《りやく》を施すためなのだろうか。讒言した左大臣時平はその後亡くなり、これと共謀した人たち(4)もみな神罰を受けた。

醍醐天皇は長く天下を治めなさって、仁徳のある政治を行ったことは上代に勝るほどであった。天下泰平、民間安穏で、仁徳天皇の古い功績とならび称され、また中国の堯《ぎょう》・舜《しゅん》の立派な政道にも匹敵すると称えられた。延喜七年丁卯《ひのとう》の年（九〇七年）、唐《とう》が滅び梁《りょう》という国にかわったそのあと、後唐《こうとう》・晋《しん》・漢《かん》・周《しゅう》という五代の国が続いた。

醍醐天皇は天下《あめのした》を治めなさること三十三年、四十四歳であられた。

【註】

（1）あるとき……／『扶桑略記』の所伝だが、史実とは認めがたい。

（2）道真のことを……／道真に対する嫌疑は、皇弟斉世《ときよ》親王迎立の陰謀であったという。

（3）摂政も置かず……／事実は、醍醐天皇の頃の註（2）（二四〇ページ）に明らかなように、時平と道真がともに内覧として補佐したのである。

（4）共謀した人たち……／藤原菅根《すがね》は、延喜八年（九〇九年）正月に参議に任じられるが、雷に打たれて卒去。源光《ひかる》は、延喜十三年（九一三）に鷹狩に出たとき、泥沼に転落して溺死した。藤原清貫《きよつら》は、延長八年（九三〇）、清涼殿《せいりょうでん》落雷事件で、直撃を受け即死。

第六十一代　朱雀天皇

藤原忠平を摂政とする

第六十一代朱雀《すざく》天皇は、諱《いみな》は寛明《ひろあきら》、醍醐《だいご》天皇の第十一の御子である。母は皇太后藤原穏子《おんし》といい、関白太政大臣基経《もとつね》の娘である。兄保明《やすあきら》太子［諡《おくりな》を文彦《ぶんげん》と申しあげる］が早世され、その子慶頼《よしのり》太子も続いて薨去されたので、保明親王の同母弟である寛明親王が、庚寅《かのえとら》の年（九三〇年）に即位され、辛卯《かのとう》の年（九三一年）に改元された。

外舅《はははかたのおじ》左大臣忠平《ただひら》［昭宣公（藤原基経）の三男、のちに貞信公《ていしんこう》という］が摂政を務めた。宇多《うだ》天皇の寛平《かんぴょう》に昭宣公が亡くなったのちは、醍醐天皇の御代まで摂関は置かれなかったが、朱雀天皇はまた幼少で即位されたので、故事にならって摂政がすべて政治を代行したのである。

平将門・藤原純友の叛乱

この御代に、平将門《たいらのまさかど》という者がいた。上総介《かずさのすけ》高望《たかもち》の孫である［高望は葛原《かつらばら》親王の孫で、平の姓を賜わった。桓武《かんむ》天皇四代の御子孫にあたるという］。摂関家の藤原忠平《ただひら》に仕え、検非違使《けびいし》（の配下）

となることを望んだが、許されなかったことに怒って東国に下って反逆した。まず、伯父の常陸《ひたち》の大掾《だいじょう》平国香《くにか》を攻めこれを自殺させた。その後、坂東を配下におさめ、下総《しもうさ》国相馬《そうま》郡に居所を定め、そこを都と名づけ、自ら平親王《へいしんのう》と称して勝手に官位・爵位を与えたので、天下は大騒動となった。

そこで、参議《さんぎ》民部《みんぶ》卿《きょう》兼右衛門督《うえもんのかみ》藤原忠文《ただぶみ》朝臣を征東大将軍《せいとうだいしょうぐん》とし、源経基《つねもと》［清和《せいわ》天皇の御子孫で六孫王《りくそんのう》といい、源頼義《よりよし》・義家《よしいえ》の先祖である］・藤原仲舒《なかのぶ》［忠文の弟］を副将軍として派遣した。しかし、平貞盛《さだもり》［国香の子］・藤原秀郷《ひでさと》らが心を一つにし将門を滅ぼし、その首を奉ったので、将軍らは駿河《するが》国で道を都にひき返した［将門は承平《じょうへい》五年（九三五）二月に乱を起こし、天慶《てんぎょう》三年（九四〇）二月に滅んだ。その間六年］。

また、藤原純友《すみとも》という者も、平将門に呼応して西国で反乱を起こしたので、少将小野好古《おののよしふる》を遣わして追討させた［天慶四年（九四一）に純友は殺されたという］。こうして天下は鎮まった。延喜の御代はあれほど天下安寧であったのに、いつの間にか世が乱れて反乱が起こった。天皇も穏やかでいらっしゃったし、貞信公が執政していたので、政治が間違っていたとは思えない。「時の災難」であったと思われる。

朱雀天皇には御子がいらっしゃらなかったので、同母弟の大宰帥親王《だざいのそつ》を皇太弟として立てて、皇位を譲られ、上皇の尊号を受けられた。その後、出家なさった。

天下《あめのした》を治めなさること十六年、三十歳であられた。

第六十二代・第三十四世　村上天皇

第六十二代・第三十四世村上《むらかみ》天皇は、諱《いみな》は成明《なりあきら》、醍醐《だいご》天皇の第十四の御子。朱雀《すざく》天皇の同母の御弟である。丙午《ひのえうま》の年（九四六年）に即位し、丁未《ひのとひつじ》（九四七年）に改元された。朱雀天皇が譲位されたとき、兄弟の間で互いに譲りあわれたので、誠意ある禅譲《ぜんじょう》の儀礼があった。(1)

「延喜・天暦の治」に劣らぬ親政

村上天皇が賢明という御誉れは、醍醐天皇から受け継いだものであったので、天下安寧であることも延喜《えんぎ》（醍醐天皇）・延長《えんちょう》（醍醐・朱雀天皇）の昔と異ならなかった。文筆・諸芸を好まれることも先帝と変わらなかったので、すべての先例は延喜・天暦《てんりゃく》（村上天皇）の二代であると申し上げている。

中国でも賢い明君が二代三代と続くことはまれで、周の文王・武王・成王・康王［文王は正位にはつかなかった］や、漢の文王・景王などの例は珍しいことといわれる。光孝《こうこう》天皇が傍系から選ばれて即位なさってから、続いて明君が出現されたのは、わが国が中興のときを迎える理由であったのだろう。また、皇統も以後、一貫して光孝天皇の流れが継ぐこととなった。

【註】

（1）兄弟の間で……／村上天皇が太上天皇の尊号を兄の朱雀天皇に贈ろうとしたが、朱雀天皇はこれを固辞した。村上天皇が誠意をこめて数回にわたってすすめたこと。

神鏡延焼事件

村上天皇のご治世の末ごろにあたる天徳《てんとく》年間（九五七〜九六一年）であったか、平安遷都後、初めて内裏に火災があり、内侍所《ないしどころ》(1)が焼けたが、神鏡は灰の中から見出し奉った。「円規《えんき》（神鏡の正円の形）が破損することなく、明らかに出現し、拝見する人で驚感しない者はなかった」と『天暦御記《てんりゃくぎょき》』(2)に記されている。このとき、神鏡が南殿《なんでん》の桜(3)に掛かっておられるのを、小野宮実頼《おののみやのさねより》の大臣が袖で受けたという話であるが、これは間違ったいい伝えである。

応和《おうわ》元年辛酉《かのととり》(4)年（九六一年）、中国では後周が滅び宋の代となった。唐ののち五代五十五年の間、中国はおおいに乱れて、五姓が移り変わって国主となった。このころのことを五季《ごき》という。宋の代になって賢主が続き、三百二十年あまりも世を保った。

村上天皇は天下《あめのした》を治めなさること二十一年、四十二歳であられた。

【註】

（1）内侍所／賢所《かしこどころ》とも。宮中において、天照大神の御霊代である神鏡・八咫鏡を安置している建物。平安時代には内裏の温明殿《うんめいでん》の南側にあり、内侍が奉仕したので内侍所ともいった。

（2）『天暦御記』／村上天皇の宸筆《しんぴつ》の日記。一部が伝わる。

（3）南殿の桜／紫宸殿《ししんでん》の階《きざはし》の下の左近《さこん》の桜。

（4）応和元年／親房の記憶違いで、天徳四年（九六〇）の誤り。

「賜姓源氏」の始まり

村上天皇には御子がたくさんおられたが、そのうち冷泉《れいぜい》・円融《えんゆう》天皇の二人は皇位に即かれたのでここでは申しあげるまでもない。ほかの親王のなかで具平《ともひら》親王［六条宮《ろくじょうのみや》と申しあげ、中務卿《なかつかさきょう》になられた。以前に兼明《かねあきら》親王がやはり中務卿で名誉がおありだったので、この方を後中書王《のちのちゅうしょおう》と申しあげた］が才能あり文芸の道に優れ、歴代天皇の後をよくお継ぎになった。

一条《いちじょう》天皇（村上天皇の御孫）の御代に、昔からのさまざまの行事・儀式などを復興し、人材を登用なさったが、具平親王が昇殿なさった日に清涼殿において作文《さくもん》（漢詩文を作らせる会）があり［中殿《ちゅうでん》（清涼殿）の作文というのはこのとき始まった］、「貴《とうと》ぶ所、是賢才《これけんさい》」という題で探韻《たんいん》（韻字を搾り取ること）して漢詩をお作りになったことがあったが、この親王のためであった。具平親王は諸方面に通じ、仏教についても明るかったという。昔から源氏の姓を賜わった人は多かったが、この親王の子孫だけが

今日までも代々大臣以上になっている。(1)

源氏というのは、嵯峨《さが》天皇が国費の負担をお考えになって、皇子・皇孫に姓を賜り人臣となさったのである。それによって御子の多くが源氏の姓を賜わった。桓武《かんむ》天皇の御子葛原《かずらはら》親王の子高棟王《たかむねおう》が平《たいら》の姓を賜わり、平城《へいぜい》天皇の御子阿保《あぼ》親王の子である行平《ゆきひら》・業平《なりひら》らが在原《ありわら》の姓を賜わったのは、源氏よりのちのことではあるが、これはたびたびあることではない。(2) 弘仁（嵯峨天皇）以後、歴代天皇の御子孫はみな源の姓を賜わった。

親王の宣旨を受けた人は、その人の才能には関わりなく、国々に封戸《ふこ》・位田《いでん》を立てて与えられたため、それが国費の負担になるので、人臣に連ねて、仕官するための学問をさせて、朝廷の要務に適うようにし、力量に従って昇進させる定めにしたのであろう。姓を賜わった人は、ただちに四位に叙された［皇子・皇孫の場合である］。在位中の天皇の皇子・皇孫は三位に叙されることになっているという［しかし、そうした例はまれである。嵯峨天皇の御子である大納言源定《さだむ》卿が三位に叙せられたが、これはこの天皇在位のときのことではない］。

【註】

（1）この親王の子孫……／村上天皇の皇子・具平《ともひら》親王の子師房《もろふさ》に始まる、「村上源氏」のこと。堀川《ほりかわ》、久我《こが》、土《つち》御門《みかど》、中院《なかのいん》の四流に分かれる。北畠親房は、中院家の支流である。武家として活躍した、源頼朝・足利尊氏・

新田義貞らは清和源氏の出身である。

（2）　桓武天皇の……／「平」姓の賜姓は、淳和《じゅんな》天皇の天長二年（八二五）、「在原」姓は同三年のことである。

源氏で大臣になった人々

こうして代々にわたって姓を賜わった人は百十余人もいるだろう。しかし、具平親王の子孫以外の源氏で大臣以上になって二代続いた人のことを耳にしたことがないというのはどうしたわけか。はっきりしない。

嵯峨《さが》天皇の御子で姓を賜わった人は二十一人、そのうち大臣にのぼった人は、常《ときわ》左大臣(1)兼大将、信《まこと》左大臣、融《とおる》左大臣。

仁明《にんみょう》天皇の御子では姓を賜わった人が十三人、大臣にのぼったのは多《まさる》右大臣、光《ひかる》右大臣兼大将。

文徳《もんとく》天皇の御子では姓を賜わった人が十二人、大臣にのぼった人が能有《よしあり》右大臣兼大将。

清和《せいわ》天皇の御子で姓を賜わった人は十四人、大臣にのぼった人は十世の子孫の実朝《さねとも》右大臣兼大将［これは貞純《さだずみ》親王の御子孫］。

陽成《ようぜい》天皇の御子で姓を賜わった人は三人。

光孝《こうこう》天皇の御子で姓を賜わった人は十五人。

宇多《うだ》天皇の御孫で、姓を賜わり大臣にのぼった人が雅信《まさのぶ》左大臣、重信《しげのぶ》左大臣［ともに敦実《あつみ》親王の御子」。

醍醐《だいご》天皇の御子で姓を賜わった人が二十人。大臣にのぼった人は高明《たかあきら》左大臣[2]兼大将、兼明《かねあきら》左大臣「のちには親王となり、中務卿に任ぜられた。前中書王《さきのちゅうしょおう》というのがこの人である」。

このの ち皇子に姓を賜わることはなくなったが、皇孫には多くある。ここでは大臣に任ぜられた人を書くのを主としているので、ことごとくは記さない。近くは後三条《ごさんじょう》天皇の御孫有仁《ありひと》左大臣兼大将「輔仁《すけひと》親王の子、白河《しらかわ》院の御猶子で、姓を賜わってただちに三位に叙せられた人である」が二世の源氏で大臣にのぼった。このようにたまたま大臣にのぼっても二代と続いたことはない。全部とはいわないが、納言以上までのぼって後を継いだ例さえまれである。雅信大臣の子孫は自然と納言にのぼり、のちまで続いたが、高明大臣ののち四代は、大納言だったがはやく絶えてしまった。何か深い理由があるように思われる。

【註】

（1）常左大臣／仁明天皇の項の註（4）（二二〇ページ）でふれたように、左大臣藤原緒嗣と並んで右大臣となり、執政に重きをなした。

（2）高明左大臣／左大臣に昇ったが、高明の外戚化を恐れた藤原北家の策謀で安和二年（九六九）〝安和の変〟を起こされ、大宰権帥に左遷された。

歴代天皇を補佐した人々

皇胤（天皇の御子孫）という由緒ある血統を出自とする人々は、蔭位《おんい》(1)に頼り、特別な才能もなく、そのうえ人に驕《おご》って、ものに慢心する心があるのか、人臣としてつくすべき礼節を守らないこともある。宇多《うだ》天皇の『寛平御記《かんぴょうぎょき》』にそのことの一端が書かれているのは、のちのちのことまでよくお考えになっていたからである。

天皇の御子孫はたしかに特別な人々であるが、わが国は神代からの誓約として、天照大神《あまてらすおおみかみ》の御子孫が君主として国を保ち、臣としては天児屋根命《あめのこやねのみこと》の血筋が君主を助け申しあげるべき役となっている。源氏は新しく生じた人臣である。(2)徳もなく功もない者が高官にのぼり、人に驕りたかぶることがあれば、二柱の神（天照大神と瓊瓊杵尊《ににぎのみこと》）のお咎めがないはずはない。

上古には皇子・皇孫もなかなか大勢おり、諸国に封ぜられたり、将軍や大臣にも任ぜられたりした。崇神《すじん》天皇十年に、初めて四人の将軍を任命して四道に遣わされたが、(3)これはみな皇族であった。景行《けいこう》天皇五十一年、初めて棟梁臣《とうりょうのおみ》を置き、武内宿禰《たけのうちのすくね》を任じた。成務《せいむ》天皇の三年には武内宿禰を大臣《おおおみ》とした［これがわが国の大臣のはじめである］。武内宿禰は景行天皇より神功《じんぐう》皇后まで六代(4)の朝廷に仕え、政務を司った。この大臣も孝元《こうげん》天皇の曾孫であった。

しかし、大織冠藤原鎌足がその一門を興隆させ、忠仁公良房が摂政となってからは、もっぱら天皇を補佐するという役に立ち返り、神代の神々の「幽契《ゆうけい》」（誓い、約束）のとおりになったのである。閑院の大臣藤原冬嗣《ふゆつぐ》が一門の衰えていたのを嘆き、善を積み功を重ね、神に祈り仏に帰依した、その効験も加わったからであろう。

【註】

（1）蔭位／父祖の遺勲などによって、特別な待遇を得て官職につくこと、または賜った位のこと。

（2）源氏は新しく……／源氏は藤原氏に遅れて出てきた補佐の家柄であるが、一方で親房はここで詳述されている村上源氏の出身である。親房の筆法がやや屈折しているのは理由なしとしないが、あくまで摂関家の優越を主張しているのが注目される。

（3）四人の将軍を……／『日本書紀』には、大彦命《おおびこのみこと》を北陸、武渟川別命《たけぬなかわわけのみこと》を東海、吉備津彦命《きびつひこのみこと》を西道、丹《たん》波道主命《ばみちぬしのみこと》を丹波に派遣したとある。崇神天皇の項の註（7）（一〇八ページ）でふれたように、この将軍を〝四道将軍〟と称する。四七一年造作の武蔵稲荷山古墳出土鉄剣銘によって、この伝承が五世紀の東国に存在したことも先に指摘したとおりである。

（4）六代／景行天皇、成務天皇、仲哀天皇、神功皇后、応神天皇、仁徳天皇の六朝。

村上源氏

具平親王はまことに才能にもすぐれ、徳も高い人だったようである。その子師房《もろふさ》は、姓を賜わって人臣に列し、才芸ともに古人に劣らず、名声も世に高かった。十七歳で納言に任じられ、以来、数十年間、朝廷の故実に通暁し、大臣・大将の地位にのぼり、懸車《けんしゃ》の齢《よわい》（致仕の年齢で、七十歳）までお仕え申しあげた。

親王の娘祇子《きし》女王(1)は、宇治《うじ》関白藤原頼通《よりみち》の正室である。そこで師房を頼通の猶子になさって、藤原氏一門と同様に、師房も藤原氏の氏神である春日神社に参詣申しあげたということである。また、まもなく御堂関白道長の娘と結婚なさったので、師房の子孫はみな道長の外孫にあたるわけである。それゆえ、師房の子孫の人たちは道長・頼通を遠祖のように思っている。

それ以来今日まで、和漢の学問をもっとも大切にし、報国の忠節を第一とする誠心が強かったためだろうか、師房の子孫のみが絶えないで十数代続いている。もとより、この一門のなかにも行跡が疑わしく、貞節をおろそかにする者もあったが、そういう者の子孫はおのずから衰えてあとも絶えてしまっている。だから、今後の人もそうした事実を思って慎み、よく考えるべきである。

だいたい、天皇の御事績を記し申しあげるなかで、ところどころで藤原氏の起こりについても述べてきた。源氏の血筋も長くなってきたので、正路を踏み行うべき一端を述べようと志し書き記したのである。天皇も村上天皇の御血筋だけで十七代におなりになり、大臣も村上天皇の御子孫の源氏が続いてきたのは、この天皇の徳がすぐれていらっしゃることによる、余慶があられたからこそと、敬い申し上げるのである。

【註】
（1）祇子女王／祇子は藤原頼成《よりなり》の娘といわれる。「進命婦《しんのみょうぶ》」ともよばれた。

第六十三代　冷泉院

第六十三代冷泉院《れいぜいいん》は、諱《いみな》は憲平《のりひら》、村上《むらかみ》天皇の第二の御子である。母は中宮藤原安子《やすこ》といい、右大臣師輔《もろすけ》の娘である。丁卯《ひのとう》の年（九六七年）に即位し、戊辰《つちのえたつ》の年（九六八年）に改元された。

冷泉天皇には「邪気」(1)がついておられたので、即位のとき、大極殿《だいごくでん》(2)にお出になることも容易ではなかったのか、紫宸殿《ししんでん》(3)において即位の礼が行われた。二年ほどで譲位された。六十三歳であられた。

この御門《みかど》の御時から天皇という称号を申し上げず(4)、また宇多《うだ》天皇からは諡《おくりな》も奉らなくなった。遺詔《ゆいじょう》があって国忌《こくき》・山陵《さんりょう》を置かなくなったのは、君父の賢いご判断であったけれど、尊号をやめてしまうことは臣子の義ではない。神武《じんむ》天皇以来の御号もみな後代に定めたものである。持続《じとう》・元明《げんめい》天皇からのちは、位をお避けになった君、あるいは出家の君にも諡を奉ってきた。やはり天皇と申しあげるべきである(5)。中古の賢人たちの定められたことでも、とても承服しえないことである。

【註】

（1）邪気／『源平盛衰記』十六には、「冷泉院御位の時、現御心もなく御物狂わしく御坐ければ、ながらえて天下を知召さん事もいかがと思食めるに」とある。

（2）大極殿／大内裏《だいだいり》の正庁である朝堂院《ちょうどういん》の正殿で、その北部中央にあった。即位礼、大嘗会《だいじょうえ》、朝賀《ちょうが》、視告《こく》朔《さく》、御斎会《ごさいえ》など、天皇が出御した重要な儀式が行われた。

（3）紫宸殿／平安京内裏の正殿。朝賀や公事を行うところで、大極殿の退廃後は即位などの儀式もここで行った。南殿《なでん》ともいう。現在の京都御所の紫宸殿は、江戸末期の安政二年（一八五五）に再建したもの。

（4）天皇という称号……／この変化は、古代以来の天皇・上皇の崩殂《ほうそ》に伴う殯《もがり》儀礼や譲位・践祚儀礼すべてにかかわる複雑な制度変更を意味し、堀裕氏「天皇の死の歴的位置―『如在之儀』を中心に」（『史林』81巻一号、一九八八年）が、包括的に論じている。まず、殯儀礼は、誄《しのびごと》・和風諡号・挙哀《こあい》・百官素服《ひゃっかんそふく》の順で逐次廃絶し、光孝《こうこう》天皇が殯最後となる。村上《むらかみ》天皇は在位中の崩殂だが殯は確認されない。以後、在位中の天皇は崩殂しても喪《も》が秘せられ、「如在《にょざい》の儀《ぎ》」として譲位を済ませてから崩殂が公表される。院号は宇多《うだ》上皇崩去の頃から定着し、天皇号は村上天皇が最後となるのである。この変化は「名分の乱れ」など容易にはいえない。堀氏は、天皇の聖性について「個人的・人間的な要素が消滅して権威化」したと結論される。

（5）やはり……／後醍醐《ごだいご》天皇が遺詔により、院号を拒否したという事情を、親房は強く意識しているのであろう。しかし、前註でふれたように、近年の研究は「――院」の諡号定着が天皇の聖性をかえって強化する方向にあったと強調している。

第六十四代・第三十五世　円融院

第六十四代・第三十五世円融院《えんゆういん》は、諱《いみな》は守平《もりひら》、村上《むらかみ》天皇の第五の御子、冷泉院《れいぜいいん》の同母の御弟である。己巳《つちのとみ》の年（九六九年）に即位し、庚午《かのえうま》の年（九七〇年）に改元された。天下《あめのした》を治めなさること十五年。禅譲、尊号を奉ることも今までの例と同じであった。

翌年のことだろうか出家された。永延《えいえん》のころ、寛平《かんぴょう》（宇多《うだ》天皇）の例にならって、東寺で灌頂《かんじょう》の儀式をお受けになった。これを司った御師は宇多天皇の御孫弟子の寛朝《かんじょう》僧正である。この天皇は三十三歳であられた。

第六十五代　花山院

第六十五代花山院《かざんいん》は、諱《いみな》は師貞《もろさだ》、冷泉院《れいぜいいん》の第一の御子である。母は皇后藤原懐子《かねこ》といい、摂政太政大臣伊尹《これまさ》の娘である。甲申《きのえさる》の年（九八四年）に即位し、乙酉《きのととり》の年（九八五年）に改元なさった。

天下《あめのした》を治めなさること二年で急に発心し、花山寺で出家なさった。これは弘徽殿女御《こきでんのにょうご》(1)「太政大臣藤原為光《ためみつ》の娘」が亡くなったことを悲しみ歎いておられた折をとらえて、粟田関白道兼《あわたのかんぱくみちかね》大臣(2)がまだ蔵人弁《くろうどのべん》であったころ、花山天皇をそそのかし(3)申したのである。天皇は山々をめぐって修行(4)なさったが、のちに都にお帰りになってお住まいになった(5)。この天皇にも「邪気」があったという。四十一歳であられた。

【註】

（1）女御／皇后と更衣《こうい》との中間の位で、天皇の御寝に侍る女。

（2）粟田関白道兼大臣／平安時代中期の公卿。応和元年（九六一）生まれ。藤原兼家《かねいえ》の三男。花山天皇に蔵人として仕えたが、父兼家の指図により、花山天皇を欺いて出家させた。父の摂政就任後は、右大臣をへて、兄道隆《みちたか》の死去で関白となるが、長徳元年（九九五）、就任まもなく死去したため「七日関白」とも称された。

（3）そそのかし／藤原兼家が、外孫の懐仁《やすひと》親王（一条《いちじょう》天皇）を即位させるためにはかった陰謀事件（寛和《かんな》の変《へん》）。藤原兼家の三男道兼は、悲しみにくれる天皇を自分もともに出家するからと偽って、内裏から元慶寺《がんぎょうじ》（花山寺）に連れ出した。天皇が落飾すると、道兼は寺を抜け出してそのまま逃げてしまった。

（4）修行／播磨の書写山《しょしゃざん》で性空《しょうくう》に結縁《けちえん》、次いで比叡山に登り受戒し、さらに熊野に入った。

（5）都に……／帰京後の法皇は好色の聞こえあり、藤原為光の女に通って、次項に登場する伊周《これちか》に誤解されて矢を射られ、これが伊周失脚の因となり、道長の台頭を招いた。しかし、法皇は学芸を好み、『拾《しゅう》遺《い》和歌《わか》集《しゅう》』を勅撰したほか、晩年には道長に敬重されたという。

第六十六代・第三十六世　一条院

第六十六代・第三十六世一条院《いちじょういん》は、諱《いみな》は懐仁《やすひと》、円融院《えんゆういん》の第一の御子である。母は皇后藤原詮子《せんし》［後には東三条院《ひがしさんじょういん》と申しあげる。后宮院号《こうぐういんごう》(1)のはじめである］といい、摂政太政大臣である藤原兼家《かねいえ》(2)の娘である。花山《かざん》天皇が神器を置いて皇宮を出られたので、皇太子の外祖父の右大臣兼家が皇宮に参内し、皇宮の諸門を閉鎖して、譲位の儀(3)を行われた。新しい君主は幼少であられたので、古例に倣《なら》って兼家が摂政になった。丙戌《ひのえいぬ》の年（九八六年）に即位し、丁亥《ひのとい》の年（九八七年）に改元なさった。

そののち、摂政兼家は病気となり、嫡子の内大臣道隆《みちたか》に摂政を譲って出家し、准三宮《じゅさんぐう》(4)の宣旨《せんじ》を受けた［執政の人（摂政関白）の出家はこれがはじめである。当時は出家した公卿がいなかったので、兼家を入道殿(5)と申した。そこで、源満仲《みつなか》が出家したときは、はばかって入道といわず新発意《しんぼち》といった］。この道隆は、初めて大臣をやめ、前官（前大臣）として関白となった［前官の摂政もこれが初めである］。

道隆は病(6)となったので、その子内大臣伊周《これちか》がしばらく代わって内覧したが、相続して自分が関白になるはずと思っていたところ、道隆が亡くなると、道隆の弟の右大臣道兼が関白となった。ところがわずか七日で道兼は亡くなり、その弟であった大納言道長に内覧の宣旨が下り、左大臣にまでなった。

しかし、延喜・天暦の聖代の例をお考えになったのだろうか、関白はやめられた。

三条院《さんじょういん》の御時、道長は関白(7)となり、後一条院《ごいちじょういん》の御代のはじめ、外祖父として摂政となられた。兄弟が多くいたにもかかわらず、この道長の流れだけが摂政・関白をなさったのである。

昔も、どのような理由かわからないが、昭宣公基経《もとつね》の三男の貞信公忠平《ただひら》、貞信公の二男師輔《もろすけ》の大臣《おとど》の流れ、師輔の三男東三条の大臣兼家、東三条の三男［道綱大将は一男のようだが、三弟に先を越された。そこで道長を三男とするす］のこの道長と、みな父の立てた嫡子ではないが、自然に家を継ぐことになった。祖神天児屋根命《あめのこやねのみこと》が計らいになった道にちがいないであろう［いずれも兄を越えて家を継ぐようになった理由は申しあげることができるが、複雑でわずらわしいので省略する］。

一条天皇の御代には、上達部《かんだちめ》（朝廷の人々）、諸道(8)の家々、顕密(9)の僧侶にいたるまですぐれた人が多かったので、御門も「自分は、すぐれた人材にめぐまれた点では延喜・天暦の聖代にも勝っている」とみずから感嘆しておられた。

天下《あめのした》を治めなさること二十五年、御病気のため譲位なさって出家。三十二歳であられた。


【註】
（1）后宮院号／太上天皇を「院」と呼ぶことに対して、皇太后・准母たちを「女院《にょいん》」という。
（2）藤原兼家／平安中期の高官。師輔の子。道隆・道兼・道長・超子《ちょうし》・詮子らの父。円融天皇の女御であった娘の詮子が生んだ懐仁親王を、寛和二年（九八六）に七歳で即位させ、外祖父として待望の摂政、氏長者《うじのちょうじゃ》となった。

（3）譲位の儀／このとき、兼家は譲位の宣命《せんみょう》を偽作したという。

（4）准三宮／太皇太后・皇太后・皇后を「三宮」といい、それに準ずる待遇を与えられた人に准三宮・准三后という称号が与えられた。准后宣下によってその称号が付与される。貞観十三年（八七一）、太政大臣・藤原良房に与えられたのが初例で、以後、皇族・摂政・関白などに准三宮を与えられた。また、兼家は、任摂政とともに、摂政を三公（三大臣）の上に列する「一座の宣旨」を受けた。以後、太政大臣は名誉職化した。

（5）入道殿／三位以上の出家者を「入道」それ以下の出家者を「新発意」と呼んだ。つまりこのとき、三位以上の出家者がいなかったということである。

（6）病／当時、疱瘡が大流行していた。

（7）関白／これは、親房の誤りで、藤原道長を「御堂関白」ともいうが、関白には任じられていない。次の三条天皇からはしばしば関白になるように仰せがあったが、道長は辞退し、内覧にい続けた。道長が任関白を嫌ったのは、関白は公卿会議（陣定《じんのさだめ》）に出席できず、太政官の政務から浮き上がってしまうのを恐れたからであるという（山本信吉氏の説）。

（8）諸道／医方・陰陽・明経・紀伝・明法・算道・管絃など。嵯峨天皇の項の註（1）（二一五ページ）のように、当時、大学寮は形骸化しつつあったが、諸道の博士家が公卿の家学となり、学者を輩出した。たとえば、『占《せん》事略決《じりゃっけつ》』を著わした陰陽博士安倍晴明は、周知のように没後、神格化された。また「ヲコト点」から、片仮名・平仮名が発生、流行し、女房文学が栄えたことも軽視できない。後世、「延喜一条院の御代」と謳われた所以である。

（9）　顕密／顕教と密教のこと。真言宗では自らの宗派の教えを密教とし、他宗派の教えを顕教とした。密教とは大日如来が説いた教えで、容易に明らかにできない秘密の教えである。顕教とは、民衆を教化するために示現した釈迦如来が、秘密にすることなく明らかに説いた教えのことで、密教のほうが優れているとした。

第六十七代　三条院

第六十七代三条院《さんじょういん》は、諱《いみな》は居貞《いやさだ》、冷泉院《れいぜいいん》の第二の御子である。母は皇太后藤原超子《ちょうし》といい、これも摂政兼家の娘である。花山院《かざんいん》が出家されたので、皇太子に立てられなさったが、「邪気」のためか、ときどき御目が暗くなられたという。[1]辛亥《かのとい》の年（一〇一一年）に即位し、壬子《みずのえね》の年（一〇一二年）に改元なさった。

天下《あめのした》を治めなさること五年、太上天皇の尊号を奉られた。[2]四十二歳であられた。

【註】

（1）　御目が暗く／三条天皇は在位中、眼病を患い、政務に差し支えが生じ、内覧の藤原道長に「摂准政」の宣旨を下された。以後、成人の天皇が病中のとき、准摂政が置かれることが慣例となった。

（2）天下を……／在位中の天皇は道長と不和で、右大臣の藤原実資《さねすけ》を信頼し、しばしば内覧の道長には無断で実資に重要政務を諮問した。

第六十八代　後一条院

第六十八代後一条院《ごいちじょういん》は、諱《いみな》は敦成《あつひら》、一条院《いちじょういん》の第二の御子である。母は皇后藤原彰子《しょうし》［のちに上東門院《じょうとうもんいん》と申しあげる］といい、摂政藤原道長[1]の娘である。丙辰《ひのえたつ》の年（一〇一六年）に即位し、丁《ひのと》巳《み》の年（一〇一七年）に改元なさった。外祖父道長の大臣が摂政をしていたが、のちに内大臣であった嫡子頼通にこれを譲り、太政大臣として、天皇の元服の日、加冠《かかん》・理髪《りはつ》の儀式を父子並んで務めたということは、まことに珍しいことである。

冷泉院《れいぜいいん》・円融院《えんゆういん》の両流がかわるがわる世を治められていたが、三条院《さんじょういん》が崩御されたのち、御子の敦明皇子《あつあきらのみこ》が皇太子に立てられなさった。しかし、皇子はご自分のご意思で皇太子の地位を退き[2]、院号を賜わって小一条院と申された。これより以後、冷泉天皇の御系統は途絶えてしまった。冷泉院は円融院の御兄であるから、その御子孫も正統と申すべきであるのに、このようなことになったのには以下のような経緯による。

昔、天暦《てんりゃく》の御時に、民部卿藤原元方《もとかた》の娘である御息所《みやすどころ》[3]（側室の祐姫《すけひめ》）が、村上《むらかみ》天皇の一の御子広《ひろ》平《ひら》親王を生み申しあげた。その後、九条殿（右大臣藤原師輔《もろすけ》）の娘（安子）が女御にあがり、第二の皇子［冷泉院でいらっしゃる］がお生まれになったころから、第一皇子の広平親王には皇太子になる望みがなくなったので、父の元方は悪霊となって第二皇子にとりつき、皇子は邪気に悩まされた。花山《かざん》院《いん》が急に出家をされたり、三条院が御目のくらむ病にかかられたり、またこの敦明親王が自ら皇太子を退くことになったのも、みな元方の怨霊のせいであるという。

円融院は冷泉院と同腹の御弟であられたが、これほどまで悩まれなかったのは、皇位を受け継ぐ御運がおありになったからであろう。敦明親王が皇太子の位を退いたので、後一条院の同母の御弟の敦《あつ》良《なが》親王（後の後朱雀《ごすざく》天皇）が皇太子にお立ちになった。後一条院にも御子がおられなかったので、敦良親王の御子孫が皇位を受け継がれることとなった。

天皇は天下《あめのした》を治めなさること二十年、二十九歳であられた。

【註】

（1）藤原道長／康保三年（九六六）生まれ。藤原兼家の第五子。権大納言の地位にあった長徳元年（九九五）、長兄道隆、次兄道兼が没すると、その後継者の地位を道隆の嫡子内大臣・伊周と激しく争うが、姉詮子の後ろ盾もあり、内覧（関白に準ずる職）となる。その後も伊周と地位を争ったが、花山院の頃の註（5）（二五七ページ）でふれたように、伊周の部下が花山法皇の衣に矢を射た咎《とが》で、伊周は九州に左遷され失脚した。

（2）皇太子の地位を退き／母が左大将済時《なりとき》の娘で、道長に疎んじられていたので、皇太子を辞退せざるをえなかった。

（3）御息所／天皇の御寝に侍る宮女。皇子・皇女を産んだ女御・更衣の尊称となる。

第六十九代・第三十七世　後朱雀院

第六十九代・第三十七世後朱雀院《ごすざくいん》は、諱《いみな》は敦良《あつなが》、後一条院《ごいちじょういん》の同母の弟である。丙子《ひのえね》の年（一〇三六年）に即位し、丁丑《ひのとうし》の年（一〇三七年）に改元なさった。後朱雀天皇は賢明であられたというが、そのころ関白藤原頼通(1)が政権をほしいままにしていたので、天皇の政治に関する御業績が伝えられていない(2)。無念なことである。

後朱雀天皇の長久《ちょうきゅう》のころ（元年九月九日）、内裏で火災があり神鏡が焼けてしまったが、霊光が現われていたので、その灰を集めて安置された。

天下《あめのした》を治めなさること九年、三十七歳であられた。

【註】

（1）関白藤原頼通／頼通は、寛仁元年（一〇一七）に摂政に任じられ、治暦四年（一〇六八）まで実に摂関在位五十一年に及んだ。その初期は、父道長と異なって右大臣一上《いちのかみ》（筆頭大臣）の実資を信頼、尊重し、政事は平穏に流れた。しかし、実資も老齢であり、長久元年（一〇四〇）頃から頼通は政事に倦み、天皇を後見する意欲を失っていったという。

（2）天皇の政治に関する……／平忠常《ただつね》の乱のとき、陣定で公家らは源頼信《よりのぶ》派兵を決したが、天皇は検非違使《けびいし》を派遣し、三年間争乱が続いた。やむなく頼信を派遣すると乱はたちまち収束した。また、長暦三年（一〇三九）、山門《さんもん》と寺門《じもん》が抗争し、円珍《えんちん》門徒が戒壇を要求して強訴《ごうそ》した。天皇は頼通に諮《はか》ったが、関白は答えず、天皇と関白は互いに責任を回避する始末であった。蔵人頭資房《すけふさ》は「執柄の人王事を忽諸《こつしょ》す」と頼通を批判した。ようするに、武士の台頭や寺社の嗷訴《ごうそ》という社会変動が生じ、律令システムが機能を失う傾向がみえていた。後年の〝院政〟は、こうした事変の結果生じたといえる。

第七十代　後冷泉院

第七十代後冷泉院《ごれいぜいいん》は、諱《いみな》は親仁《ちかひと》、後朱雀院《ごすざくいん》の第一の御子である。母は贈皇太后藤原嬉子《きし》「もとは尚侍《ないしのかみ》」といい、摂政道長の大臣の第三の女である。乙酉《きのととり》の年（一〇四五年）に即位され、丙戌《ひのえいぬ》の年（一〇四六年）に改元された。

この治世の末ごろは世情が不安であったという。陸奥でも安倍貞任《あべのさだとう》・宗任《むねとう》[1]などといった者が乱を起こしたので、源頼義《よりよし》に仰せつけて追討なさった［頼義は陸奥守となり、鎮守府将軍を兼ねた。源氏が鎮守府将軍に任ぜられたはじめである。曾祖父経基《つねもと》は征東副将軍であった］。十二年かかって乱は平定された。

後冷泉天皇には御子がいらっしゃらなかったうえ、[2]後朱雀院の遺詔で後三条院がすでに東宮になっておられたので、皇位継承はあらかじめ決まっていたわけである。[3]

天下《あめのした》を治めなさること二十三年、四十四歳であられた。

【註】

（1）安倍貞任・宗任／平安時代の陸奥国の豪族。天喜四年（一〇五六）に前九年《ぜんくねん》の役を起こし、陸奥守源頼義らと戦った。康平五年（一〇六二）に陸奥の厨川柵《くりやがわのさく》の戦いで兄貞任は戦死すると、宗任は投降し、その後、伊予に流された。

（2）御子が……／後冷泉天皇は温和な性格で、後宮は紫式部《むらさきしきぶ》の娘大弐三位《だいにのさんみ》が差配していた。頼通は女寛子《かんし》・源子《げんし》を入内させたが男子に恵まれなかった。

（3）後朱雀院の……／事実は、後朱雀天皇が危篤の病床に、頼通の弟能信《よしのぶ》が参入し、尊仁《たかひと》親王（後三条天皇）の立坊を勧めたので急遽、皇太弟に立てられたのである。

第七十一代・第三十八世　後三条院

第七十一代・第三十八世後三条院《ごさんじょういん》は、諱《いみな》は尊仁《たかひと》、後朱雀院《ごすざくいん》の第二の御子である。母は中宮禎子《ていし》内親王［陽明門院《ようめいもんいん》と申しあげる］といい、三条院の皇女である。後朱雀院のかねてからの御意思で、太弟にお立ちになった。また、三条院の血筋も受け継いでおられる。昔もこのような例はあった。父方、母方の両方から［たとえば欽明《きんめい》天皇の母手白香《たしらか》皇女が、仁賢《にんけん》天皇の娘で、仁徳《にんとく》天皇の御子孫である］天皇の血筋を受けて皇位を継承なさった。戊申《つちのえさる》の年（一〇六八年）に即位し、己酉《つちのととり》の年（一〇六九年）に改元なさった。

後三条天皇は長い間、東宮であられたので、(1)心穏やかに和漢の書物を学び、顕密の教えにも通暁なさっていて、御製の詩歌も数多く人に愛唱されたようである。後冷泉院《ごれいぜいいん》の治世の末ごろ、世の中が乱れて人々の憂いが絶えなかった。後三条天皇が四月に即位されると、まだ秋の収穫時にもならぬうちに、世の中が直ったので、有徳《うとく》の君でいらっしゃったと申し伝わっている。

初めて記録所《きろくしょ》(2)というものを置かれて、国の衰えを直された。延喜・天暦以来では誠にすぐれた御業績であった。
天下《あめのした》を治めなさること四年。(3) 皇太子に位を譲り、太上天皇の尊号を受けられた。のちに出家された。後三条天皇の御時から摂関家の権力が抑えられ、(4) 天皇がご自分で政治をお執りになる形に返った。しかし、このころでもまだ譲位ののち、院中で政務を執る院政ということはなかった。四十歳であられた。

【註】
（1）長い間……／尊仁親王は、東宮に潜居二十四年という永さであった。長暦二年（一〇三八）の着袴《ちゃっこ》の儀に頼通は不協力で指弾されたが、頼通の異母弟能信らが強く東宮を支持し、無事にこの永い危機を切り抜けた。
（2）記録所／初め記録荘園券契所《きろくしょうえんけんけいしょ》といい、荘園整理の目的のため、後三条天皇によって、延久元年（一〇六九）に設置された。後に、国司と荘園領主との荘園に関する相論（訴訟）も審議した。
（3）四年／頼通との仲がとかく噂されたが、頼通は息師実《もろざね》に、毎日内裏出仕を命じていた。天皇は師実に、その養女賢子と東宮（白河《しらかわ》天皇）とを成婚させるよう命じ、頼通を感涙させたと伝えられている（『愚管抄』）。
（4）摂関家……／関白の一人諮問制は廃止され、「御前定《ごぜんさだめ》」といって関白教通《のりみち》・右大臣師実・内大臣師房《もろふさ》の三重臣による合議制に改められた。

第七十二代・第三十九世　白河院

白河院の系譜

第七十二代・第三十九世白河院《しらかわいん》は、諱《いみな》は貞仁《さだひと》、後三条院《ごさんじょういん》の第一の御子である。母は贈皇太后藤原茂子《もちこ》といい、贈太政大臣能信《よしのぶ》の娘といわれるが、実は中納言公成《きんなり》の娘である。壬子《みずのえね》の年（一〇七二年）に即位し、甲寅《きのえとら》の年（一〇七四年）に改元なさった。

古《いにしえ》の儀式などを復興されて、野《の》の行幸など(1)も行われた。また白河に法勝寺《ほっしょうじ》(2)を立てた。九重の塔婆《とうば》などは、かつて天皇・皇后の発願によって創建された寺々よりも立派に造営された。こののち、代々の天皇がつづいて御願寺《ごがんじ》を建てられたので、(3)造寺が盛んにすぎるという非難もあった。

御願寺を造営する功によって、国司が重任《ちょうにん》する受領《ずりょう》が多くなり、国司に対する考課《こうか》（治績の評価）も正しく行われなかった。さらに、御願寺の維持・運営のために多くの封戸・荘園が寄進され、国費の負担が誠に多くなった。

【註】

（1）野の行幸／洛外の嵯峨野《さがの》などで行われた、狩猟などのための行幸。

（2）法勝寺／京都市左京区岡崎にあった白河天皇の勅願寺。承暦元年（一〇七七）に建立された。同時代に「勝」の字のある勅願寺が六カ寺建立され（「六勝寺《ろくしょうじ》」と総称）、法勝寺はその筆頭とされた。当初は七堂伽藍をそなえた大寺であった。火災に遭い廃絶されたが、八角九重塔は、南北朝期まで下部が残っていた。高さ八十八メートルで、東山を越して山科からも望まれたという。その基壇は現在、市立動物園の爬虫類舎となり残っている。

（3）代々の天皇が……／六勝寺のこと。法勝寺（白河天皇）・尊勝寺《そんしょうじ》（堀河《ほりかわ》天皇）・最勝寺《さいしょうじ》（鳥羽《とば》天皇）・円《えん》勝寺《しょうじ》（待賢門院《たいけんもんいん》）・成勝寺《じょうしょうじ》（崇徳《すとく》天皇）・延勝寺《えんしょうじ》（近衛《このえ》天皇）の六寺。みな勝の字がつく御願寺。

院政

天下《あめのした》を治めなさること十四年。白河院は皇太子に皇位を譲り太上天皇の尊号を受けた。初めて院中で政治をお執りになり、[1]のちに出家なさってからもそのまま一生お過ごしになった。

退位されてからも、上皇として政治をお執りになるということは、昔はなかったことである。[2]孝謙《こうけん》天皇が皇位を退かれたのちも、淡路廃帝《あわじはいてい》（淳仁天皇）はただ皇位にいらっしゃるだけであったといわれているが、これは古代のことなのではっきりしない。[3]嵯峨《さが》・清和《せいわ》・宇多《うだ》天皇も皇位を譲って引退なさった。円融院《えんゆういん》の御時には、ようやく上皇が執政なさることもあったようだ。院の御前で、摂政藤原兼家《かねいえ》の大臣が仰せを受けて、源時中《ときなか》朝臣を参議に任じられたといって、小野宮実資《おののみやさねすけ》の大臣などは首をかしげて非難したとのことである。それゆえ、上皇がおられても天皇が御幼少のときには、ひとえに摂関が政務をとることになっていたのである。

宇治の大臣藤原頼通《よりみち》の時代になると、三代の天皇（後一条《ごいちじょう》・後朱雀《ごすざく》・後冷泉《ごれいぜい》）の摂関として五十余年も政権を専らにしていた。頼通以前は、関白になってからは天皇を補佐するという節度を守っていたが、頼通の態度が度を越して目にあまるものがあったからであろうか(4)、後三条院が東宮のときから、頼通のことを悪し様にお思いになっていることを聞いて、二人の関係は悪くなり、皇太子の地位も危ういのではないかと思われるほどであった(5)。

後三条院が即位すると、頼通は関白をやめて宇治《うじ》に隠棲した。そして、弟の二条教通《にじょうのりみち》の大臣が関白になったが、特に何の権力もなかった(6)。まして、この御代には院で政治をお執りなったので、摂関はただ形ばかりその職にあるだけとなった(7)。

しかし、このとき以後また、昔からの政治の姿は一変してしまったのであろう。摂関が政権をにぎっていても、天下のことは天皇の宣旨(8)・官符(9)によって行われていたが、この御代からはそれより院宣(10)・庁御下文《ちょうのおんくだしぶみ》(11)の方を重用するようになり、在位の天皇はただその位についておられるだけとなってしまったのである。これこそ世の末となった姿というべきであろう。

白河院は都の南、鳥羽《とば》というところに離宮をたて、大規模な土木工事を行った。昔は退位なさった天皇は朱雀院にお住みになられ、これを後院《ごいん》といった。また冷然院にも［「然」の字は火のことに関わりがあってはばかりがあるので、泉の字に改めた］おられたが、そこにはお住まいにならなかった。白河院よりのちは鳥羽殿が上皇御座の本所(12)にお定めになった。

白河院は、御子の堀河御門《ほりかわのみかど》、御孫の鳥羽御門、御曾孫崇徳《すとく》御門の在位まで、五十余年間(13)［在位で十四年、院中で四十三年］天下《あめのした》を治めなさったので、「院中の礼」というようなこともこのときから定まった。すべて御心のままに長い間政権を保たれた御代である。七十七歳であられた。

【註】

（1）院中で……／白河上皇譲位後しばらくは執政せず、寺社の巡遊など御幸を重ねた。譲位の理由は、父の後三条から白河の末弟輔仁《すけひと》親王を擁立するよう遺詔があったが、白河は実子の善仁《たるひと》親王（堀河天皇）の登極を望んだ。関白師実《もろざね》も外戚となりうる善仁の践祚を望んだ。かくて天皇と関白の通款《つうかん》として善仁親王の践祚が実現したのであり、白河上皇に執政の意図はなかった。

（2）上皇として……／譲位後数年のち、白河院も執政する局面がでてきた。寺社の嗷訴、武士の紛争など、従来の天皇・摂関では処理しきれない案件が続出したからである。

（3）淡路廃帝は……／淳仁《じゅんにん》天皇は、道鏡の件で孝謙《こうけん》上皇を諫めて上皇を怒らせ、天下の常祀と小事は天皇、賞罰と大事は上皇が裁定することとされた。

（4）頼通の態度が……／頼通の関白政治を、親房は非常な専制としているが、後朱雀院の項の註（1）（二六五ページ）で述べたように、頼通の執政はむしろ温和で、できるだけ天皇の裁断に任せようとしていた。早川庄八氏などは、そのような頼通の態度について「天皇を後見する意欲を失った」とさえ表現している。親房は、後三条の親政を際立たせるため、頼通の執政をそしる形にしたかと思われる。この箇所は、親房による〝物語〟的表現といえよう。

（5）後三条院が……／後三条院の項の註（3）（二六八ページ）に記述のように、この部分は違う。頼通は「恵和」の心の持ち主で、東宮時代の後三条を圧迫するようなことはしていない。
（6）何の権力も……／実態は、後三条院の項の註（4）（二六八ページ）参照。
（7）摂関は……／摂関制から院政への移行は、「いくつかの段階を経ながら、きわめて緩やかその歩み」という、橋本義彦氏の説が妥当であろう。
（8）宣旨／天皇の命を伝える文書。勅旨を蔵人が上卿《しょうけい》に伝え、上卿は外記《げき》または弁官《べんかん》に伝え、弁官は史《し》に伝えて文書を作る。
（9）官符／太政官符のこと。太政官が管轄下にある官司に下した文書。
（10）院宣／上皇・法皇の発する宣旨。
（11）庁御下文／「庁」は、上皇・法皇が執政する院の政庁。そこから下される下文。文章の書きだしと留めに「下」という文字があるのが特徴。
（12）本所／居所のこと。のちに上皇の御所を「仙洞《せんとう》」と称した。
（13）五十余年間／諸本には「四十余年」とある。堀河天皇＝二十年八カ月、鳥羽天皇＝十五年六カ月、崇徳天皇＝六年七カ月とすると、四十二年九カ月となる。

第七十三代・第四十世　堀河院

第七十三代・第四十世堀河院《ほりかわいん》は、諱《いみな》は善仁《たるひと》、白河院《しらかわいん》の第二の御子である。母は中宮賢子《けんし》といい、右大臣源顕房《あきふさ》の娘であるが、関白藤原師実《もろざね》の大臣の猶子となる。丙寅《ひのえとら》の年（一〇八六年）に即位し、丁卯《ひのとう》の年（一〇八七年）に改元された。

この御門は和漢の才にすぐれておられた。ことに管絃《かんげん》[1]・郢曲《えいきょく》[2]・舞楽《ぶがく》[3]の方面に造詣が深かった。神楽《かぐら》の曲などが今日まで地下《じげ》[4]の家々に伝えられているものも、堀河院の御説である。

天下《あめのした》を治めなさること二十一年、[5]二十九歳であられた。

【註】

（1）管絃／横笛・笙《しょう》などの笛類と、琵琶・琴などの弦類。

（2）郢曲／中国の楚《そ》の都であった郢《えい》で歌われた卑俗な俗曲のことで、平安時代以降には神楽歌・催馬楽《さいばら》・風俗歌・朗詠などの総称であった。

（3）舞楽／日本の雅楽のなかで、渡来の音楽に源をもち、雅楽器の伴奏によって舞を鑑賞するものをいう。

（4）地下／堂上人・殿上人に対して、五位以下で殿上の間に昇殿することを許されない官人。神楽の家々は代々地下人であった。

（5）二十一年／堀河天皇は「末代の賢王」と称され、院の信頼も厚く、対立などはなかった。

第四章　『神皇正統記』（人）を読む

『神皇正統記』（人）

人皇（三）

第七十四代・第四十一世　鳥羽院

第七十四代・第四十一世鳥羽院《とばいん》は、諱《いみな》は宗仁《むねひと》、堀河院《ほりかわいん》の第一の御子である。母は贈皇太后藤原苡子《じし》といい、贈太政大臣藤原実季《さねすえ》の娘である。丁亥《ひのとい》の年（一一〇七年）に即位し、戊子《つちのえね》の年（一一〇八年）に改元された。

天下《あめのした》を治めなさること十六年、皇太子に皇位を譲り、太上天皇《だいじょうてんのう》の尊号を受けられた。白河院《しらかわいん》が院政をしいていたので、(1)鳥羽院は新院《しんいん》(2)といわれ、あちこちへ御幸《ごこう》(3)なさるときには、白河院と同じ車に乗られた。雪見の御幸の日は、新院が烏帽子《えぼし》・直衣《のうし》に深沓《ふかぐつ》をお履きになり、馬で白河院の御車の先をお歩きになった。世にも珍しいことなので、人々がこぞって見物申し上げた。

昔、弘仁のころ（弘仁十四年＝八二三）、嵯峨《さが》上皇が嵯峨の院に移られた日、馬で都より出発なさり、宮城の内を通過されたということが記されているが、このような例と同じだろう。容儀が見事であられたので、きらびやかさを好まれたのか、糊をきかせた強《こわ》装束や、烏帽子の額《ひたい》を漆で塗り固めためたりすることは、このころから始まった。また、花園に住んでいた有仁大臣《ありひとのおとど》[4]もお姿が立派で、この二人が申し合わせたので、上下の者皆同じように華美な風俗になったといわれている。

白河院がお亡くなりになると、鳥羽院が政治をお執りになった[5]。鳥羽院は白河院の御孫だが、白河院は御子として遇されたので、白河院がお亡くなりになったときは、本来は子が着る重服《じゅうふく》[6]を着された。鳥羽上皇も院で二十余年政治を執られ、そのあいだに出家なさったが、なおそのまま院政を続けられた。そこで、院中の古例という場合には、この白河・鳥羽の二代のことをいうのである。五十四歳であられた。

【註】

(1) 白河院が院政を……／保安二年（一一二一）、関白藤原忠実《ただざね》が院の勘気を蒙り失脚した。現役の関白が上皇によって罷免された事件であり、摂関の没落の決定的な画期として強調される（石井進「院政時代」『石井進著作集・第3巻　院政と平氏政権』）。

(2) 新院／上皇・法皇が同時に二人在位している場合、その治世の順番で、本院・新院と呼び、三人の場合は、本院・中院・新院、もしくは一の院・二の院・三の院と呼ぶ。その場合、本院または一の院を執政上皇の意味で「治天《ちてん》の君《きみ》」と称した。ただし、「治天の君」には親政の天皇も含めていう。ようするに「天皇家の家《か》督《とく》」という概念であり、また〝政務《せいむ》〟ともいう。

（3）御幸／花見・月見などに行かれること、また熊野・石清水・高野山などへの参詣など。天皇の出歩き巡遊は「行幸《ぎょうこう》」と称し区別する。

（4）有仁大臣／左大臣源有仁。後三条《ごさんじょう》天皇の孫。

（5）鳥羽院が政治を……／鳥羽上皇は意図的に摂関の弱体化をはかり、宇治に籠居していた忠実を召し出して関白藤原忠通《ただみち》の後見（大殿《おおとの》）とし、さらに忠実の次子頼長《よりなが》を内覧とした。これにより院は関白と内覧を適宜使い分け、両者拮抗のうえに院権力の確保をはかった。これが次項で述べられる保元《ほうげん》の乱《らん》の重要な一因となった。

（6）重服／喪服には軽重の二つがあり、父母の喪服を重服、その他を軽服《きょうぶく》といった。

第七十五代　崇徳院

第七十五代崇徳院《すとくいん》は、諱《いみな》は顕仁《あきひと》、鳥羽院《とばいん》の第一の御子。母は中宮藤原璋子《しょうし》［待賢門院《たいけんもんいん》という］といい、入道大納言藤原公実《きんざね》の娘である。癸卯《みずのとう》の年（一一二三年）に即位し、甲辰《きのえたつ》の年（一一二四年）

に改元された。

戊申《つちのえさる》の年（大治三年＝一一二八）は、宋《そう》の欽宗《きんそう》皇帝の靖康《せいこう》三年にあたる年で、宋の政治が乱れ、北狄《ほくてき》の金《きん》国が興り、上皇徽宗《きそう》と欽宗を捕らえ北方に連れ去った。皇弟高宗《こうそう》は長江《ちょうこう》を渡って南に逃れ、杭州《こうしゅう》というところに都を建て行在所《あんざいしょ》とした。これを宋の南渡《なんと》という。

崇徳天皇は天下《あめのした》を治めなさること十八年。鳥羽上皇との関係が良くなかったので位を退かれた。(1) 保元元年（一一五六）に、事件(2)が起こって出家されたが、讃岐《さぬき》国に配流させられた。四十六歳であられた。


【註】

（1）鳥羽上皇との関係／『古事談《こじだん》』には、崇徳天皇は、鳥羽上皇と待賢門院との間に生まれたとされるが、実は、白河上皇と待賢門院との密通によって生まれたという噂があった。大江匡房《おおえのまさふさ》も「人皆これを知る」と記している。当時の人々もうすうすこの事実を知っていたらしい。鳥羽上皇がそれを不快に思い、崇徳天皇を「叔父子」といって忌み嫌ったという。崇徳天皇誕生直前の白河上皇の動静をうかがうと、待賢門院と同棲状態であったことは否定できない。したがって、『古事談』の伝えるところは史実であったとみられる。白河上皇の好色乱倫は、『中右記《ちゅうゆうき》』が「殊寵多く、已《すで》に天下品秩破る」と攻撃しており、鳥羽上皇も待賢門院を遠ざけ、美福門院《びふくもんいん》（藤原得子《とくし》）を後宮としていた。

（2）事件／保元の乱のこと。保元元年（一一五六）に起こった京都の争乱。六月、鳥羽上皇危篤の報に崇徳院は見舞おうとして美福門院に阻止され、さらに鳥羽上皇崩殂《ほうそ》後にも崇徳院は対面を許されず、ついに七月、崇徳院は岡崎で挙兵した。乱の発端については、崇徳院に同情すべき点が多い。ようするに、この乱は、皇位継承に関する崇徳院と後白河天皇との対立に摂関家内の勢力争いが加わり、さらに源平の二大武家が介入して混乱した戦であった。院方の敗北で収束した。

第七十六代　近衛院

第七十六代近衛院《このえいん》は、諱《いみな》は体仁《なりひと》、鳥羽院《とばいん》の第八の御子。母は皇后藤原得子《とくし》［美福門院《びふくもんいん》と申しあげる］といい、贈左大臣藤原長実《ながざね》の娘である。辛酉《かのとのとり》の年（永治元年＝一一四一）に即位し、壬戌《みずのえいぬ》の年（一一四二年）に改元された。

天下《あめのした》を治めなさること十四年、十七歳で早世なさった。

第七十七代・第四十二世　後白河院

後白河天皇即位の経緯

第七十七代・第四十二世後白河院《ごしらかわいん》は、諱《いみな》は雅仁《まさひと》、鳥羽《とば》上皇の第四の御子、崇徳院《すとくいん》の同母の御弟である。近衛《このえ》天皇は鳥羽上皇が特別に寵愛なさった御子であったが早世なさった。そのあと、崇徳院の御子重仁《しげひと》親王が皇位に即くはずであったが、かねて鳥羽上皇と崇徳院の仲がよくなかったので、実現しなかった。

上皇はいろいろ苦慮なさったが、[1] 結局、この御門《みかど》を立たせられた。立太子の礼もなく、すぐに即位なさった。今はこの後白河院の御子孫だけが皇位を受け継いでいるから、これもしかるべき天命[2]だったのだと思われる。

乙亥《きのとい》の年（久寿二年＝一一五五）に即位し、丙子《ひのえね》の年（保元元年＝一一五六）に改元された。年号を保元という。鳥羽院が崩御なさったので、世を治められた。[3]

【註】

（1）上皇はいろいろ……／鳥羽上皇は、近衛天皇崩殂にあたり、雅仁親王は「いたく沙汰だしくお遊び」つまり遊芸好きなのを危ぶんで嗣立に乗り気でなかった。関白忠通に諮り、忠通が「四の宮御座の上は」と奏したので雅仁親王に落着したという（『愚管抄』の説）。

（2）天命／天照大神の下された神慮。

（３）世を治められた／この場合、後白河天皇の親政であるが、「治天の君」だったのである。

保元の乱

左大臣藤原頼長《よりなが》という方は、知足院《ちそくいん》入道関白藤原忠実《ただざね》の次男である。法性寺《ほっしょうじ》関白藤原忠通《ただみち》の大臣《おとど》はこの大臣（頼長）の兄で、和漢の才があり、長く摂政・関白としてお仕えしてきた。頼長も漢学の評判が高かったが、性格のきつい、角《かど》のある人物であったという。父忠実に寵愛されていたため、道理にあわないことでも通っていたので、ついには兄の関白忠通をさしおいて、藤原氏の長者となり内覧の宣旨(1)を受けた。

氏の長者が摂関以外の人に移ったことは、摂政・関白が始まって以来例がなかった。内覧については、昔、醍醐《だいご》天皇の御代のはじめころ、本院の大臣（左大臣藤原時平《ときひら》）と菅原道真《すがわらのみちざね》の二人が天皇の政治を補佐しておられたとき、並んで内覧の号があった。しかし、時平は関白ではなかったので、関白と内覧の臣とが並立していたことにはならないだろう。兄の大臣忠通は本来性質が穏やかであったので、このことを深く気にかけることもなく過ごした。

近衛天皇がお亡くなりになったころから、頼長は内覧をやめさせられたことを恨み、おそらく天下を自分の思う通りに仕切りたいと図ったのだろうか、崇徳上皇に申し進めて世を乱された(2)。父の鳥羽法皇が亡くなって七日ばかりのことであった。誠に忠孝の道に欠ける御行動であったと思う。鳥羽法皇もかねてからこのことを悟られていたのであろうか、平清盛《きよもり》(3)・源義朝《よしとも》(4)らを召して、内裏を警衛するよう勅命をお出しになっておいたようである。

崇徳上皇は、鳥羽殿を出られて、白河の大炊殿《おおいどの》というところですでに兵を集められていたので、後白河院は清盛・義朝らに命じて崇徳上皇の御所を攻められた。後白河院が勝ちの勢いにのって攻めたので、崇徳上皇は西山のほうに逃れ、左大臣頼長は流れ矢に当たって奈良坂のあたりまで落ちのびたが、ついに「客死《かくし》」（居所以外で死ぬこと）した。

崇徳上皇は出家されたが許されず、讃岐国に流された。頼長の子たちも諸国に配流された(5)。崇徳上皇についた武士の多くも誅された(6)。

そのなかの源為義《ためよし》(7)という者は義朝の父であった。どういう志があったのか、上皇方に味方し、子の義朝とは別行動をとったので、敵味方になった。他の子どもたちは父の側についたのに。軍《いくさ》に敗れて為義も出家したが、義朝は父を預かって誅殺してしまった(8)。このようなことは例《ためし》がないことである。嵯《さ》峨《が》天皇の御代、弘仁元年（八一〇）に奈良坂《ならざか》の戦い（薬子《くすこ》の乱）があってからは、都で戦乱の起こったことはなかったが、これ（保元の乱）を契機として以後、世が乱れ始めるのも、時運が衰える姿と思われるのである。

後白河院の乳母《めのと》の夫で少納言藤原通憲《みちのり》(9)法師（信西《しんぜい》）という人は、藤原家の儒者の一門の出であった。才能が優れ知識も豊かな人であったが、時流にあわず出家していた。しかし、後白河院の御代になって大変重用され、内々には（非公式では）天下のことをとりしきるほどだった。大内裏《だいだいり》は白河院の御代から久しく荒廃して、里内裏《さとだいり》（仮皇居）ばかりにいらっしゃった。そこで、計画をめぐらし、国費もかけないで再建し、長らく途絶えていた朝廷の政務・儀式を行うようにした。また、京中の道路なども祓《はら》い清めて昔に帰ったような姿になった。

天下《あめのした》を治められること三年、皇太子に皇位を譲って、従来の慣例に従って太上天皇の尊号を受け、院中で政治をお執りになること三十余年に及んだ。その間に出家なさったが政務は変わらずお執りになった。これも白河・鳥羽両代と同じであった。しかし、うち続く戦乱の世に遭遇なさったことは、嘆かわしいことである。五代（二条《にじょう》・六条《ろくじょう》・高倉《たかくら》・安徳《あんとく》・後鳥羽《ごとば》）の天皇の父祖であり、六十六歳であられた。

【註】

（1）内覧の宣旨／鳥羽院の項、註（5）参照（二七八ページ）。

（2）世を乱された／保元の乱の発端はもっと複雑である。鳥羽上皇は関白と内覧を並立させ、自ら両者の離間を計っていたのだが、危篤の病床にあって世上の乱れを予言して崩じた。そこで、美福門院得子らは戒厳令をしき、七月四日、藤原俊成《としなり》・源義朝の手兵を動かし、頼長の東三条第を接収した。加えて忠実・頼長追討の綸旨が発せられた。明らかに得子を中心とする天皇側の挑発である。たまらず、崇徳上皇側も七月九日夜、白河で挙兵にいたった。戦闘は七月十一日の午前中で終わった。
（3）平清盛／元永元年（一一一八）生まれ。平忠盛《ただもり》の長子。母は祇園《ぎおん》女御の妹という。仁平三年（一一五三）に平氏の棟梁となる。保元の乱では源義朝とともに勝者となった後白河天皇側について戦った。続く平治元年（一一五九）の平治の乱では、源義朝らに勝ち、政界から源氏勢力を駆逐した。対宋貿易を振興するなど政治の革新をはかった。娘の徳子を高倉天皇の妃とし、その子の安徳天皇の即位に成功し、皇室の外戚として権勢を誇ったが、熱病に斃れ、治承五年（一一八一）死去。
（4）源義朝／保安四年（一一二三）生まれ。源為義の長男。保元の乱では後白河天皇方について勝利した。その後、藤原信頼《のぶより》とともに、藤原信西・平清盛の排斥をねらって平治《へいじ》の乱《らん》を起こすが、敗退する。平治二年（一一六〇）、東国に向かう途中、尾張で謀殺される。
（5）頼長の子たちも……／大殿の忠実は最高の責任者というべき地位にあり、処分は免れなかったが、子の忠通が懸命にとりなした。結果、配流を免れ、洛北の知足院に終身禁固となった。
（6）武士の多くも誅された／この乱の最大の結果は、死刑が復活したことである。武士七十余人が死罪となった。
（7）源為義／崇徳院は、急な挙兵で兵力がなく、やむなく為義を召した。為義はその新院の苦衷を察し、義理立てで参戦したのである。
（8）義朝は……／これは美福門院の側近でこの乱の処分を裁断した信西入道の措置による。清盛も叔父平忠正《ただまさ》を斬らされた。

（9）　藤原通憲／藤原南家の出で、祖父は大学頭、いわゆる博士家の学者である。

第七十八代　二条院

平治の乱

第七十八代二条院《にじょういん》は、諱《いみな》は守仁《もりひと》、後白河《ごしらかわ》上皇の皇太子である。母は贈皇太后藤原懿子《いし》といい、贈太政大臣藤原経実《つねざね》の娘である。戊寅《つちのえとら》の年（保元三年＝一一五八）に即位し、己卯《つちのとう》の年（一一五九年）に改元された。年号を平治という。

右衛門督《うえもんのかみ》藤原信頼《のぶより》(1)という人がいた。後白河上皇は信頼を寵愛なさって、天下の政務までも任せられるほどになったので(2)、信頼には驕《おご》りの心が芽生えて、近衛大将を望んで上皇に申しあげた。しかし、通憲法師（信西入道）が上皇を諫め申しあげたため、その望みは実現しなかった。そのとき、源義朝の朝臣が平清盛の朝臣に抑えられている恨みを抱いていたので、信頼は義朝と相計らって、反逆を思い立った(3)。

保元の乱のとき、義朝の功績は大きかったが、清盛は通憲法師（信西）の縁者になったために特別に召し仕えていた(4)。そこで、信頼と義朝は通憲法師・清盛を亡き者にして、世をおもいのままにしようと謀ったのである。清盛が子の重盛《しげもり》たちと熊野権現に参詣した隙をうかがい、まず後白河上皇の御所（仙洞）である三条殿を焼き、大内裏に遷座し奉り、二条天皇も清涼殿のかたわらの黒戸御所に押し込め奉った(5)。

通憲法師はもう逃れられないと思ったのだろうか、自害(6)した。その子たちもすぐに国々へ流された。通憲は才能も学問もあり、賢明ではあったが、自分の非を悟り、「未萌《みぼう》の禍《わざわい》」（将来起こりうる災難）を、事前に察知して防ぐほどの知恵はなかったのであろう。また、通憲は信頼の非を諌めたが、通憲自身の子どもたちは顕職・顕官にのぼり、近衛の次将にさえ就き、参議以上になった者もある。通憲のこのような死に方は、その行いが天意に背いていたからであるのは疑いようもないことである。

清盛は乱の勃発を聞いて、参詣の道を引き返して京都へ帰った(7)。するると、信頼と共謀していた近臣たちの中にも心変わりする人々がいて、天皇・上皇を内裏からひそかに救い出し、清盛の邸に遷座申し上げた。すぐさま、清盛は信頼・義朝らを追討し、まもなく清盛方が勝利を収めた(8)。信頼は捕えられて打ち首になった。

義朝は東国をめざして逃げたが、尾張国で討たれ(9)、さらし首にされた。

【註】

（1）藤原信頼／祖父は為房《ためふさ》、父は忠隆《ただたか》で、ともに白河・鳥羽院の「院の近臣」。

（2）天下の政務……／いわゆる、「院の近臣」である。

（3）信頼は義朝と……／義朝は、はじめは信西に接近し、自分の娘を信西の子に娶そうと図ったが、信西の拒否にあって変心したという（『愚管抄』）。

（4）清盛は通憲法師の……／通憲の子の成範《しげのり》は、清盛の娘を娶っていた。

（5）大内裏に……／三条殿を焼き討ちし、逃れ出た上皇を牛車《ぎっしゃ》に押し込めて、内裏の一本御書所《いっぽんごしょどころ》に幽閉した。ボストン美術館所蔵の『平治物語絵巻《へいじものがたりえまき》』に描かれている有名な場面である。

（6）自害／山城国宇治田原まで逃れて、義朝の軍兵に討たれた。

（7）参詣の道……／紀伊国田辺で変報に接した清盛は、すぐ引き返して信頼に名簿《みょうぶ》を奉呈《ほうてい》し、油断させて上皇と天皇を閉所より解放した。上皇は仁和寺《にんなじ》に逃げ、天皇が清盛の六波羅《ろくはら》邸に遷った。

（8）清盛方……／十二月二十六日、六条河原の決戦で平氏が大勝した。

（9）尾張国で討たれ／尾張国知多郡野間《のま》において、家臣の長田忠致《おさだただむね》に謀殺された。

平家一門の隆盛

義朝は重代の兵《つわもの》(1)だったうえ、保元の乱のときの勲功も捨てられがたいものであったが、父の首を家臣（鎌田正清《かまたまさきよ》）に命じて斬らせたことは重い科《とが》である。古今にも聞いたことがなく、和漢にも例がない。自分の勲功の恩賞と引きかえるなり、官職や地位を辞退するなどして、なんとか父を助ける道がなかったのだろうか。義朝には名行《めいこう》が欠け果てていたのだから、どうしてその身を全うできようか。義朝が滅することは天の　理《ことわり》である。およそこのようなことは、義朝自身の不徳・科であることはいうまでもないが、朝廷の政治の過ちでもある。深く思案されなければならなかったことである。

そのころ、すぐれた家臣も大勢いたであろう。また、通憲法師は一手に政治を執りしきっていたのに、どうして誰も諫め申さなかったのか。「大義《たいぎ》に親《しん》を滅す《めっ》(3)」という言葉があるが、これは石醋《せきしゃく》という人が自分の子を殺したときの言葉である。父として不忠の子を殺すのは道理があるが、父が不忠であったとしても子として殺してよいという道理はない。

『孟子《もうし》』には例えを引けば、「舜《しゅん》が天子であったとき、舜の父瞽叟《こそう》が人を殺すことがあったとして、時の大理《だいり》（検察・司法の官）であった皐陶《こうよう》がこれを捕らえたならば、舜はどうなさるでしょうかと問われたとき、舜は天子の位を捨てて、父を背負って世を逃れるであろう」と答えたという逸話がある。大賢の孟子の教え(4)なので、忠孝という道が明示されていて興味深いものである。

保元・平治の乱以来、天下が乱れ、武力を用いることが盛んになり、天皇の権威が軽んじられるようになった。いまだに、一度も太平の世に戻らないのは、人倫にかなった行いが敗れてしまったことがその理由だと思われる。

こうしてしばらくは平穏であったが、二条天皇と後白河上皇との関係は悪化し(5)、二条天皇の　外《ははかたの》舅《おじ》大納言・藤原経宗《つねむね》［のちに召還されて大臣・大将にまでなった］、乳母の子別当・藤原惟方《これかた》らが上

皇の御意に背いたため、上皇は清盛の朝臣に命じてこれを捕らえ、永暦元年(一一六〇)に配所に流した。(6)

これ以後、清盛は天下の政権をほしいままにし、ほどなく太政大臣となり、その子も大臣・大将となった。こともあろうに、兄弟まで左右の大将になった［この御門の御代のことばかりではないが、ついでに記しておく］。天下の諸国のうち半分が平家の所領となり、(7)官位の多くは一門とその家臣によって独占された。

皇室の権威は無いに等しい状態になってしまった。

二条天皇は天下《あめのした》を治めなさること七年、二十三歳であられた。(8)

【註】

(1) 重代の兵／先祖代々、朝廷に仕えた名家の武士。

(2) 名行／名分の行い。子として父に対する人倫上の本分による行い。

(3) 「大義に親を滅す」／「大きな道義を完遂するために、親を捨てる」ということ。

(4) 大賢……／原文は「大賢のをしえ」とある。この孟子の語は『孟子』の朱熹《しゅき》集注にあり、親房が『孟子』の宋学流解説を読んでいたことが知られる。

(5) 二条天皇と……／天皇は「天子に父母なし。上皇の仰とて政に私すべからず」と揚言して、院政に抵抗した。

竹内理三は、二条天皇在位中は〝親政に近い状況〟だったと述べている（竹内理三著『武士の登場』）。ただし、二条天皇在位中の長寛元年（一一六三）に出た勘文に「太上天皇と正帝と別なし。庁の御下文豈《あに》詔勅に異ならん哉《や》」（『長寛勘文』）と記されている。建前は院と天皇は同格だったことが知られる。

（6）配所に流した／藤原経宗は阿波国に、藤原惟方は長門国にそれぞれ配流された。

（7）天下の諸国……／『平家物語』巻一に、「日本秋津嶋は、わずかに六十六カ国、平家知行の国三十余カ国、すでに半国をこえたり。そのほか庄園田畠いくらという数を知らず」とある。

（8）二十三歳で……／二条天皇の崩殂は、永万元年（一一六五）、ようやく後白河院政が本格化する。

第七十九代　六条院

第七十九代六条院《ろくじょういん》は、諱《いみな》は順仁《のぶひと》、二条院《にじょういん》の皇太子である。母は大蔵少輔伊岐兼盛《おおくらのしょうゆういきのかねもり》の娘［その身分が低くかったので、贈位などもなかったらしい］である。乙酉《きのととり》の年（永万元年＝一一六五）に即位し、丙戌《ひのえいぬ》の年（一一六六年）に改元された。

天下を治めなさること三年。(1)後白河上皇が政治を執っておられたが、二条院との間のことで、上皇は心中御不快がおありになったからであろうか、いつしか譲位となってしまわれた。御元服などなさらず、十三歳で早世されてしまった。

【註】

（1）天下を治めなさること三年／六条天皇は、二歳で即位、五歳で譲位した。満年齢で零歳の即位となり、歴代天皇中、最幼年の記録である。

第八十代・第四十三世　高倉院

高倉天皇の系譜

第八十代・第四十三世高倉院《たかくらいん》は、諱《いみな》は憲仁《のりひと》、後白河院《ごしらかわいん》の第五の御子。母は皇后平滋子《しげこ》［建春門院《けんしゅんもんいん》と申しあげる］といい、贈左大臣平時信《ときのぶ》の娘である。戊子《つちのえね》の年（仁安三年＝一一六八）に即位し、己丑《つちのとうし》の年（一一六九年）に改元された。後白河上皇が天下を治められている（院政の主である）ことはこれまでのままであった（1）。

【註】

（1）これまでのままであった／不正確。後白河上皇は、治承三年（一一七九）十一月、清盛によって鳥羽殿へ押し込められ、この時点で院政は停廃となった。

平清盛の栄華と専横

平清盛が権力を専横していたこと、とりわけこの御代(1)のことである。清盛は娘の徳子《とくし》を二条《にじょう》天皇に入内《じゅだい》させて(2)女御《にょうご》とし、まもなく立后した。二条院の治世の末ごろ、あちこちで平家に対する反乱(3)の噂があった。清盛一家の身分をわきまえない行為が天意に背くものだからであろう。嫡子内大臣平重盛《しげもり》は心映えが賢明で(4)、父の悪行を諫めて思いとどまらせていたが、その人さえ四十二歳の若さで亡くなってしまった。

清盛はますます驕りを極め、権力をほしいままにした。時の執柄（摂政・関白の異称）に菩提院《ぼだいいん》関白藤原基房《もとふさ》の大臣という人がいたが、後白河法皇の近臣(5)であったために清盛との関係がうまくいかず、大宰権帥に左遷され配流された。また、妙音院《みょうおんいん》の師長《もろなが》の大臣も京都から追い出されてしまった。そのほかにも罪を着せられた人が多かった。

【註】

（1）この御代／清盛が太政大臣となるのは仁安二年（一一六七）、高倉天皇の践祚は、その翌年。

（2）入内／皇后・中宮・女御になる人が、儀礼を整えて正式に内裏に入ること。

（3）平家に対する反乱／治承年間（一一七七～一一八二）に、延暦寺僧徒による強訴、鹿ケ谷《ししがたに》の陰謀、以仁王《もちひとおう》・源頼政《よりまさ》・源義仲《よしなか》の挙兵などの事件をさす。以下、壇ノ浦《だんのうら》での平家滅亡までの争乱を「治承《じしょう》・寿永《じゅえい》の内《ない》乱《らん》」という。

（4）　平重盛は……／鹿ケ谷の変で処罰された成親を救解したなどはその一例。重盛が重病の床にあったとき、法皇が彼を見舞ったのは事実である（『山槐記《さんかいき》』）。

（5）　近臣／基房は関白であって「院近臣」ではない。院の近臣は大納言とまりの中流公卿か僧侶が多い。

源氏の挙兵

従三位源頼政という人は、後白河法皇の第二皇子の以仁王という、元服だけなさったが親王宣下《しんのうせんげ》もなく、片隅に追いやられているように不遇であった宮に進め申しあげ、諸国にいる源氏の武士たちに触状を回して平氏を打倒しようと計画した。しかし、事が露顕して以仁王も殺され、頼政も滅んでしまった。(1)

しかし、このときから平家の政治が乱れ始めた。

源義朝朝臣の子頼朝《よりとも》［前右兵衛佐《さきのうひょうえのすけ》従五位下。平治のころは六位の蔵人であったが、藤原信頼が事を起こしたときに任官したという］は、平治の乱で死罪になるところを取り成し申しあげる人(2)がいて、伊豆国に配流されて長い年月を送っていた。

しかし、頼朝は以仁王の密旨を受け、また後白河法皇からも秘密の仰せつけ(3)（平氏討伐の密命）があったので、東国に進出し義兵を集め挙兵した。清盛はますます悪行ばかりを重ねたので、高倉天皇は深くお嘆きになった。天皇がにわかに譲位なさったのは、世を厭わしくお思いになったからであるという。

高倉天皇は天下《あめのした》を治めなさること十二年。世の中が泰平になるようにという御祈願であろうか、平家が崇敬する安芸の厳島神社《いつくしま》(4)に参詣なさった。この御門は御心映えも立派で、孝行の志も強い方であられた。また、管絃のほうにも造詣が深くあられた。太上天皇の尊号を受けられて、まもなく早世なさってしまった。二十一歳であられた。

【註】

（1）以仁王も……／以仁王の挙兵は、治承四年（一一八〇）。頼政は宇治で敗れ自害。以仁王は奈良に逃れる途次、流れ矢にあたり死去という。

（2）取り成し申しあげる人／永暦元年（一一六〇）二月九日、頼朝は京都の六波羅へ送られが、清盛の継母である池禅尼《いけのぜんに》の嘆願などがあり、死一等を減ぜられて伊豆に流刑となった。

（3）秘密の仰せつけ／当時、法皇は清盛によって幽閉中で院政も停止中であり、この密旨というのは疑わしい。

（4）厳島神社／広島県の宮島にある、宗像《むなかた》三女神（市杵島姫命《いちきしまひめのみこと》、湍津姫命《たぎつひめのみこと》、田心姫命《たごりひめのみこと》）を祀る。平安期の寝殿造りを神社建築に応用した長い回廊や海の中に立つ朱色の大鳥居が特徴的である。平清盛が久安二年（一一四六）に安芸守に任官し、平家の守護神として尊崇し、社殿を現在の姿に造営した。全建造物は国宝および重要文化財で、世界遺産にも登録された。

第八十一代　安徳天皇

安徳天皇の系譜

第八十一代安徳《あんとく》天皇は、諱《いみな》は言仁《ときひと》、高倉院《たかくらいん》の第一の御子。母は中宮平徳子《とくし》［建礼門院《けんれいもんいん》と申し上げる］といい、太政大臣平清盛の娘である。庚子《かのえね》の年（治承四年＝一一八〇）に即位し、辛丑《かのとうし》の年（一一八一年）に改元された。後白河《ごしらかわ》法皇がなお世をお治めになっていた。(1)

【註】

（1）後白河法皇が……／高倉院の項の註（1）（二九二ページ）、同註（3）（二九五ページ）で再三ふれたように、後白河法皇の院政は前代から停止中。治承四年（一一八〇）十二月、あいつぐ源氏の挙兵にさすがの清盛も持て余し、法皇に願い出て院政が再開された。法皇の幽閉は一年余に及んだ。

平家滅亡

平氏の驕った政治は度を極め、諸国では平氏追討を目指す武士たち蜂起し、世は乱れに乱れた。清盛は、天皇が長年住まわれた都さえ遷そうとして、清盛の別荘があった摂津国福原《ふくはら》に、安徳天皇を行幸させ奉った。同時に、後白河法皇、高倉上皇まで福原に移し奉った。しかし、世間にも遷都を恨む声が多かったからであろうか、遷都を中止し天皇・上皇・法皇を京都へお帰し申した。(1)

まもなく清盛が亡くなり、次男の宗盛《むねもり》が後を継いだ。宗盛は世の乱れをも気にかけず、内大臣に任じられた。宗盛の天性は、父にも兄にも及ばなかったのか、いつしか威望も衰えた。東国の源氏の勢力がすでに強大となり、平氏の軍は各地で敗北したという。(2)後白河法皇はひそかに比叡山にお登りになった。平氏は力を落とし、安徳天皇を勧め申して西海に都落ちしていった。(3)三年ほどで、平氏はことごとく滅亡した。(4)

清盛の後室（身分ある者の未亡人）である従二位平時子《ときこ》(5)という人が安徳天皇を抱き申しあげて、神璽《しんじ》(6)を懐に入れ、宝剣を腰に差しはさんで海中に身を投じた。嘆かわし乱世であった。

天下《あめのした》を治めなさること三年、(7)八歳であられた。遺詔など沙汰もないことから（院とは申さず）天皇と申しあげる。

【註】

（1）世間にも遷都を……／『平家物語』巻五には、「このたびの都遷りをば、君も臣も御歎きあり。山奈良を初めて諸寺諸社にいたるまで、さるべからざる由一同に訴え申す間、さしも横紙を破らるる太政入道も、さらば都遷りあるべしとて京中ひしめきあえり」とある。

（2）平氏の軍は……／主として、木曾義仲の軍事行動による。義仲は寿永二年（一一八三）五月、越中倶利伽《くりか》羅《ら》峠で平家を大破し、一挙に京都に迫った。
（3）安徳天皇を……／いわゆる、平家の「都落ち」である。
（4）三年ほどで……／数え方が間違い。都落ちしたのは寿永二年（一一八三）七月二十五日で、壇ノ浦で平家が滅亡したのは文治元年（一一八五）三月二十四日。約一年八カ月。
（5）平時子／大治元年（一一二六）生まれ。平清盛の妻、平時信の娘。宗盛・知盛《とももり》・重衡《しげひら》・徳子（建礼門院）の母。出家後、「二位尼《にいのあま》」ともよばれた。源平争乱のなか一門とともに都落ちする。元暦二年（一一八五）三月二十四日、壇ノ浦の戦いにおいて、船上から安徳天皇を抱いて海に身をなげた。
（6）神璽／三種の神器の一つである八尺瓊勾玉《やさかにのまがたま》のこと。
（7）三年／安徳天皇の即位は治承四年（一一八〇）四月二十二日、崩御は文治元年（一一八五）三月二十四日なので、この間は約五年となる。ただし、途中、後鳥羽天皇が寿永二年（一一八三）八月二十日に即位しているので、約三年四カ月となる。

第八十二代・第四十四世　後鳥羽院

異例の践祚

第八十二代・第四十四世後鳥羽院《ごとばいん》は、諱《いみな》は尊成《たかひら》、高倉院《たかくらいん》の第四の御子。母は七条院《しちじょういん》藤原殖子《しょくし》［先代の天皇の母に皇后の称号がない理由は、その多くが贈后だからである。女院号があるのは、皆まず立后したのちに定めたからである。この七条院は立后することなく院号を受けた初の例である。ただし、まず准后《じゅごう》の勅はあった」といい、入道修理大夫《しゅりのだいぶ》藤原信隆《のぶたか》の娘である。

先帝の安徳《あんとく》天皇は西海に行幸なさったが、祖父後白河《ごしらかわ》法皇の御代であったので(1)、都は変わらなかった。摂政近衛基通《もとみち》の大臣は、平氏との縁で安徳天皇に供奉《ぐぶ》したが、諫め申しあげる人があってか、京都の九条大路あたりで思いとどまった(2)。そのほかの、平氏の親族でない人々で、安徳天皇に供奉なさる人は誰一人いなかった。

後白河法皇からは、天皇に対し御還幸なさるようにとの院宣がたびたびあったが、平氏は承知しなかった。そこで、太上法皇の詔(3)によって後鳥羽天皇をお立てになった。四歳であったので親王の宣旨さえもなかった。まず皇太子とし、すぐ受禅《じゅぜん》の儀を行った。翌甲辰《きのえたつ》の年（寿永三年＝一一八四）の四月に改元し、七月に即位された。兄弟には高倉院の第三の御子がいらっしゃったが、法皇がこの君を選び、帝にお定め申したとのことである(4)。

安徳天皇が三種の神器を具して行かれたので、践祚《せんそ》（皇位継承のことで、三種の神器を受け継ぐことが必要である）の儀において初めての違例(5)であったが、後白河法皇はわが国の本主として正統の位を伝えておられた。また、皇大神宮《こうたいじんぐう》と熱田神宮《あつたじんぐう》の神があきらかに護りなさることなので、天位には何の問題もない。

平家滅亡ののち、内侍所《ないしどころ》（八咫鏡《やたのかがみ》）と神璽《しんじ》（八尺瓊勾玉《やさかにのまがたま》）は天皇の元にお戻りになったが、宝剣（草薙剣《くさなぎのつるぎ》）は海底に沈んでしまい、ついに見つからなかった。そこで当時は昼御坐《ひのおまし》（昼間、天皇がいる御殿）の御剣《ぎょけん》を宝剣に擬しておられたが、その後、皇大神宮のお告げで神剣が伊勢から奉られたので、近頃まで(6)これが御守りの剣であった。

【註】

（1）後白河法皇の……／後白河院政下であった、の意味。安徳天皇が西下したのだから、都は京都のままというのは異論もありうる。実際は、〃東西朝の分裂〃である。

（2）九条大路……／摂政基通の引き返しは春日明神の神意によると伝えられる。『春日権現験記』の描写では、黄衣の神人が基通を呼び返したことになっている。

（3）太上法皇の詔／神器抜きで上皇の詔宣による即位というのは、当時の人々に践祚儀の主宰者は、太上天皇との認識があったからである。とくに鳥羽天皇践祚以来、摂関ではなく院が践祚の主導権を握った。

（4）法皇がこの君を……／尊成《たかひら》親王の同母兄で五歳の宮（守貞《もりさだ》親王、のち行助《ぎょうじょ》入道親王、後高倉院《ごたかくらいん》）がいたが、後白河法皇の前でむずがったので、法皇の撰に漏れたのである。

（5）初めての違例／親房は、後世の北朝が行った神器無き践祚を否定している。ここにおける後鳥羽天皇の践祚を正当化するために、「国の本主」の意思と伊勢神宮と熱田神宮の霊護を条件としている。法皇が「国の本主」とある点は、第一章でも解説したように、親房の苦しい弁明である。後年、後醍醐天皇の笠置蒙塵の結果、践祚した光厳《こうごん》天皇も、後伏見《ごふしみ》上皇を「国の本主」として即位したのであるが、親房はこちらのほうは意図的に無視している。なお、後述の「後醍醐天皇」の項を参照。

（6）近頃まで／この「近頃」は、建武三年（一三三六）、後醍醐院が花山院から脱出した事件の頃をいうのであろう。

三種の神器の「正体」

三種の神器のことは、これまでいくども記してきたが、まず、内侍所は神鏡である。八咫鏡という。正体は皇大神宮に祀り申しあげている。内裏の内侍所に安置されている神鏡は、崇神《すじん》天皇（第十代）の御代に鋳造され直した御鏡である。

村上《むらかみ》天皇（第六十二代）の御時、天徳年中（四年＝九六〇）に内裏の火災に遭われた。それまでは正しい円形をしており形が欠けることはなかった。後朱雀《ごすざく》院の御時、長久年中（元年＝一〇四〇）に再び火災があり、灰燼《かいじん》の中から光を放っていらっしゃった神鏡を収めて崇め奉った。しかし、正体は無事で万代の宗廟《そうびょう》（皇大神宮）におありになる。

宝剣も、その正体である天叢雲剣《あめのむらくものつるぎ》［のちには草薙剣という］という剣は熱田神宮に祀り奉ってある。安徳天皇とともに西海に沈んだ宝剣は、崇神天皇の御代に神鏡とともに作り換えられた剣である。宝剣が失われたことは末世の印に思われて残念だが、熱田神宮の神威はあらたかである。

昔、新羅の国から道行《どうぎょう》(1)（道慶）という法師がやってきて、宝剣を盗んだことがあるが、神変《じんぺん》（人智を超えた神異）を現わして、わが国から出ることはなかった。

この神鏡と宝剣の正体は昔と変わることはなく、代々天皇の悠遠の昔から御守護として、わが国土に行きわたる光となっている。失った宝剣も変わることなく存在していると申すべきだろう。神璽は八坂瓊曲玉《やさかにのまがたま》と申しあげる。神代から今まで変わることなく代々の天皇の御身から離れぬ御守護なので、海中から浮かび出たのも当然の理《ことわり》である。(2)

三種の神器の御事は正しく心得申しあげるべきである。物事を知らぬ人はすべて、上古の神鏡は天徳・長久の火災に遭い、草薙の宝剣は海に沈んだと申し伝えているようである。かえすがえすも、間違った説である。わが国は三種の神器の正体をもって眼目《がんもく》（大切な要点）とし、また福田《ふくでん》（福徳を生ずるもの）ともするのだから、日月が天を正しく巡っているかぎり、一つも欠けるはずはないものである。(3) 天照大神の勅《みことのり》に「宝祚《ほうそ》（皇統）が栄えるであろうことは、天地が無窮《むきゅう》であることと同じである」とあるので、まったく疑う余地がない。今後いつまでも頼もしく思われるがよい。

【註】

（1）昔、新羅の国から／『日本書紀』天智天皇七年十一月条に、「中路に風雨にあひて荒迷《まど》ひて帰る」とある。

（2）海中から浮かび出た／『平家物語』巻十一に、「神璽は海上に浮かびたりけるを、片岡太郎経春が取り上げ奉つたりけるとぞきこえし」とある。

（3）一つも欠ける……／以上、親房は神器の不変性を強調するが、述べていることは、三種とも事変にあって幾度か造替（改変）しているというのが事実である。

源義仲の入京

平氏一行がまだ西海にあったころ、源義仲《よしなか》(1)という者が、まず京都に入り兵威をふるって世の中を制圧し、政治にも干渉した。自ら征夷大将軍の任についた。

この官は昔、坂上田村麻呂《さかのうえのたむらまろ》までは東夷征伐のために任ぜられる官職だった。その後、将門の乱のとき、右衛門督《うえもんのかみ》藤原忠文《ただぶみ》(2)朝臣が征東将軍を兼ねて節刀《せっとう》(3)を賜わって以来、久しく絶えており任ぜられる者はいなかった。

しかし、最近では義仲が初めて任ぜられたのである。義仲には目に余る行為が多く、法皇もご立腹なされたためか、近臣のなかに義仲を対治《たいじ》（敵を退け討つこと）しようとする者がいたが、不成功に終わり、かえって嘆かわしいことが起こった(4)。

そこで、東国の源頼朝は、弟の範頼《のりより》(5)・義経《よしつね》(6)を京都にのぼらせたので、義仲はやがて滅んだ。範頼・義経はつづいて西海に向かい、平氏を討ち滅ぼしたのである。

天命が尽きたので、巨猾《きょかつ》（大悪人）義仲や平家もたやすく滅んだのだ。人民が安心できないことは時の災難であるので、神も力を及ぼすことができないのである。

【註】

（1）源義仲／久寿元年（一一五四）生まれ。源為義の孫。木曾山中で育った。以仁王の令旨《りょうじ》を受けて挙兵した。

平維盛《これもり》を倶利伽羅《くりから》峠で破り、いち早く京都に入った。しかし後白河院と対立し、範頼・義経軍に敗れ、元暦元年（一一八四）に近江国粟津《あわづ》で戦死する。

（2）藤原忠文／忠文は征夷大将軍には任じていない。したがって、親房の叙述は不正確。

（3）節刀／天皇がその権力を委任するしるしとして授ける刀。

（4）嘆かわしいこと……／寿永二年（一一八三）十一月十七日、後白河法皇が義仲追討の兵を法住寺殿《ほうじゅうじどの》に集めたことに対して、義仲は火を放って焼き討ち、かえって法皇を捕らえて幽閉した。また、関白・内大臣を罷免したことなど。

（5）範頼／源範頼。源義朝の六子。母は遠江国池田宿《いけだしゅく》の遊女という。兄頼朝の挙兵に呼応する。弟の義経とともに平氏追討を成し遂げる。平氏滅亡後、頼朝の嫌疑を受け伊豆修禅寺《しゅぜんじ》で殺された。

（6）義経／源義経。平治元年（一一五九）生まれ。源義朝の九男で母は常盤御前《ときわごぜん》。頼朝の異母弟で、幼名は牛若丸《うしわかまる》といった。平治の乱で義朝が敗死すると、母とともに平氏に捕らえられたが、許されて鞍馬寺《くらまでら》に入る。のち藤原秀衡《ひでひら》の庇護を受け奥州平泉《ひらいずみ》で過ごした。兄頼朝の挙兵に呼応してはせ参じ、奇抜な戦術を駆使し平家一門を壊滅させた。その後、後白河法皇の策謀で頼朝と対立。文治五年（一一八九）閏四月三十日、衣川館《ころもがわのたち》で自刃する。

頼朝の征夷大将軍就任

こうして平氏が滅亡したので、天下はもとのように天皇の御心のままになると思われたが、源頼朝の勲功は誠に例のないほどだったので、自らも権力をほしいままにした。(1)また、天皇も頼朝に任せたままになさったので、(2)王家の権威はいよいよ衰えた。

頼朝は諸国に守護《しゅご》(3)を置いて国司の権力を抑えたので、国の吏務《りむ》（国司の任務）といっても名ばかりになってしまった。さらに、あらゆる荘園《しょうえん》(4)や郷保《ごうほう》(5)に地頭《じとう》(6)を補任したので、本所《ほんじょ》(7)はあってなきがごとくになってしまった。

頼朝は従五位下前右兵衛佐《さきのうひょうえのすけ》であったが、義仲追討の恩賞によって越階《おっかい》(8)して正四位下に叙され、平氏追討の恩賞でまた越階して従二位に叙された。

建久初年（一一九〇年）、初めて京都にのぼると、すぐ一度に権大納言に任ぜられ、さらに右近大将を兼ねた。頼朝はしきりに辞退申し上げたが、天皇のお考えによって朝奨《ちょうしょう》(9)があったということである。

ほどなく辞任してもとの鎌倉の館に帰った。その後、征夷大将軍に任ぜられた。これ以後、政権は東方の鎌倉の意のままとなった。(10)

平氏の乱れによって、南都の東大寺・興福寺が焼失した。しかし、俊乗《しゅんじょう》(11)という上人が東大寺再建をすすめると、公家からも委任されて、頼朝も深く喜んで東大寺は再興された。供養の儀式も古例を調べて行われた。まことにありがたいことである。このころ、頼朝はふたたび上洛した。ひとつには結縁《けちえん》(12)のためであり、もう一つには警固のためであった。

後白河法皇が崩御されたので、後鳥羽天皇が世を治められた。法皇の院政時代も含め天下《あめのした》を治めになること十五年、皇太子に譲位して、太上天皇の尊号を受けた。院中でまた二十余年政務をお執りになったが、承久《じょうきゅう》に事あって[13]出家され、隠岐国で崩御された。六十一歳であられた。

【註】

（1）自らも権力を……／義仲・義経らは政治力に欠けともに没落したが、頼朝は九条兼実《かねざね》を間に立て、後白河法皇と巧妙な取り引きを行った。義経と対立すると大軍を上洛させ、義経没落で力を失った法皇と交渉して、守護・地頭の設置を勝ち取った。

（2）天皇も頼朝に……／不正確。建久七年（一一九六）の〝建久の政変〟まで朝廷は兼実が摂関・氏長者として頼朝と協調路線をとった。

（3）守護／平家の残党を捕らえ、土地や人民を守ることを名目として、全国に置かれた官職。関東の御家人が多く任命された。

（4）荘園／中央の貴族や有力寺社の私的な所有地。いわゆる権門勢家《けんもんせいか》の大土地所有。

（5）郷保／地方の人民が開墾した私田。

（6）地頭／文治元年（一一八五）、源頼朝が勅許を得て制度化した職名。全国の荘園・公領に置かれ、土地の管理、租税の徴収などの権限を有した。ただし、当初頼朝が院許を得て地頭を置いた荘園は、東国以外は平家《へいけ》没官領《もっかんりょう》に限られる。これと別に、頼朝は、義経追捕《ついぶ》の完了までの間、全国の荘園に反別五升の兵粮米《ひょうろうまい》徴収の権を得た。

（7）本所／荘園領主。荘園の領有権は重層的になっており、その最上層の権門を本所という。

（8）越階／位階をとびこえて昇進すること。

(9) 朝奨／朝廷が恩典をもって励ますこと。

(10) 政権は東方の……／頼朝は晩年、愛娘の大姫《おおひめ》を後鳥羽天皇に入内《じゅだい》させようと考えたが、かえって、このため久我《こが》通親《みちちか》らの策謀をまねき、〝建久の政変〟が起こって、九条兼実は失脚、大姫も夭逝して、頼朝は専権どころか不得要領のうちに没した。

(11) 俊乗／俊乗坊重源《ちょうげん》。保安二年（一一二一）の生まれ。紀季重《きのすえしげ》の子、出家して醍醐寺で密教を学ぶが、のち法然《ほうねん》から浄土宗《じょうどしゅう》を学ぶ。のち焼失した東大寺再興の大勧進職《だいかんじんしき》を命じられる。建永元年（一二〇六）死去。

(12) 結縁／衆生が仏・法・僧の三宝と縁を結ぶことをいう。結縁は、今すぐ仏道修行に入って悟りを開くことができなくても、これが縁となって将来仏道にはいり成仏することにつながる因縁として重要視された。

(13) 承久に事あって……／承久の乱のこと。承久三年（一二二一）、後鳥羽上皇らが鎌倉幕府打倒の兵を挙げたが、執権北条義時《よしとき》を中心とする幕府軍に鎮圧された事件。後鳥羽・土御門《つちみかど》・順徳《じゅんとく》の三上皇は配流され、朝廷方の所領は没収された。天皇・公家勢力の権威が著しく失墜した。

第八十三代・第四十五世　土御門院

第八十三代・第四十五世土御門院《つちみかどいん》は、諱《いみな》は為仁《ためひと》、後鳥羽院《ごとばいん》の皇太子。母は承明門院《しょうめいもんいん》源在子《ありこ》といい、内大臣源通親《みちちか》の娘である。(1) 父の御門の例《ためし》にならって親王の宣旨はなく、立太子の儀だけですぐ践祚された。戊午《つちのえうま》の年（建久九年＝一一九八）に即位し、己未《つちのとひつじ》の年（一一九九年）に改元された。

天下《あめのした》を治めなさること十二年。太弟《たいてい》（順徳《じゅんとく》天皇）に譲位して、慣例に従って太上天皇の尊号を受けられた。この御門はれっきとした正系の第一皇子(2)で、御心映えも正しい方であった。しかし、後鳥羽上皇が弟の皇子を寵愛なさっていたので、皇位を移されたのか、ほどなく譲位なさった。その皇子の立太子もないことになってしまった。

承久の乱では、土御門上皇は、鎌倉追討の時節(3)はいまだ到来していないことを知っておられたので、さまざまにお諫めしたが、事敗れてしまった(4)。

父の後鳥羽院とは意を異にしながら「玉石ともに焚く(5)」いわれで、阿波国にて崩御された。三十七歳であられた。

【註】

（1）源通親の娘／正しくは養女。実は法印能円《ほういんのうえん》なる僧侶の娘で、摂関家からみれば母の出自は非常に低い。九条兼実は、土御門天皇践祚につき「桑門《そうもん》の外孫、曾《かつ》て例なし」（『玉葉』）と批判している。

（2）正系の第一皇子／註（1）にふれたように、正系の第一皇子とはいえない。しかし、次の註（4）に記すように「御心映え正しき」は事実で、これは親房の言うとおりである。

（3）時節／親房は、承久の乱の失敗の原因の第一として、「時節」の重要さを訴えている。

（4）さまざまにお諫めしたが……／土御門上皇が本院（後鳥羽）の軽挙を諫めたことは史実ではないが、乱の密謀とは無関係であったので、幕府も咎める考えはなかった。しかし、土御門上皇は、父と弟が遠島に流されたのに、自分だけ京に留まるわけにはいかぬと幕府に申し立て、自ら望んで土佐（のち阿波）に移られたのである。このため、幕府は土御門上皇を高く評価し、「此君大化万邦に滂流し、慈恵八埏に充満し御う」（『吾妻鏡』）と絶賛しており、『増鏡』も「いとあてにおほどかなる御本性」と称揚している。

（5）玉石ともに焚く／『書経』にある語で、善悪ともに害を受けること。

第八十四代　順徳院

第八十四代順徳院《じゅんとくいん》は、諱《いみな》は守成《もりなり》、後鳥羽院《ごとばいん》の第三の御子。母は修明門院《しゅうめいもんいん》藤原重子《しげこ》といい、贈左大臣藤原範季《のりすえ》の娘である。庚午《かのえうま》の年（承元四年＝一二一〇）に即位し、辛未《かのとひつじ》の年（一二一一年）に改元された。

この御時の征夷大将軍は源頼朝の次男実朝《さねとも》(1)で、右大臣・左大将にまでなっていたが、兄左衛門督頼《より》家《いえ》(2)の子で公暁《こうぎょう》(3)という法師に殺されてしまった。将軍家を継ぐ直系の嗣子がいなくなり、頼朝の後は長くとだえてしまった。

頼朝の後室は従二位平政子《まさこ》といい、北条時政《ときまさ》という人の娘であるが、東国の政治を仕切った。その弟の義時《よしとき》が兵馬の権を握った。義時は後鳥羽上皇の皇子の一人を鎌倉幕府で擁立して、将軍として仰ぎ奉ることを上奏したが、上皇の勅許を得ることができなかった。[4] そこで、九条摂政道家《みちいえ》の大臣は、頼朝のときから外戚の縁[5]で誼《よしみ》があったので、その子藤原頼経《よりつね》[6]を鎌倉に下して将軍とし、義時がこれを補佐申しあげた。幕政は義時の思うとおりとなった。

天下《あめのした》を治めなさること十一年。譲位されたが、承久の乱の敗戦で佐渡国に配流された。四十六歳であられた。

【註】

（1）実朝／建久三年（一一九二）生まれ。鎌倉幕府の第三代将軍。父は源頼朝。母は北条政子。外戚北条氏によって廃された兄頼家に代わって将軍となったが、承久元年（一二一九）に鶴岡八幡宮《つるがおかはちまんぐう》で頼家の遺児公暁に暗殺された。

（2）頼家／寿永元年（一一八二）生まれ。鎌倉幕府の二代将軍。源頼朝の長子。母は北条政子。頼朝の死後家督を継いで、建仁二年（一二〇二）には征夷大将軍になったが、実権は北条氏に移り、幕政は合議制になった。これに反抗するが失敗し、病を理由に伊豆の修禅寺に幽閉されて、元久元年（一二〇四）に謀殺されてしまう。

（3）公暁／正治二年（一二〇〇）生まれ。源頼家の子。父の死後出家し、園城寺《おんじょうじ》で灌頂を受けたあと、鶴岡八幡宮の別当になる。北条義時（三浦義村《みうらよしむら》とも）に、父の頼家の謀殺が叔父である実朝の画策であるとそそのかされ、実朝が右大臣拝賀の式で鶴岡八幡宮に参拝するところを暗殺してしまう。承久元年（一二一九）、義時に殺される。

（4）上皇の勅許を……／上皇は愛妾亀菊《かめぎく》の所領である摂津国椋橋《くらはし》・長江《ながえ》両庄地頭停止問題を持ち出し、これを幕府が拒否したため態度を硬化させたという。
（5）外戚の縁／一条能保《いちじょうよしやす》に嫁した頼朝の妹が生んだ女を西園寺公経《さいおんじきんつね》が妻とし、その娘が道家の妻であった。
（6）藤原頼経／頼経は、母方で頼朝妹の曾孫にあたる。

廃帝（仲恭天皇）

九条廃帝の系譜
廃帝(1)（となった仲恭《ちゅうきょう》天皇）は、諱《いみな》は懐成《かねなり》、順徳院《じゅんとくいん》の皇太子。母は東一条院《ひがしいちじょういん》藤原充子《みつこ》（立子《りつこ》が正しい）といい、故摂政太政大臣九条良経《よしつね》の娘である。

【註】
（1）廃帝／父順徳天皇の譲位により、四歳で践祚。しかし承久の乱のため、即位の礼も大嘗会《だいじょうえ》も行えないまま在位七十日余で幕府により廃された。このため半帝、九条廃帝などとよばれたが、一八七〇年（明治三）に「仲恭天皇」と諡号がおくられ、歴代に加えられた。

後鳥羽院の決意

承久三年（一二二一）の春ころより、父後鳥羽上皇が北条氏追討の決意をしたので、順徳院《じゅんとくいん》は急いで譲位なさった。ご自身の御身を軽くなさって、合戦において父の後鳥羽上皇と御心を一つになろうとのお考えであったのかもしれない。

新帝に譲位なさったものの、新帝が即位・登壇《とうだん》(1)もなさらぬ間に、鎌倉幕府との戦いに敗れてしまった。新帝は外舅の摂政九条道家の大臣の九条邸にお逃れになった。三種の神器は閑院《かんいん》の内裏（左大臣藤原冬嗣の邸）に捨て置かれてしまう。

新帝は、践祚後七十七日間(2)、しばらくは神器を伝えておられたが、日嗣《ひつぎ》（天皇の代数）のうちには数え申し上げない。飯豊《いいとよ》天皇の例《ためし》(3)にならわれたのであろう。新帝は元服もすませないまま、十七歳でお亡くなりになった。

【註】

（1）登壇／高御座《たかみくら》に上られること。即位の礼のこと。

（2）七十七日間／承久三年（一二二一）四月二十日の践祚から、廃位（後堀河《ごほりかわ》天皇践祚）までの七十七日間。

（3）飯豊天皇の例／第二章「天」の部、顕宗天皇の頃の註（2）参照（一四二ページ）。

承久の変の功罪

さて、この世の乱れについて考えてみると、まことに後の世においては迷うこともあるであろう。また、下克上《げこくじょう》の端緒(1)にもなるだろう。事の起こる理由をよくわきまえておくべきであろう。

源頼朝の勲功が昔から例のないほど大きなものであったとしても、ひとえに天下の実権を握ってしまったことは、天皇として心やすからずお思いになるのも当然であろう。まして、頼朝の子孫が絶え、尼となった後室の北条政子や、陪臣《ばいしん》(2)の北条義時が幕政を握る世になってしまったからには、後鳥羽上皇が彼らの地位を削って、御心のままに政治を執り行うべきである、ということも一応、筋が通った道理である。

しかし、白河《しらかわ》・鳥羽《とば》の御代のころから天皇政治の古い姿はしだいに衰えはじめ、後白河院の御時になると、武力による争いがつづき、奸臣《かんしん》のために世は乱れた(3)。人民はまさに塗炭の苦しみに落ち込んだのである。このとき、頼朝が「一臂《いっぴ》」(4)をふるってその乱を鎮めた。王室は古き姿にかえるまでにはならなかったが、都の戦塵は収まり、民衆の負担も軽くなった。上も下も安堵し、国の東からも西からも人々は頼朝の武徳に伏したので、実朝が暗殺されたとはいえ、鎌倉幕府に背く者があったとは聞かない。

天皇方がそれにもまさるほどの徳政を実行することなくして、どうして簡単に幕府を倒すことができるのだろうか。そして、たとえ倒すことができたとしても、人民が安心できないようであれば、天も決してこれに同意して与《くみ》することはないだろう。

つぎに、王者の軍《いくさ》(5)とは、科《とが》ある者のみを討ち、罪のない者を滅ぼすことはない。頼朝は高官にのぼり、守護の職を賜ったが、これはすべて後白河法皇の勅裁によるものであり、頼朝が私意で盗み取ったものと決めつけることはできない。頼朝の後を後室政子が仕切り、義時が長く権力を握ったが、人望に背かなかったのだから、臣下として罪があったというべきではない。一通りの理由だけで追討の兵を挙げられたことは、君主としての過ちと申すべきであろう。謀反を起こした朝敵が利を得た場合と比べて論ずることはできない(6)。

そうであるならば、後鳥羽上皇の幕府追討は、時節にいたらず、天も許さぬことであったことは疑いのないことである。しかし、臣下が武力で君主を討つなどということは極めて非道なことである(7)。いつの日か皇室の威徳に従わなければならない時がくるだろう。まず、真の徳政を行い、朝廷の徳威を立て、幕府を倒すだけの道をつくり出すことであり、その先のことは、それが実現できてからのことである。それと同時に、私の心を無くして、征討の軍を動かすのか、弓矢を収められるのか、天の命に任せ、人々の望むところ従われるべきであろう。

最後には、皇位継承の道も正路に復帰し、御子孫である後醍醐天皇の御世に、公武一統の聖運を開かれたのだから、後鳥羽上皇の本意が実現されなかったわけではなく、たとえ一時であっても、気の毒な境遇に陥られたことは不本意なことである。

【註】

(1) 下克上の端緒／臣下でありながら天皇家をしのぐことの口実を、乱臣賊徒に与えてしまうような先例。

(2) 陪臣／朝廷から見ると、北条氏は鎌倉幕府の臣でしかない。

(3) 天皇政治の古い姿……／天皇が大権を有し摂関が補佐するという体制から、院政が始まり、武家が台頭し、やがて平氏政権が成立した。

(4) 一臂／語の意味は「片肘」で、わずかの力、もしくは自分の援助者の意味ともなるが、ここでは、頼朝自身が一身を投じて尽力してという意味とする。ただ、現実に平家を打倒したのは木曾義仲や源義経であり、頼朝は最終局面でその収拾をはかったにすぎないという見方もできる。親房の「一臂」には、その意も含まれているように思う。

(5) 王者の軍／王者の軍は仁道《じんどう》に基づいて、やむを得ず不順を討つもので、たやすくは動かない。

(6) 謀反を起こした朝敵が……／天皇や国家にあだなす朝敵が、偶然その戦いに勝って、政権を手にした事態とは異なっているのだから、同じ論では比較できないということ。その裏には、親房の足利尊氏に対する意識がある。

(7) 臣下が武力で……／親房は前段で下克上を否定しており、中段で頼朝・義時の善政をもち出して苦しい弁明を試みているが、矛盾は掩《おお》えない。しかし、「十善の帝王」が臣下にあえなく敗れ去った事実は、当時の人々に謎と困惑を残した。『海道記《かいどうき》』の作者は「さてもあさましや」「むげの民と争ひて君の亡び給へる例、この国にはいと数多も聞えざめり」とし、日蓮《にちれん》は「法皇は天子也、権大夫殿は民ぞかし（中略）如何なりければ負け給ひけるぞ」（『高祖遺文録《こうそいぶんろく》』）と記し、『八幡愚童訓《はちまんぐどうくん》』は「この合戦、神慮より起こりて京都の負させ給ふ事頗《すこぶる》不審」といぶかっている。明快に後鳥羽上皇の咎、義時の理運を説いているのはこの『正統記』だけである。このような点に、第一章でふれたような久我源氏の立場と〝泰時びいき〟がみられるわけである。

第八十五代　後堀河院

第八十五代後堀河院《ごほりかわいん》は、諱《いみな》は茂仁《ゆたひと》、二品守貞《にほんもりさだ》親王［後高倉院《のちのたかくらいん》と申し上げる］の第三の御子である。御母は北白河院《きたしらかわいん》藤原陳子《ちんし》といい、入道中納言藤原基家《もといえ》の娘である。守貞親王は高倉院の第三の御子で後鳥羽院《ごとばいん》と同母の兄であったが、後白河院《ごしらかわいん》の御選びにもれなさったのである。(1)承久の乱以後、後鳥羽院の流れをのぞくと、守貞親王以外に皇位を継ぐべき御子はいらっしゃらなかった。そこで、孫王である茂仁を皇位にお立てになったのであった。(2)

入道親王(3)守貞は太上天皇の尊号を得て、院政をしき、世を治められた。(4)

こうした追号の例としては、文武《もんむ》天皇の父草壁《くさかべ》皇子を長岡《ながおか》天皇、淡路廃帝（淳仁《じゅんにん》天皇）の父である舎人《とねり》親王を尽敬《じんぎょう》天皇、光仁《こうにん》天皇の父施基《しき》皇子を田原《たはら》天皇と申しあげたことがある。また、早良《さわら》廃太子には、その怨霊を鎮めるために崇道《すどう》天皇の号を贈られた。院号を追贈された例としては小一条院《こいちじょういん》(5)がいらっしゃった。

後堀河天皇は辛巳《かのとみ》の年（一二二一年）に即位し、壬午《みずのえうま》の年（一二二二年）に改元された。

皇位にあること十一年。太子に譲位して太上天皇の尊号を受けたのは例のごとくである。しばらく政《まつりごと》を司られたが、二十一歳(6)で早世された。

【註】

（1）後白河院の……／後鳥羽院の頃、註（4）（三〇〇ページ）で記したように、後白河法皇の面前で泣き叫んだので、法皇の撰から外されたのである。

（2）茂仁を皇位に……／このような、院政と皇位の決定を誰が考え出したか。『吾妻鏡』に「罪名以下洛中の事《こと》定《さだめ》あり。大官令禅門文治元年の沙汰先規を勘へこれを相計る」とあるように、大江広元《おおえのひろもと》が案出したのである。

（3）入道親王／親王宣下後に出家した親王。

（4）院政をしき……／皇位を踏まずに「治天の君」となったのは、前例がなく、この入道親王と、後年（親房の晩年）、室町幕府によって「政務」に就任した広義門院《こうぎもんいん》だけである。後高倉院の異例の政務に対し、当時の人々は「日本国に此の例いまだなきにや、漢高祖の父太公の例を是には似たり」とささやきあった（『愚管抄』）。

（5）小一条院／三条《さんじょう》天皇の第一皇子。名は敦明《あつあきら》。長和五年（一〇一六）、後一条《ごいちじょう》天皇の皇太子となったが、関白藤原道長に冷遇されたため、敦明親王は皇太子を辞し、小一条院の院号を賜わり、太上天皇に准じられた。

（6）二十一歳／二十三歳が正しい。

第八十六代　四条院

第八十六代四条院《しじょういん》は、諱《いみな》は秀仁《みつひと》、後堀河院《ごほりかわいん》の皇太子である。母は藻壁門院《そうへきもんいん》藤原𫍯子《そんし》といい、摂政左大臣九条道家の娘である。壬辰《みずのえたつ》の年（保安四年＝一一三二）に即位し、例のごとく、翌年癸巳《みずのとみ》の年（一二三三年）に改元された。

一年ほど後、後堀河上皇がお亡くなりになったため、天皇の外祖父である道家左大臣が「王室の権」つまり摂政に就任した。それは昔の執政のようであった。東国にお迎えした征夷大将軍頼経《よりつね》もこの大臣の嗣子であったので、親子で公武の権力をわけあった。

皇位にあること十年。突然、早世なさった(1)。十二歳であられた。

【註】

（1）早世なさった／滑石を廊下に塗り、女官が転ぶのを喜んでいたが、誤って自身が転倒し、打ちどころが悪く夭折となった。

第八十七代・第四十六世　後嵯峨院

後嵯峨天皇の系譜

第八十七代・第四十六世後嵯峨院《ごさがいん》は、諱《いみな》は邦仁《くにひと》、土御門院《つちみかどいん》の第二の御子。母は贈皇太后通子《みちこ》といい、贈左大臣源通宗《みちむね》の娘、内大臣源通親《みちちか》の孫娘である。承久の乱のときは、二歳におなりであった。通親の大臣の四男大納言通方《みちかた》は、天皇にとって傍系の親戚(1)で、贈皇后ともゆかりがあるので、幼帝を引き取って秘かにお育てした。

十八歳の年であったろうか、大納言通方も亡くなり、どこにも頼るところがなく、祖母の承明門院《しょうめいもんいん》(2)のもとへお移りになられた。

二十二歳（二十三歳が正しい）の御時、春正月十日、四条院《しじょういん》がにわかに崩御された。あとを継がれる皇胤も兄弟の皇子もいらっしゃらなかった。順徳院《じゅんとくいん》はいまだ佐渡島に配流中であられたが、その御子たちが多く都に残っておいでだった。入道摂政道家の大臣は、順徳院の「外家《がいけ》(3)」であったので、この血統を皇位にすえ奉り、もとのように政を仕切りたいとお考えになったのか、その趣を鎌倉幕府に仰せつかわした(4)。

しかし、北条義時の子泰時が取りはからい申し上げて、この君を皇位にお立てになった(5)。まことにこれは天命であり、正理であった。御嵯峨院の父土御門院は、順徳院の御兄であるが、心映えも穏やかで、孝行の思いも深い人であられたので、天照大神の「冥慮」に代わって、泰時がこのように取り決め申し上げたのも、理《ことわり》である。

【註】

(1) 傍系の親戚/父の土御門天皇は通方の甥、母の通子は通方の姪。

(2) 承明門院/僧法印能円の娘、源通親の養女となっていた。土御門院の項、註(1)参照(三〇八ページ)。

(3) 外家/九条道家の姉が順徳院の中宮(立子)であった関係で、道家は順徳院の外戚になる。そこで、道家は、順徳天皇の子の忠成王《ただなりおう》の即位を望んでいた。しかし、忠成王は藤原清季《きよすえ》の孫で道家と血縁関係ではなかった。

(4) 鎌倉幕府に……/しかし、道家は、あくまで中立の立場で皇嗣を幕府に諮ったのであって、忠成王を推挙したわけではない(『後中記《ごちゅうき》』『経光卿記抄《つねみつきょうきしょう》』)。

(5) この君を皇位に……/四条天皇夭折の報に泰時は驚愕したが、阿波院宮(邦仁《くにひと》親王)の擁立に選択の余地はなかった。佐渡院宮(忠成王ほか)践祚となれば、順徳院の還京、順徳院政の実現が予想され、これは幕府にとって最悪の選択であった。また、京都の久我定通《さだみち》(前内大臣)の妻は泰時・重時らの姉妹であり、この線から阿波院宮推挙の定通の飛脚が鎌倉に達していた(『平戸記《へいこき》』)。邦仁親王の皇嗣決定を伝える東使安達《あだち》義景《よしかげ》は、鎌倉出発にあたり、京都で忠成王践祚の実施を案じたが、泰時は「何条子細あるまじ、よしさる事あらば、おろし参らすべし」と、義景に厳命した(『五代帝王物語《ごだいていおうものがたり》』)。泰時が邦仁親王の嗣立に不退転の決意であったことが知られる。

北条泰時の善政

そもそも、泰時は心正しく、その政治も実直で、人を大切にして驕ることなく、公卿のことを重くみて、本所の煩い[1]も解決したので、風の前に塵がないように、兵乱がなくなり世は鎮まった。こうして年月を重ねられたことは、ひとえに泰時の力よると申し伝えている。

陪臣がこれほど長く権力を握ったことは、「和漢両朝」にも先例がない。主君である源頼朝ですら（頼家・実朝の）二世で断絶した。義時にどのような果報があってか、思いもかけない「家業」（執権職）をはじめ、「兵馬の権」（軍隊統帥権）を手にしたことは、これまで聞いたことがない。

だが、義時に特別な才能や人徳があったとは聞こえてこない。すぐれた名誉の下に誇る心があったからか、承久の乱から中二年ほどで亡くなった。子の泰時が跡を継ぎ、徳政を優先させ、法式[2]を確立した。泰時は自らのことを考えるだけでなく、親族ならびにすべての武士を戒めたので、高位・高官を望むものはいなかった。その後、北条政権の権威は執権の代が下るにつれて衰え、ついに滅亡したのは、天命の尽きた姿というべきである[3]。七代の長きにわたって政権を維持しえたのは、泰時の余慶によるものであり、恨むところはないというべきである。

およそ、保元・平治以降の乱れきった世に、頼朝という人もなく、泰時という者もいなかったとすれば、日本国の人民はどうなっていたであろうか。この「謂《いわ》れ」をよく知らない人が、理由もなく、皇威が衰え、武家が勝ったと思うのは誤りである。

【註】

（1）本所の煩い／承久の乱の結果、京方「三千余ケ所」の没収地に新補地頭が置かれ、とかくに地頭の横暴が目だったが、泰時がその傾向を抑えた。

（2）法式／貞永元年（一二三二）、『貞永式目《じょうえいしきもく》（御成敗式目《ごせいばいしきもく》）』五十一条を制定し、武家政治の基準を示した。

（3）北条政権の……／幕府衰亡の因は種々あるが、重因の一つは、元寇《げんこう》により多くの勲功者が出たが、平家没官領・承久没収地のような敵方所領を恩賞として給与することができず、諸階層の不満を招いたことが基本である。

後嵯峨天皇と北条泰時の徳

これまでも、ところどころで述べてきたことであるが、皇位継承は天皇の御譲位に任せ、傍流から正統へお戻りなさるには、十分意を用いるべきことがあるはずである。神は万民の生活を安らかにすることを「本誓」とする。天下の万民はすべて神のものである。天皇は尊い存在ではあるが、一人だけで喜び、万民を苦しめるようなことは、天も許さず神も祝福しないはずである。その政治が徳政か否によって、天皇の運が開かれるか塞がるかが決まってしまうものだと思われる。

まして人臣としては、君を尊び、民を慈しみ、頭が天につくことを恐れて背を屈し、地が窪むことを恐れて足音を殺して歩く。また、日月の照らす光を仰いでも、心の汚れゆえにその光があたらないことに怖じ気づき、雨露の施しを見ても自分が正しくないためにその恵みから漏れてしまうことを、顧みるようにしなければならない。

朝夕に長田《ながた》・狭田《さた》の稲を食べることができるのも皇恩である。昼夜に生井《いくい》・栄井《さくい》の水の流れを飲むことができるのも神徳である。こういったことをよく考えず、あるに任せて欲をほしいままにし、私を先にして公のことを忘れるならば、世に永らえる理《ことわり》はない。まして国政を司る人として、また「兵権」をあずかる人として、正直で誠実な道を歩まないならば、どうしてその運を全うすることができようか。

泰時の時代を思うと、まことの道理があった世であったのであろう。子孫には泰時ほどの心はないが、堅く定めた法に従って政治を行うことによって、及ばずながらも世を重ねたのであろう。外国では乱逆(1)がうち続き、規律のない例が多いので、先例とするに足らない。わが国は神明の誓い（諸神の誓い）がはっきりしていて、君臣の上下の分も定まっている。しかも、善悪の果報は明らかで、因果の道理も決して失われていない。かつまた、遠くない時代のことなのだから、近代（保元・平治の乱以後）の政治の可否に学んで、将来の「鑑誡《かんかい》」（戒め）とするべきである。

そもそも、この後嵯峨天皇によって正統に返り(2)、皇位を継承されたが、それに先立って数々の「奇《き》瑞《ずい》」（不思議な瑞相）があった(3)。また、父土御門院は配流された阿波国から、告文《こうもん》(4)をお書きになって石清水八幡宮にお願い申し上げなさった。その御本懐《ごほんかい》(5)が後になって通じたので、さまざまの御願《ごがん》(6)を果たされたということは、感銘深いことである。

いまだに、皇位継承の君で後嵯峨天皇の御子孫でない方はいらっしゃらない。壬寅《みずのえとら》の年（仁治三年＝一二四二）に即位し、癸卯《みずのとう》の年（一二四三年）春に改元された。

御身を慎まれなさったからだろうか、天下を治めなさること四年で、皇太子（後深草天皇）が幼少（四歳）であられたが譲位なさった。(7) 慣例に従って太上天皇の尊号を受けられた。院中で政を治められて、ご出家して法皇となられたあとも変わらず、二十六年の間執政なさった。白河院・鳥羽院以後では穏やかで見事な御代であった。(8) 五十三歳で崩御された。

【註】

（1）乱逆／国に秩序がなく、戦乱がうち続き、君臣や親子間に正しい紀律が行われないこと。

（2）正統に返り／順徳・後堀河などの傍系にわたっていた皇位が、後鳥羽院の長子で有徳な土御門天皇の皇子である後嵯峨天皇に帰ることで、正統にもどったということ。

（3）「奇瑞」があった／邦仁親王は皇位の望みもなく、祖母承明門院に出家の意思を唆《ほのめ》かしたところ、祖母は「いとあるまじき事」と諫めた。登極の前年末、邦仁親王は思い余って石清水八幡宮に参籠したところ、本殿の内より「徳是北辰椿葉影再改」（徳は是《こ》れ北辰、椿葉《ちんよう》の影再び改まる）と鈴のような声で神託が下り、「とまれかくまれといよいよ御学問をぞさせ給」とある（『増鏡』『古今著聞集』）。「椿葉」は、皇統を象徴しているといわれている。

（4）告文／神祇に誓約を書いて告げ奉る文。

（5）御本懐／願意が神によって実現したこと。ここでは、皇位につくことができたこと。

（6）御願／告文には、願が実現したときは、そのお礼として行うことが記されている。具体的は、社殿の造営や修築、社領を寄進したりする。

（7）御身を慎まれ……／後嵯峨天皇は、神仏に皇子の誕生を祈願しており、また、その皇子皇太子として譲位することも祈願していたので、それを実行した。

（8）穏やかで見事な……／『五代帝王物語』にも、「都の中殊に穏に三十一年保せ御座す事、有難き程の聖運（中略）公家も武家も異心異事の心もなく、一筋に聖慮の貴事を深く仰奉りし」とある。

第八十八代　後深草院

第八十八代後深草院《ごふかくさいん》は、諱《いみな》は久仁《ひさひと》、後嵯峨院《ごさがいん》の第二の御子。母は大宮院《おおみやいん》藤原記姞子《きっし》といい、太政大臣西園寺実氏《さいおんじさねうじ》の娘である。丙午《ひのえうま》の年（寛元四年＝一二四六）に四歳で即位し、丁未《ひのとひつじ》の年（一二四七年）に改元された。

天下《あめのした》を治めになること十三年。天皇は后腹《きさきばら》(1)の長子であられたが、持病がおありだったので、同母の御弟恒仁《つねひと》親王（亀山《かめやま》天皇）を皇太子に立てて譲位された。慣例のごとく太上天皇の尊号を受けられた。

のちに伏見《ふしみ》天皇の御代(2)のわずかな間、院政を聴かれたが、出家なさって政務を伏見天皇に譲りなさった。五十八歳で崩御された。

【註】

（1）后腹／中宮大宮院姞子の子という意味。同腹の弟に、恒仁親王がいる。

（2）伏見天皇の御代／伏見天皇の即位（正応元年＝一二八八）から御出家されるまでの二年間。

第八十九代・第四十七世　亀山院

亀山天皇の系譜

第八十九代・第四十七世亀山院《かめやまいん》は、諱《いみな》は恒仁《つねひと》、後深草院《ごふかくさいん》の同母の御弟である。己未《つちのとひつじ》の年（正元元年＝一二五九）に即位し、庚申《かのえさる》の年（一二六〇年）に改元された。

後嵯峨《ごさが》上皇はこの天皇を継体《けいたい》（跡継ぎ）とお決めになっていたのか、亀山院の后腹（皇后佶子《きつし》）に皇子（世仁《よひと》親王、のちの後宇多《ごうだ》天皇）が生まれると自ら養育なさって、やがて皇太子にお立てになった。これに先だって、後深草院［そのときは新院と申し上げた］にも御子がお生まれになっていたが、亀山天皇の御子に先を越されてしまわれ［この皇太子は後の後宇多院、御年二歳で立太子。後深草の御子は後の伏見院《ふしみいん》で、御年四歳におなりになった」。

後嵯峨院が崩御されたのち、後深草院・亀山院の兄弟の間に相争うことが起きたので、[1]関東の鎌倉幕府が、二人の母である大宮院（皇后姞子《きつし》）に尋ねた。[2]すると、先院の後嵯峨院の生前の「御素意」[3]は当今《とうぎん》（亀山天皇）であったという旨を仰せだったので、事態は定まって、亀山天皇は禁中《きんちゅう》[4]で政務をお執りになった。

天下《あめのした》を治めなさること十五年、皇太子に譲位して慣例のごとく太上天皇の尊号を受けられた。院中でも十三年間世を治められたが、時局が新たな面に変わったのち出家された。[5]五十七歳であられた。

【註】

（1）兄弟の間に……後嵯峨上皇崩後、兄弟の争いは事実ではない。上皇は崩殂《ほうそ》の一月前、天皇家領の相続処分など詳しい遺言を残したが、「されども御治世の事は関東計らい申すべし」（『五代帝王物語』）と、院政（政務）のことは幕府の裁定に委ねたからである。

（2）大宮院に尋ねた／皇家・公家界で、後室が家督に関与する慣行はなかったが、武家では北条政子の例で知られるように、広汎な後家の家督権が認められていた。そこで、幕府は、後嵯峨の後室である大宮院に先院の素志を尋ねさせたのである。

（3）御素意／この頃の朝廷の実権は、「治天の君」といわれる天皇もしくは上皇に集中していた。天皇のまま執政する場合は、天皇＝「治天の君」となるが、多くの場合、天皇の父である上皇（院）が「治天の君」となって政治を司った。鳥羽院の項、註（2）（二七七ページ）参照。

（4）禁中／禁門は許された廷臣以外の出入りが禁止された宮門。承明門の内側を禁裏・禁中といった。

（5）時局が……／伏見天皇が即位し、後深草天皇の院政と決まったこと。しかし、その発端は、建治元年（一二七五）十一月、煕仁《ひろひと》親王（伏見天皇）の立坊にある。鎌倉時代後半、後嵯峨天皇の皇子である後深草天皇と亀山天皇の系統の間で皇位継承をめぐる争いが起こった。その対立を、「両統迭立《りょうとうてつりつ》」といい、後深草天皇系を「持明院統《じみょういんとう》」といい、亀山天皇系を「大覚寺統《だいかくじとう》」という。承久の乱（承久三年＝一二二一）以降、鎌倉幕府は皇位継承問題にも発言権を持つようになり、西園寺公経《きんつね》以下、同家の当主が「関東申次《かんとうもうしつぎ》」として、両統の分裂を調停した結果、両統から交互に皇位につくと決めた。さて、大宮院の裁定により、亀山上皇の系統が皇位を継ぐはずだったのが、どうして情勢が変わったのか。それは、申次西園寺実兼《さねかね》の妹・嬉子《きし》への亀山の寵が褪《あ》せて、文永五年（一二六八）に退下させられ、以後、実兼は持明院統に接近するようになった。次に、文永十一年正月、後宇多天皇践祚によって、絶望に追い込まれた後深草上皇が、翌年夏頃、尊号と兵《へい》仗《じょう》を辞して出家せんとし、近臣三十人余もともに出家しようという騒動があり、これが関東に聞こえ、北条時宗が深く同情したことがある。時宗は、元寇という国難の最中に、天皇家の内紛が目立つことはよくないとも考えたらしい。そこで同年秋、急転直下、煕仁の立坊が決まり、大宮院の裁定は覆されたわけである。これがいわゆる「両統迭立」の始まりである。

第九十代・第四十八世　後宇多院

後宇多天皇の系譜

第九十代・第四十八世後宇多院《ごうだいん》は、諱《いみな》は世仁《よひと》、亀山院《かめやまいん》の皇太子。母は皇后僖《き》（佶《きつ》）子《し》［のちに京《きょう》極院《ごくいん》と申し上げる］といい、左大臣洞院実雄《とういんさねお》の娘である。甲戌《きのえいぬ》の年（文永十一年＝一二七四）に即位し、乙亥《きのとい》の年（一二七五年）に改元された。

蒙古襲来――弘安の役

丙子《ひのえね》の年（一二七六年）は、中国の宋の幼帝徳祐《とくゆう》の二年にあたる。この年、北狄《ほくてき》(1)の種《しゅ》である蒙古より興った元国が宋国を滅ぼした［金国が興ったことで、宋が東南の杭州《こうしゅう》に都を移してから百五十年になる。蒙古が興ってまず金国を併合し、のちに長江を渡って宋国を攻め、この年ついに宋国を滅ぼした］。

辛巳《かのとみ》の年［弘安四年（一二八一）である］、蒙古軍は多数の軍船をそろえてわが国を侵攻し、筑紫の地で激しい戦いが繰り広げられた。このとき、神明が神威を示し、姿を現わして攻撃を防いだ(2)。大風がにわかに吹き、数十万艘(3)の蒙古軍の賊船をことごとく漂流・転覆させ破滅させてしまった。末世とはいえ神明の威徳は不可思議である。天照大神の誓約が不変であることが、このことによって推測することができる。

【註】

（１）北狄／中国において、北方の異民族に対する蔑称。

（２）神明が神威を……／皇大神宮や石清水八幡宮などで社殿が鳴動《めいどう》するなどの異変が起こった。

（３）数十万艘／人員は最大十四万人、戦艦は数千艘である（服部英雄著『蒙古襲来』山川出版社より）。

後宇多院の治世

御宇多院は天下《あめのした》を治めなさること十三年、心ならずも国政から離れられたこと十余年に及んだ。(1)後に御子の後二条院《ごにじょういん》が即位されたので、院政を行われた。皇后の遊義門院《ゆうぎもんいん》(2)がお亡くなりになり、その御歎きのあまりであろうか、出家なさった。このとき、宇多《うだ》・円融《えんゆう》両帝の例にならい、東寺において前大僧正禅助《ぜんじょ》を御師として灌頂をお受けになった。めったにない尊いことといわなければならない。その日、後醍醐の御門も中務《なかつかさ》親王として王卿の座(3)にお着きになっておられた。その姿が、今日のこのように思われる。

後二条院が崩御されてからは、ますます世を厭われた。嵯峨の奥の大覚寺というところに弘仁（嵯峨《さが》天皇）・寛平（宇多天皇）の古い御跡をお訪ねして、御寺をたくさん建立なさり、密教の行学に精進された。

その後、後醍醐天皇が即位なさったので、またしばらく政を司られたが、三年ばかりして政務をお譲りなった。この後宇多院は、中古以来まれにみる帝と申しあげるべきであろう。文学の方面においても後三条院以後では、この院ほど才能豊かな方はおられなかった。

【註】

（1）心ならずも……／後出、伏見院の項参照（三三五ページ）。

（2）遊義門院／後深草天皇の皇女（姈子内親王）で、後宇多天皇の皇后と尊称された。徳治二年（一三〇七）に薨去。彼女のように、持明院統の皇女の大覚寺統への成婚が行われたことは、後深草上皇の温厚な性格からでた配慮による。

（3）王卿の座／朝議などにおいて、親王・公卿などが着座する席。

寛平の御遺誡

宇多天皇の『寛平《かんぴょう》の御遺誡《ごいかい》』(1)には、「帝皇の学問は『群書治要《ぐんしょちよう》』などで十分足りるので、雑書を学びすぎて政治の妨げにならぬようにせよ」と記されているようである。しかし、延喜（醍醐《だいご》天皇）・天暦（村上《むらかみ》天皇）・寛弘（一条《いちじょう》天皇）・延久（後三条《ごさんじょう》天皇）の御門は、いずれも宏才博覧で、諸道も学ばれて、政事も明らかなので、先の二代（醍醐・村上天皇）は昔のことであるが、それに次ぐのは寛弘・延久を特に賢皇と申しあげるのである。

和漢の古事を学ばれないと、政道も明らかでなくなり、皇威も軽くなってしまう、これは当然の理《ことわり》である。『尚書』に中国の堯・舜・禹の徳を称えて、「彼らは古事に学び、よく考えて政治を行った」といい、また傅説《ふえつ》（高宗の宰相）は殷《いん》の高宗(2)に教えて「何事も古《いにしえ》を師としないで、天下を永らえた例を、私、説は聞いたことがない」といったという。

また、唐の仇士良《きゅうしりょう》は天子に近習する宦官《かんがん》で、宮廷内に権勢をふるった極めつきの奸人だったが、同類の者に教えて、「皇帝に書物をお見せするな。つまらぬ遊芸に戯れて心を乱してしまうのがよい。もし皇帝が書物に親しみ、政道の何たるかをお知りになったら、われわれ一党は滅びてしまうだろう」といったという。今の世にも通じる話である。

宇多天皇が『群書治要』についておっしゃった言葉は、やや部分的で範囲が狭すぎるように思われる。ただし、この『群書治要』は、唐の太宗が時の名臣魏徴《ぎちょう》に命じ撰進させたものであり、全五十巻のなかにはすべての経書、史書、さらに諸子（諸子百家）にいたるまでの名文が収められている。完全な経書・三史(3)などは普通の人が学ぶが、この書に載っている諸子などは見る人も少ない。なかには名を聞いたことのない類まで載せられている。まして天下をお治めになるのに、このようなものまで読む必要はないであろう。『御遺誡』の真意は、本《もと》となる経書を学ぶ必要はないというほど否定的ではないだろう。すでに雑文とあるので、経・史の御学問に加えて、『群書治要』をご覧になって、「諸子」などの雑文までも学ばなくてもよいという御心である。

宇多天皇はとりわけ広く学問をなさったためであろう、周易《しゅうえき》（易経に書かれた占術）の古い道をも、愛成《ちかなり》という博士に学ばれた(4)。醍醐天皇の御ことについては、今さらとやかく述べることはない。まず、菅原道真が補佐申しあげ、道真が左遷された後も、紀長谷雄《きのはせお》・三善清行《みよしのきよつら》ら名儒家があって、文道が盛んになったことは上古の昔に並ぶものであった。この『御遺誡』を引いて「天皇の御学問はそこまでしなくてもいい」などという者がいるが、思慮の足りない発言である。何ごとも先人の書をよく読んで思案をめぐらすべきである。

【註】

（1）『寛平の御遺誡』／宇多天皇が幼い醍醐天皇に譲位するときに与えた教訓の書。天皇としての日常の動作や作法をはじめ、学問・朝廷の儀式・慣習などについて注意すべき事項を記した。

（2）高宗／高王の誤り。

（3）三史／『史記』『漢書』『後漢書』のこと。

（4）愛成という博士／仁和二年（八八六）に明経博士に任じた善淵《よしぶち》愛成であろう（桃裕行著『上代学制の研究』）。

後宇多院の徳行

後宇多院は天皇在位の間も執政なされず、また上皇としても十余年閑居しておられたので(1)、古書を読んで学問に励まれ、諸道を学ばれたに違いない。出家されてからも心をこめて修行なさった。

ところで、上皇で出家された例は、聖武・孝謙・平城・清和・宇多・朱雀・円融・花山・後三条・白河・鳥羽・崇徳・後白河・後嵯峨・後深草・亀山の各上皇でいらっしゃる。醍醐上皇と一条上皇は病が重くなってから出家された。

このように多くの方がいらっしゃるが、後宇多院のように、あらゆる戒律《かいりつ》(2)を残りなく保ち、終始怠ることなく真言密教の奥義を究め、大阿闍梨《おおあじゃり》として灌頂を授けられなさったことは、たいそう珍しいことである。(3)後宇多院の御子孫に、公武一統の運が開かれたということは、後宇多院の「有徳の余《よ》薫《くん》」にちがいないと思える。

元亨も末の甲子《きのえね》の年（正中元年＝一三二四）の六月、五十八歳で崩御された。

【註】
（1）上皇としても……／対立する持明院統の伏見・後伏見天皇の治世であった。
（2）戒律／戒法と律義。仏道修行者が守るべき生活規律のこと。「戒」は規律を守ろうとする自発的・自律的な誓い、律は外部から課せられる他律的な規範を意味する。
（3）大阿闍梨として……／密教において、伝法灌頂を授ける資格をもつ阿闍梨のうち、法会の導師を務める高僧のこと。後宇多天皇は、天皇自身が灌頂を受けられただけではなく、大阿闍梨として多くの人々に灌頂を授けた。

第九十一代　伏見院

伏見天皇の系譜

第九十一代伏見院《ふしみいん》は、諱《いみな》は凞仁《ひろひと》、後深草院《ごふかくさいん》の第一の御子。母は玄輝門院《げんきもんいん》藤原愔子《やすこ》といい、左大臣洞院実雄の娘である。後嵯峨院《ごさがいん》が皇統は亀山院《かめやまいん》の子孫へと、お望みあって、そのように定められたので、後深草院の子孫を皇位におつけすることは、いかがかと思われた(1)。しかし、亀山院は「弟順の儀(2)」を配慮し、兄の後深草院の皇子の伏見天皇を猶子とし、後宇多《ごうだ》天皇の皇太子になさったのである。

その後、後宇多天皇にとっては納得がいかず、「悪し様」な事態(3)が起こり、伏見院の即位があった。丁亥《ひのとい》の年（弘安十年＝一二八七）に即位し、戊子《つちのえね》の年（一二八八年）に改元された。そして、また持明院統の胤仁《たねひと》親王が東宮（皇太子）となった。

【註】

（1）後嵯峨院が……／事実と異なる。後嵯峨院は皇統の決定を幕府に委ね、幕府は自ら決定するを欲せず、大宮院の裁定に従ったのである（亀山院の項の註（1）（2）参照。三二七ページ）。大宮院裁定の背景は、「幕府はこれに関与して皇室の内紛に関わることを好まず」（新田英治氏「鎌倉後期の政治過程」『岩波講座日本歴史』第6巻中世2、岩波書店）であったという。

（2）弟順の儀／兄や年長者によく尽くすこと。亀山天皇は、兄の後深草天皇に礼を尽くすために、子の伏見天皇を自らの猶子とした。実際は、関東申次西園寺実兼の意向と、後深草院に同情した北条時宗《ときむね》の画策があった。

（3）「悪し様」な事態／鎌倉の北条氏からの後宇多天皇に譲位するよう勧告があったこと。実は、その直前、顕《あき》成《なり》朝臣の子僧某が「謀反の事」によって、六波羅に誅される事件があり（『勘仲記《かんちゅうき》』弘安十年九月二十一日条）、これが幕府を刺激して後宇多の退位になったとみられる。

両統の迭立

伏見天皇は、天下《あめのした》を治めなさること十一年。皇太子に譲位し、慣例のごとく太上天皇の尊号を受けられた。院中で執政されたが、ほどなく時勢が移って(1)退位なさった。しかし、六年ほどして再び伏見上皇が政治をお執りになった。「関東の輩《ともがら》」（鎌倉幕府）も亀山院の子孫が皇統の正流をお受けになったことは知りつつも、ちかごろは大覚寺統の治世に疑いの気持ちをもちはじめたのであろうか、(2)皇位の順番を亀山院の流れ（大覚寺統）と後深草院の流れ（持明院統）をかわるがわるお立て申しあげようと計ったといわれる。伏見上皇は出家なさった。宝算《ほうさん》五十歳で崩御された。

【註】

（1）時勢が移って／後伏見院が退位して後二条天皇が即位したこと。皇統が、持明院統から大覚寺統に移ったことになる。

（2）大覚寺統の治世に……／これより先、伏見天皇親政下の正応三年（一二九〇）三月、霜月騒動《しもつきそうどう》の残党で甲斐の浅原為頼《あさはらためより》という武士の禁中乱入事件が起こった。浅原は禁中で自害したが、その刀が大覚寺統の廷臣三条《さん》実盛《じょうさねもり》の所持する銘刀〝鯰尾《なまずお》〟であったことから、同統に嫌疑がかかった。このときは、後深草上皇の〝穏便な〟仲介で収まったが、幕府は以来、大覚寺統に不信を抱き、同統と疎隔を生じた。

第九十二代　後伏見院

第九十二代後伏見院《ごふしみいん》は、諱《いみな》は胤仁《たねひと》、伏見院《ふしみいん》の第一の御子。母は永福門院《えいふくもんいん》藤原鐘子《しょうし》といい、入道太政大臣西園寺実兼の娘である。実の母は准三宮《じゅさんぐう》藤原経子《つねこ》といい、入道参議藤原経氏《つねうじ》の娘である。戊《つちのえ》戌《いぬ》の年（永仁六年＝一二九八）に即位し、己亥《つちのとい》の年（一二九九年）に改元された。

天皇の地位にあること三年、推譲《すいじょう》(1)があって退位された。慣例のごとく太上天皇の尊号を受ける。その後、正和のころ父伏見上皇からの政務の移譲によって後伏見上皇が世を治められた。時の御門は弟の花園院《はなぞのいん》であったが、花園院が兄である後伏見上皇の猶子となるという礼をとられたからであるという(2)。元弘になって世が乱れると、またしばらく世を治めなさった(3)。事が改まって(4)政情も一変したが、変わらず京都に住まわれたが、出家されて、四十九歳で崩御になった。

【註】
（1）推譲／他人を推薦し自分は辞退すること。鎌倉幕府から譲位を促されたことによる。
（2）花園院が兄である……／天皇の父が治天の権を持つとの原則からすれば、ひきつづき伏見院が執政することになるが、花園天皇が兄の後伏見上皇の猶子（養子）となることで、解決しようとした。
（3）世が乱れると……／親房は、「世が乱れると」（原文「世の中乱れし時」）とぼやかして記すが、史実は元弘元年（一三三一）、後醍醐天皇の笠置蒙塵、光厳《こうごん》天皇が後伏見の「伝国詔宣」により践祚して正式の天皇となった。親房は南朝系の立場から、この光厳天皇践祚を認めようとしないのである。
（4）事が改まって／建武の中興が成立して、光厳天皇が退位したこと。一般に、光厳天皇を「北朝第一代」とするが、南北朝の分裂は、建武三年（一三三六）の後醍醐の花山院脱出以後のことであるから、光明《こうみょう》天皇を北朝第一代とすべきである。

第九十三代　後二条院

第九十三代後二条院《ごにじょういん》は、諱《いみな》は邦治《くにはる》、後宇多院《ごうだいん》の第一の御子。母は西花門院《せいかもんいん》源基子《もとこ》といい、内大臣堀河具守《ほりかわとももり》の娘である。辛丑《かのとうし》の年（正安三年＝一三〇一）に即位し、壬寅《みずのえとら》の年（一三〇二年）に改元された。

天皇の位にあること六年で早世された。二十四歳であられた。

第九十四代　花園天皇

第九十四代の天皇（花園《はなぞの》天皇）は、諱《いみな》は富仁《とみひと》、伏見院《ふしみいん》の第三の御子。母は顕新門院《けんしんもんいん》藤原季子《すえこ》といい、左大臣洞院実雄の娘である。戊申《つちのえさる》の年（一三〇八年）に即位し、改元された。

（裏書・略）

父の伏見上皇が世を治めていらっしゃったが、ご出家のあと譲位され、兄の後伏見《ごふしみ》上皇が執政されていた。花園天皇は父の伏見院が崩御されても喪に服することがなかった。兄の後伏見上皇の猶子となっていたためというが、前例のない出来事であった。

天下《あめのした》を治めなさること十一年で譲位なさった。(1) 慣例のごとく太上天皇の尊号を受けられた。世が改まって（建武中興が成立）出家なさった。

【註】

（1）天下を治めなさること……／親房は、花園天皇の行実について何も記さないが、この天皇には『花園院宸《はなぞのいんしん》記《き》』が残っており、学問にも蘊蓄が深く、和漢の諸学に通じていたことは広く知られている。

第九十五代・第四十九世 後醍醐天皇

後醍醐天皇即位までの経緯

第九十五代・第四十九世後醍醐《ごだいご》天皇は、諱《いみな》は尊治《たかはる》、後宇多院《ごうだいん》の第二の御子。母は談天門院《だってんもんいん》藤原忠子《ただこ》といい、内大臣花山院師継《かさのいんもろつぐ》の娘とされるが、実《まこと》は入道参議五辻忠継《いつつじただつぐ》の娘である。(1)祖父亀山《かめやま》上皇のもとで成長なさった。

弘安のころ、時が移って亀山・後宇多両上皇が執政されることはなくなったので、(2)たびたび関東へ仰せになられた。(3)幕府は「天命《てんめい》の理《ことわり》(4)」を畏れ多いと思ったので、にわかに大覚寺統からの立太子にするようにという沙汰があった。亀山上皇は、尊治親王を皇太子にお立てしたいと思われて、石清水八幡宮に告文《こうもん》を収められた。しかし、さしたる理由もなく第一の皇子を捨て置くこともできず、第一皇子である後二条《ごにじょう》天皇が皇太子にお立ちになった。

しかし、父の後宇多上皇も第二皇子の尊治親王に多くの望みをかけていた。(5)このため親王は元服ののち、村上《むらかみ》天皇の例にならって大宰帥として節会《せちえ》（朝廷の儀式や宴会）にも参加なさり(6)、のちには中務卿をも兼任なさった。

後二条天皇が早世されてしまったので、父後宇多上皇は悲しみのうちにも、すべてをこの親王の将来に託された。やがて「儲君《ちょくん》の定め」（皇太子選定の評議）があったとき、後二条院の第一の御子邦良《くによし》親王が皇太子に立てられるのではないかと思われていたが、後宇多上皇は思召《おぼしめ》すことがあるといって、尊治親王の立太子をお決めになったのである。

後宇多上皇のお考えとは、「後二条天皇の第一の御子（邦良親王）はまだ幼少なので、尊治親王の御子として皇統を伝えるべきであろう。もし親王が早世するようなことがあれば、尊治親王の子孫が皇統を継げばよい」というもので、それを書きおいたのであった。

この邦良親王には鶴のように足が細くなる病があって、将来に不安をもたれたからであろう。

【註】

（1）五辻忠継の娘／鎌倉時代の天皇は、西園寺氏が母親の例が多いのだが、後醍醐天皇の母が五辻氏というのは異例である。母の出自がかく低いことが、「関東は戎夷なり。天下管領然るべからず」という過激な思想を抱く背景にあったとみられる。

（2）時が移って……／弘安十年（一二八七）十月に伏見天皇が践祚したことで、治天の権が大覚寺統から持明院統へ移っていた。
（3）関東へ仰せに……／亀山上皇が、大宮院（皇后姞子）の裁定を守るよう、鎌倉幕府に使者を送ったこと。
（4）天命の理／後深草・亀山両院の晩年（一三〇一〜三年頃）には、両統で「親善の風」がみられたが、嘉元二、三年（一三〇四、五）に両院があいつぎ崩じた後、両統間は公卿をまきこんで一層険悪化した。さすがの幕府も事態の深刻さをさとり、文保元年（一三一七）四月、武士の摂津親鑑《せっつちかあき》を上洛させ、「天運、凡慮を以て計ひ申す条其恐れ存ず」と称して、両統の和議を勧めた。これを「文保の和談《ぶんぽうのわだん》」という。これは花園天皇が皇位にあったときだが、和議は実現せず、翌年、後醍醐天皇の践祚となった。
（5）尊治親王に……／後醍醐天皇（尊治親王）は、幕府にも人望があった。花園天皇は即位前の尊治親王を評して「関東万人大略（尊治）春宮の方人《かたうど》か。（中略）春宮和漢の才を兼ね、年歯は父の如し」と称揚している。
（6）村上天皇の……／第六十二代・村上天皇が、朱雀《すざく》天皇の皇弟として大宰帥に任じられ、のちに皇太弟となり即位されたこと。

後醍醐天皇の学問と仏道への情熱

後宇多天皇は学問の道に優れた篤学の天皇であられたが、後醍醐天皇はその跡をよくお継ぎであった。そのうえ諸道にも深い造詣をもっておられたのは、希有なことであった。仏教にも御志が深く、とくに真言密教を修行なさっていた。はじめは父の後宇多法皇に教えを受けておられたが、後には前大僧正禅助の許可《こか》をお受けになった。

天子が灌頂を受けられた例は中国にもみえる。わが国では清和《せいわ》天皇が宮中で慈覚大師《じかくだいし》から灌頂をお受けになった。天皇をはじめ忠仁公藤原良房《よしふさ》なども灌頂をお受けになったが、これは結縁《けちえん》灌頂だったようである。後醍醐天皇はまことの授職《じゅしょく》（一段上の伝法灌頂）を受けようと思われたようであるが、結局は許可されることになった。

それだけでなく、その他の真言諸流の教えもお受けになった。また、真言以外の宗派もお捨てにならなかった。日本・外国を問わず、禅宗の僧侶までをも宮中に召していろいろとお尋ねになった。すべて和漢の道の両方に精通していた点では、中古以来代々の天皇以上である。

戊午《つちのえうま》の年（文保二年＝一三一八）に即位され、己未《つちのとひつじ》の年（一三一九年）の夏四月、改元された。元応と号した。初めは後宇多院が政治をお執りになっていたが、中二年ほどして、治世を後醍醐天皇にお譲りになった。それ以来、昔の天皇親政のときのように記録所《きろくしょ》(1)が置かれ、朝は早くに起きて、夜は遅くにおやすみになって、民の憂いをお聞きになられた。世の万民は皆、天皇を仰ぎ奉った。(2)公家による昔の政治（天皇親政）に返る世になると、貴も賤もこぞって期待に胸をはずませて賞賛した。

【註】

（1）記録所／初めは記録荘園券所といい、延久元年（一〇六九）に荘園整理の目的で、後三条《ごさんじょう》天皇によって設置された。のち、荘園記録所といわれ、国司と荘園領主との荘園に関する訴訟を審議する機関となった。鎌倉期で、この記録所を復活したのは正応三年（一二九〇）の伏見天皇である。これは幕府で発達していた裁判制度の導入にあたるが、一般に好評で、「政道淳素に及ぶか、珍重」（『勘仲記』）と称揚されている。南北朝時代になると、朝廷の重要事項を取り扱う役所として、建武政府が新たに設置した。

（2）世の万民は……／貴賤こぞって賞賛というのは、親房の主観にすぎず、伏見天皇のときのような評価の声は記録に残っていない。

正中の変

こうしているうちに後宇多院が崩御された。いつしか皇太子邦良親王側近の人々の間によそよそしい空気が漂い、ついには、関東に使節を派遣して皇位を争うほど、後醍醐天皇と皇太子の関係は険悪になっていった。東国にも皇太子を引き立てる「輩《ともがら》」がいて、これが天皇のお怒り[1]の始め（討幕の決意[2]の発端）となった。

元亨甲子《きのえね》（元亨四年＝一三二四）の九月の末、とうとう事が起こった[3]。天皇の命を受けて画策していた者のなかに、無念な事件[4]も出来《しゅったい》したが、たいした事にもならずに済んだ。

その後ほどなくして、皇太子がお亡くなりになった。神慮（天照大神の思召し）にも相応せず、後宇多法皇の御遺戒にも背いた行為があったからであろう。今こそ、後醍醐天皇が疑いのない継体の正統とお決まりになったのである。しかし、東宮坊《とうぐうぼう》[5]には後伏見院（持明院統）の第一皇子である量仁《かずひと》親王（光厳天皇）が皇太子として住まわれた。

【註】

（1）天皇のお怒り……／後醍醐天皇の憤懣の第一は、たしかに天皇自ら次の皇位が決められず、その決定権を関東申次と幕府に握られている点にあったのだろう。

（2）討幕の決意／正中の討幕運動は後宇多院の晩年に始まった（網野善彦『異形の王権』、平凡社）。日野資朝《ひのすけとも》や俊基《としもと》は不平武士を糾合するため、山伏に身をやつし東国や紀伊に討幕宣旨を持ち歩いた（『増鏡』）。

（3）事が起こった／正中の変のこと。元亨四年（一三二四）、後醍醐天皇が、日野資朝・俊基、土岐頼兼《ときよりかね》らと鎌倉幕府追討を計画（九月二十三日の北野祭礼の騒動を機に討幕蜂起）するが、事前に発覚して失敗した事件。幕府側は、同年九月十九日、六波羅探題の兵をつかわして制圧した。土岐頼兼・多治見国長《たじみくになが》らは京都で殺害され、日野資朝は佐渡に配流ののち殺されたが、天皇は無関係を主張した。

（4）無念な事件／武士の土岐頼兼・多治見国長の誅殺、日野資朝・俊基の捕縛をさす。天皇は事件に関係せずとの弁明は結局、容れられた。

（5）東宮坊／東は四季の春に当たり、万物生成の意をもち、また易では長男を表わす震に当たるところから、転じて皇太子の住む宮殿を東宮坊といい、立太子のことを立坊と称する。鎌倉期は、践祚と同時の立太子決定が慣例となり、あわせて「践祚立坊」という。

元弘の乱

その後[1]、元弘辛未《かのとひつじ》の年（元弘元年＝一三三一）八月に、後醍醐天皇は突然に京都を脱出され、一度は奈良に臨幸されたが、そこは思わしくないので、笠置山《かさぎやま》[2]の山寺の近くに行宮《あんぐう》（仮の御所）を定め、天皇に忠誠を誓う志ある兵《つわもの》を召し集めた（3）。

数度の合戦ののち、同年九月には、鎌倉幕府の軍勢が東国より大挙して西上し、笠置城を攻めたため事態は難しくなり、行宮を他所へ移された。さらに、予期せぬことが起こり（4）、承久の乱の後、京都に設置された六波羅《ろくはら》にある役所（5）に御幸された（6）。天皇に御供としてお仕えしていた公卿・殿上人たちも、ある者は捕らわれ、ある者は忍んで身を隠していた。

こうして皇太子量仁《かずひと》親王が即位された（7）（北朝の初代光厳天皇、元弘元年九月二十日）。翌年（元弘二年＝一三三二）春、後醍醐天皇は隠岐国に配流された。天皇の御子たちもあちこちへ流されてしまったが（8）、兵部卿《ひょうぶきょう》護良《もりよし》親王（9）だけは山々をめぐり、諸国で義兵を集め決起するよう企てられた。

このとき、河内国に橘正成《たちばなのまさしげ》（10）という者があり、天皇への忠節心が篤く、河内・大和の国境に近い金剛山《こんごうさん》というところに城を構えていた。正成は近国に侵攻し平定していたので、鎌倉幕府は、諸国の兵を集めて正成を攻めたが、城の守りが固く、容易に落とすことができなかった。世の中が乱れはじめたのである。

【註】

（1）その後……／正中の変後も天皇は、討幕を諦めず、天徳元年（一三二九）には中宮懐妊にことよせて関東調伏の祈禱を自ら行った（百瀬今朝雄氏「元徳元年の『中宮御懐妊』」〈『金澤文庫研究』二七四号、一九八五年〉）。幕府は密偵を使ってその情報をつかんでいたが、泳がせて一網打尽をたくらみ、検挙を見合わせていた。同三年（一三三一）四月末、吉田定房《よしださだふさ》の密告により、僧文観《もんかん》・日野俊基の捕縛となり、八月二十四日を期して天皇をも拘禁する準備をなした。その直前、天皇は察知して神器を携帯して、笠置蒙塵となった。

（2）笠置山／京都府南端部、笠置町にある山。標高三二四メートル。奈良時代から弥勒《みろく》信仰の山として知られ、鎌倉時代に貞慶《じょうけい》により笠置寺《かさぎでら》が建立された。元弘の変のさい後醍醐天皇の行宮がおかれた。

（3）兵を召し……／先帝が笠置籠城中の九月二十日、後伏見上皇の「伝国詔宣」をもって量仁親王（光厳天皇）が践祚した。これは先例として、平家都落ちによる後鳥羽天皇践祚とまったく同じケースである。したがって、光厳天皇はけっして〝北朝〟の天皇ではなく、正式に幕府が嗣立した「日本国」の正当君主である。

（4）予期せぬことが起こり／後醍醐天皇は河内に行こうとして農夫に身をやつして脱出した。しかし、「山城国住人深栖《みす》五郎入道有王山に参向し陸奥守殿に告申す」（『光明《こうみょう》寺《じ》残篇《ざんぺん》』九月二十九日条）とあるように、深栖入道の変心があり、捕われの身となってしまう。このような、後醍醐方の惨状の報を聞いた花園上皇は「王家の恥、何事か之《これ》に如《し》かん哉（中略）一朝の恥辱また敷かざるべからず」（『花園院記』）と慨嘆した。

（5）六波羅にある役所／六波羅探題。鎌倉幕府の職名。承久の乱以降、京都の政情や公家の動静を監察、また治安を維持するために設置された。

（6）御幸された／原文は「御幸ある」。御幸とはいうが、捕虜として連行されたのである。このとき、三種の神器は幕府に接収された。西園寺公宗《きんむね》が面通し（検知）を六波羅から要求され、先帝は公宗に「天魔の所為、寛宥の沙汰あるべし」と泣きついている。花園上皇はそれを聞いて歎息した。かつては敬愛していた後醍醐天皇の醜態に、花園上皇の幻滅は大きかった。

（7）量仁親王が……／原文は「かくて東宮位につかせ給」とあるのみで、天皇としての代数も世数も記していない。親房は明らかに光厳天皇を天皇扱いしていないのである。

（8）天皇の御子たち／尊良《たかよし》親王は土佐、宗良《むねよし》親王は讃岐、恒良《つねよし》親王は但馬に、それぞれ配流となった。

（9）護良親王／後醍醐天皇の皇子。母は源親子。号は大塔宮《おおとうのみや》。落飾して天台座主《てんだいざす》となるが、父の討幕計画に参画するため、還俗して護良親王と改名する。元弘の乱の失敗の後、熊野・吉野に潜行して諸方に令旨を発し勤王の兵を集めた。建武新政下では征夷大将軍に任命される。しかし、建武元年（一三三四）十月、後醍醐天皇への謀反の嫌疑で幽閉され、関東へ送られた。建武二年（一三三五）七月、北条時行《ときゆき》が鎌倉へ侵攻した中先代《なかせんだい》の乱《らん》において、足利直義《ただよし》の家人 淵辺義博《ふちのべよしひろ》によって殺害された。

（10）橘正成／楠木正成のこと。河内の土豪といわれるが、その出自には諸説ある。元弘元年（一三三一）、後醍醐天皇の挙兵に呼応して兵を起こした。赤坂《あかさか》城・千早《ちはや》城の攻防戦では奇策を駆使し幕府軍を翻弄したとされる。建武新政権では摂津守・河内守に任じられる。建武三年（延元元年＝一三三六）、足利尊氏と摂津 湊川《みなとがわ》で戦い、敗れて自刃した。後醍醐天皇の側近として名和長年《なわながとし》・結城親光《ゆうきちかみつ》・千種忠顕《ちくさただあき》らとともに「三木一草《さんぼくいっそう》」とよばれた。

後醍醐天皇の隠岐脱出

つぎの年 癸酉《みずのととり》（元弘三年＝一三三三）の春、後醍醐天皇はひそかに船に乗られて隠岐島を脱出し、伯耆《ほうき》国に上陸された(1)。この国には源（名和）長年という者(2)がいたが、天皇の味方として参上し、船上山《せんじょうさん》の山寺に仮宮を建てて、天皇を住まわせ奉った。しばらくは付近の武士が競って攻撃してきたが、ことごとく帰順した。

一方、都に近いところにおいても天皇への志がある武士が機会あるごとに兵を挙げ(3)、合戦もたびたびあった。京中が騒がしくなったので、上皇（後伏見・花園上皇）も新帝（光厳天皇）も六波羅にお移りになった。

伯耆の後醍醐天皇軍も都へ攻め上った。畿内・近国の天皇に志ある武士たちは石清水八幡山《はちまんやま》に陣をしいた。このとき東国関東から上洛した幕府軍のなかにいた藤原（結城）親光(4)という者が八幡山の陣に馳せ参じた。後醍醐天皇方に参上する輩《ともがら》が次々と多くなっていった。

【註】

（1）後醍醐天皇はひそかに……／先帝の隠岐配流には、洞院公賢《とういんきんかた》の養女阿野廉子《あのれんし》が随行していたため、在隠岐時の動静は公賢の著わした『増鏡《ますかがみ》』に詳しい。先帝は警固の武士富士名義綱《ふじなよしつな》の手引きで配所国分寺《こくぶんじ》を脱出、「海人の釣舟」に身を隠して離島、出雲野波浦に漂着した。

（2）源長年／生年不詳。伯耆国名和の豪族。行高《ゆきたか》の子。隠岐を脱出した後醍醐天皇を助けて、伯耆船上山で挙兵する。建武政権では記録所の寄人《よりうど》などをつとめる。延元元年（一三三六）、足利尊氏と戦い戦死。後醍醐天皇の側近として楠木正成・結城観光・千種忠顕とともに「三木一草」とよばれた。

（3）天皇への志がある……／播磨の赤松則村《あかまつのりむら》（円心《えんしん》）は山城山崎《やまざき》まで進駐し、楠木正成は一時は摂津天王寺《てんのうじ》まで進出した。元弘討幕の諸勢力としては、初期は護良親王の檄に応じた畿内近国の武士（悪党）が主力だったが、漸次、赤松・楠木両氏が有力化した。

（4）藤原親光／生年不詳。南北朝時代初期の武将。結城宗広《むねひろ》の次男。元弘の乱では、鎌倉幕府軍に従って鎌倉から西国へ攻め上るが、後醍醐天皇の命を受けて父とともに討幕方に転じ、やがて六波羅攻めに参戦した。建武政権下では後醍醐天皇の信頼を得、後醍醐天皇の側近として楠木正成、名和長年、千種忠顕とともに「三木一草」とよばれた。建武三年（一三三六）一月十一日、大友貞載《おおともさだとし》によって斬殺された。

足利高氏の寝返り

源（足利）高氏(1)という者は、昔の源義家《よしいえ》朝臣の二男（正しくは三男）義国《よしくに》という者の子孫であった。（その義国の）孫義氏《よしうじ》の母は平（北条）義時の外孫である。義時らの時代になって、北条氏が源氏の流れにある勇士を警戒したのか、これを押さえる態度をとるなかで、義氏は義時の外孫として優遇され、所領も多くを与えられていた。それ以後代々、足利・北条両氏は隔てのない関係が続いた。

後醍醐軍討伐のため上洛を命ぜられた高氏は、疑いを除くため北条高時《たかとき》への二心なき旨の告文《こうもん》を書いて進発した。しかし、神への誓約に反して、どのような罰を蒙ることも意に介せず、変心して後醍醐天皇の味方になったのである。

官軍（後醍醐軍）は勢力が増大したので、五月八日の頃には都の幕府軍はみな討ち破られ、関東に向かって落ちていった。両上皇・新帝(2)も同じく落ちられた。近江国番場《ばんば》というところで、後醍醐天皇に忠誠心を示す輩(3)が攻撃を加えたので、幕府軍は戦いを交えることもなく自滅してしまった(4)。官軍に守られた両上皇・新帝は都にお帰りになった。このように都より西の方面がほどなく鎮圧されたという報をお聞きになって、後醍醐天皇はふたたび都に還幸《かんこう》された。まことに珍しいことであった。

【註】

（1）源高氏／足利尊氏。嘉元三年（一三〇五）生まれ。足利貞氏《さだうじ》の子。母は上杉清子。後醍醐天皇が鎌倉幕府打倒を図って挙兵した元弘の乱では、はじめ幕府軍として参戦するが、のち討幕軍に転じ、建武新政の功臣とされた。その後、後醍醐天皇と対立し、天皇方に敗れて一時九州にのがれた。やがて、態勢を整えて上洛軍を起こし、建武三＝延元元年（一三三六）には楠木正成らを湊川の戦いで破り、京都を制圧した。光明天皇（北朝第二代）の擁立、『建武式目《けんむしきもく》』の制定などを行い、征夷大将軍に任命された。「観応《かんのう》の擾乱《じょうらん》」で弟の足利直義を討った。延文三＝正平十三年（一三五八）四月三十日死去。建武の新政権が成立したとき、後醍醐天皇の諱「尊治」の一字を賜り「尊氏」と改名した。のち南北に分裂した建武三年（延元元年＝一三三六）以降、南朝側は「尊」字を削り、「高氏」とよんだ。

（2）両上皇・新帝／後伏見・花園両院と光厳天皇のこと。

（3）忠誠心を示す輩／亀山上皇の第五皇子の守成親王の手兵という。

（4）幕府軍は……／赤松則村・足利尊氏の京都攻撃が五月七日、六波羅探題北方の北条仲時《なかとき》は両上皇・天皇を奉じて近江番場にいたったが、ここで仲時以下四百数十名の武士が自刃して果てた（『近江番場蓮華寺過去帳』）。

新田義貞の鎌倉攻め

東国の上野国《こうずけのくに》に源（新田《にった》）義貞《よしさだ》(1)という者がいた。足利高氏と同じ源氏の一族である。世の乱れの中で家名をあげようと決意し、わずかな軍勢をひきいて鎌倉に進攻した。北条高時らの命運ももはや窮まっていたので、諸国の兵《つわもの》たちが義貞の武威に従うことは、まるで風に草がなびくようであった。五月二十二日には高時をはじめとする多くの北条一族はみな自害したので、鎌倉も制圧されてしまった。

申し合わせたことではないが、筑紫の諸国から陸奥・出羽の奥までも、同じ月に戦乱は鎮まった。東西六、七千里の間に討幕の軍が一時に起こった。時が至り、運が極まるということは、このようなことだろうかと不思議に思ったのである。

【註】

（1）源義貞／新田義貞。正安三年（一三〇一）生まれ。元弘三＝正慶二年（一三三三）に、鎌倉の北条軍を攻めて幕府をほろぼした。その功績で建武の新政権では重用された。足利尊氏が後醍醐天皇と対立し離反すると、天皇方の武将として各地を転戦する。兵庫で楠木正成とともに九州から侵攻する尊氏軍と戦うが敗北する。尊氏が京都を制圧した後は、恒良・尊良両親王を奉じて越前金ケ崎《かながさき》城を拠点として再挙をはかるが、建武五＝延元三年（一三三八）閏《うるう》七月二日、斯波高経《しばたかつね》との藤島《ふじしま》の戦いで討ち死にした。

後醍醐天皇の京都凱旋

後醍醐天皇はこの状況をご存じではなく、摂津国西宮《にしのみや》というところで鎌倉幕府滅亡の報せをお聞きになった。六月四日、東寺にお入りになり、都の人々が参集したので、威儀を整えて内裏に還幸なさった。

やがて、賞罰の決定があったが、両上皇と新帝については寛大な処置をなされ、京都に住まわせなさった。しかし、新帝は偽りの君主であるとして、[1]正式の天皇とは認められなかった。[2]改元して「正慶《しょうきょう》」としていたが、元のように「元弘」と号した。新帝の治世した間に官位が昇進した人々もみな、元弘元年（一三三一）八月以前のままということになった。

平治の乱以後、平氏が世を乱して二十六年、文治のはじめに源頼朝が権力を握ってから父子相継いで三十七年、承久に北条義時が政権を担ってから百十三年、合わせて百七十数年の間、朝廷が世を統一して治めなさったことは絶えてしまった。

しかし、後醍醐天皇の御代に、掌《てのひら》をかえすよりも簡単に一統をなされたことは、宗廟の御はからいにも時節があり、天下こぞって天皇の聖徳を仰ぎ奉った。[3]

【註】

（1）新帝は偽りの……／五月二十五日付で廃立となった（『康富記《やすとみき》』文安四年十一月条）。

（2）正式の天皇とは……／このように、後の南朝の立場からは光厳天皇は〝偽主〟とされたが、北朝はこれを正統とし、元弘三年（一三三三）の後醍醐再登極を〝重祚《ちょうそ》〟と扱っている。たとえば『大徳寺《だいとくじ》文書』の菊亭《きくてい》晴季《はるすえ》年号勘例に「後醍醐院重祚在位三年元弘三年六月五日（中略）皇位に復す」とあるのは、その一、二の例である。ちなみに『太平記』も「先帝(後醍醐)重祚ノ後、正慶ノ年号ハ廃帝(光厳)ノ改元ナレバトテ是ヲ捨ラレ、本ノ元弘ニ帰サル」と、後醍醐重祚の立場をとっている。

（3）天下こぞって……／建武元年（一三三四）五月、若狭太良庄《たらのしょう》の農民は、決断所に訴状を出し「明王聖主の御代（中略）皆以て貴き思を成す」と、新政府の成立を祝ったが、同じ訴状の後段に「御所務（中略）新増せしめ、巨多の御使を付せられ（中略）呵責《かしゃく》せらるるの間、愁吟《しゅうぎん》に堪えず」と、建武政府の誅求《ちゅうきゅう》を嘆いている。大内裏造営など、建武新政の結果は、一年も経たぬうちに百姓を苦しめることになった。

北畠顕家の陸奥派遣

同年冬十月、まず東国の奥地を鎮圧するため、参議右近中将源（北畠）顕家《あきいえ》[1]（『神皇正統記』の著者・北畠親房の長男）を陸奥守に任じて派遣した。顕家は代々和漢の学問を修めることを業として、朝端《ちょうたん》（廷臣の長）に仕え、政務に加わる道だけを学んできたので、官吏の業務に慣れていないし、武勇の芸にも携わっていないので、たびたび辞退申し上げた。

しかし、後醍醐天皇は、「公家はすでに一統した。文武の道は一つである。昔は皇子・皇孫、あるいは執政を司る大臣の子孫だけが多く軍《いくさ》の大将に任じられた。これからは武もかねて藩屏《はんぺい》（皇室の守護たる諸侯）とならなければならない」と仰せられて、天皇みずから旗の銘をお書きになり、多くの武器を下し賜わった。

国司が実際に任国へ赴任することも絶えて久しかったので、昔の例《ためし》を調べて、「罷申《まかりもうし》の儀」（天皇への暇乞《いとまご》いの儀式）をすませた。このとき、天皇は顕家を御前に召し、直接お言葉をかけられ、御衣や御馬などを賜わった。なお、顕家は陸奥の鎮圧のために皇子一人を申し受け、御子（義良《のりよし》親王）を供奉《ぐぶ》し奉った。この親王とは、口にするのも畏れ多い今上皇帝（後村上天皇）のことなので、詳しくは記さない。顕家が任国に到着すると、本当に奥のほうまで陸奥・出羽両国にかけて、親王に従い奉った。

同年十二月、左馬頭《さまのかみ》足利直義朝臣が相模守を兼任して下向した。(2) これも四品上野大守《しほんかみつけのたいしゅ》成良《なりよし》親王を伴い奉った。親王はのちにしばらく征夷大将軍をも兼任された［直義は足利高氏の弟である］。

【註】

（1）源顕家／北畠顕家。文保二年（一三一八）生まれ。北畠親房の長男。正慶二年＝元弘三年（一三三三）に陸奥守に任じられた。同年十月、後醍醐天皇の皇子義良親王（後村上天皇）を奉じて父親とともに陸奥に下向、多賀《たが》城を国府とした。後醍醐天皇に反旗を翻した足利尊氏を追撃して西上、尊氏を九州に敗走させた。その後、京都を奪回した足利軍追討のために再び奥州軍を率いて西上、各地を転戦するが、暦応元年＝延元三年（一三三八）五月二十二日、高師直《こうのもろなお》軍に敗れ、和泉石津《いしづ》で戦死した。

（2）足利直義……／このように、陸奥・出羽と関東は、上に親王を頂き、下を北畠と足利が統轄するという割拠の体制となった。これを〝小幕府〟の形成とする研究者もある（佐藤進一『南北朝の動乱』、中央公論社）

足利高氏への厚遇の批判

そもそも、高氏が元弘の乱において、その功績はまことに見事なものであろう。しかし、天皇は度を超えた御寵愛をなさり、抜きんでた賞賛を行った。(1)そのため高氏は、ひたすら天下を鎮めた源頼朝のような気持ちになったのであろうか。いつしか「越階《おっかい》」して四位に叙せられ、左兵衛督《さひょうえのかみ》に任ぜられた。その拝賀式の前に従三位となり、まもなく参議従二位まで昇進したのである。三カ国（常陸・武蔵・相模）の国守・守護を兼ね、多くの荘園も賜わった。高氏の弟直義もまた左馬頭に任じられ、従四位に叙された。

昔、源頼朝は過去に例のないような勲功をたてたが、武人がそれを理由に高位・高官に昇るのは政治の乱れとなる。はたして、たちまち子孫の断絶を招いた理由は、(2)高官となったからだと申し伝えられている。高氏ら足利一族は、頼朝・実朝のころには将軍の親族だからといって、(3)特別に優遇されることもなかった。ただ将軍家の家人《けにん》にすぎなかった。実朝公が鶴岡八幡宮に拝賀した日にも、(4)足利一族は、前駆の武士二十人のなかに加わっていた。

たとえ頼朝の子孫であっても、いまさら登用する必要があるとも思えない。いわんや、足利家は長い間、家人である。たいした大功績もない高氏に、このような恩賞が与えられるのはおかしいのではないか、という輩もいたということである。

関東の北条高時の命運が尽き、後醍醐天皇の御運の開けたことは、武人の武力だけによるものとはいえない。極端な言い方をすれば、武士はここ数代にわたって朝敵である。その武士が味方として参上したことをもって、その家を失わずにすんだだけでも余りある皇恩である。さらに忠をつくし、労を積んでから、道理にかなった望みを求めるべきであった。にもかかわらず、天の功績を盗んで自分の功績のように思っている。その昔、功を誇らず退いて謙譲の美徳を全うした、あの介子推《かいしすい》の戒めを習い知る武士はいない。

こうして、足利一族だけでなく、他の多くの武士たちも昇進し、昇殿を許される者さえあらわれた。ある人が申すには、「公家の御代に返ったのかと思っていたが、かえってなおいっそう武士の世になってしまった」と。

【註】

（1）抜きんでた……／このような、尊氏への処遇が厚いか薄いかは議論があろう。しかし、尊氏以上の勲功のあった赤松円心（則村）のごときは、国司にも守護にもなれず、一土豪のまま捨ておかれた。建武政府の早い倒壊に恩賞の不公平があったとは、古来、言われていることである。

（2）子孫の断絶を……／実朝が右大臣に昇り、結果として暗殺されたのは、後鳥羽院による〝官打ち〟だという俗説（『承久記』）。

（3）将軍の親族／足利義康《よしやす》は、頼朝の妹を妻としていた。

（4）拝賀した日／ただし、北条義時だけは「心身違例あり」と称し、この拝賀に参列しなかった。公暁による実朝暗殺を予知していたのではないかとの嫌疑がある。

官位と恩賞

およそ政道とは何かについて、すでに何度も記してきたが、正直慈悲を本として決断する力がなくてはならない。これは天照大神の明らかな教えである。決断力といっても多くの道がある。一つには、その官にふさわしい人を任命すること。官に人材さえあれば、君主は手を出さずに座しているだけでよい。ゆえに本朝・異朝を問わず、これを治世の基本とする。二つには、国や郡を臣下に分かつときは、私意のまま行わず、かならず正当な理《ことわり》に従うべきである。三つには、功ある者は必ず賞し、罪ある者は必ず罰することである。これが善をすすめ悪をこらしめる道である。このうち一点でも違っていたら、それを乱政というのである。

上古では、勲功があるからといって官位を昇進させることはなかった。通常の官位のほかに勲位《くんい》（軍功に対して授けられた位階）という制度を設けて、一等から十二等まであった。官位が無位《むい》であっても、勲功が高くて勲一等を授けられた人は、正三位下あるいは従三位上に列したといわれている。また、本来の位のほかに勲位を兼ねることもできた。官位というものは、上は三公（太政大臣・左大臣・右大臣）から下は各役所の最下級官吏に至るまであり、これを内官《ないかん》といい、諸国の守《かみ》（長官）から史生《ししょう》（文書整理などを担当する役人）・郡司《ぐんじ》（国司の下の地方行政官）に至るまでを外官《げかん》という。天文の法則を知り、地理に則って、それぞれ司る方面があるのだから、その才能がない者が任用されるはずがないのである。

「名と器は人にかさず」(1)（『春秋左氏伝《しゅんじゅうさしでん》』成公二年）ともいい、「天の工《つかさ》に人それ代わる」(2)（『書経』皐陶謨《こうようぼ》）といって、君主がみだりに官位を与えることを「謬挙《びゅうきょ》」といい、臣下が不当に官位を受けることを「尸禄《しろく》」という。謬挙と尸禄は、ともに国が滅びることの端緒、王業が続かないことの基《もとい》となるということである。

中古の時代になると、平将門《まさかど》を追討したことの恩賞として藤原秀郷《ひでさと》は正四位下に叙され、武蔵・下野両国の国守を兼任した。平貞盛《さだもり》は正五位下に叙任され、鎮守府将軍に任命された。安倍貞任《さだとう》が奥州を乱したとき、源頼義《よりよし》朝臣は十二年という長い間戦い、勝利を収め京都に凱旋した日、正四位下に叙せられ、伊予守に任命された。

彼らの功績は高かったが、その任期は四、五年の職であった。これもなお、勲功の恩賞に官位を用いない、とする上古の法とは違っている。保元の乱における勲功の恩賞で、源義朝は左馬頭に昇進し、平清盛は大宰大弐《だざいのだいに》に任じられた。このほか受領《ずりょう》(3)や検非違使《けびいし》(4)に任ぜられた者も多い。このときすでに恩賞と官位の乱れが始まったといえよう。

平治の乱から今まで、皇威はひどく衰えてしまった。平清盛が天下の権を簒奪《さんだつ》して、太政大臣に昇進し、その子どもたちを大臣・大将に任じたことは、今さら批判する言葉もない。しかし朝敵となって、やがて滅亡したので、後代の軌範《きはん》とはしがたい。

【註】

（1）名と器は人にかさず／爵号とそれに相応する車と軍服は人に貸さない。

（2）天の工に人それ代わる／天道はものを言わず、人が天に代わってこれを行う。

（3）受領／任地に行って実際に政務を行う国主。任地に赴かない国主と区別した称。

（4）検非違使／平安時代の令外官《りょうげのかん》。弘仁年間（八一〇～八二四年）に設置された。初めは京都市中の殺人・強盗・謀叛人などの逮捕が主な職務であったが、のちには訴訟・裁判も行うようになり、その権威は強大になった。

頼朝と義時の任官遠慮

源頼朝は、一人の力で平氏の乱を平定し、二十余年に及ぶ朝廷の御鬱憤をお鎮めした。昔、神武《じんむ》天皇の御時、宇麻志麻見命《うましまみのみこと》が中洲《なかつくに》を平定し、また皇極《こうぎょく》天皇の御代に大織冠《たいしょくかん》（藤原鎌《かま》足《たり》）が蘇我一族を滅ぼして天皇家をお護りして以来では、（頼朝の勲功は）類のない勲功といえるだろう。その頼朝でさえ、上洛のとき、大納言大将に任ぜられたことをかたく辞退申しあげたのだが、天皇は無理に推してその官につけたのであった。これが「公私の禍」になってしまったのだろう。子の頼家・実朝は頼朝のあとなので、大臣・大将にまで昇進したがまもなく滅んでしまった。さらに、その後嗣にふさわしい者もいなかった。天意に背いたからであるように思える。天皇もこのような前例を始めてしまったので、大功のない者まで皆このような昇進があると思うようになってしまった。

頼朝は、わが身が高官に上ったからといって、兄弟・一族が同じように高官を望むことは、かたく禁じたからであろう、弟義経は五位の検非違使にとどまり、範頼は三河守にはなったが、頼朝が拝賀のため御所に参上したとき、他の家人と同じく前駆の列に加えられたのである。しかし、驕る心が見えたからであろうか、この二人の弟を頼朝はとうとう滅ぼしてしまったのである。彼らばかりでなく、他の源氏一族の多くの者が滅ぼされた理由は、驕ることの端緒を防ぐことで、泰平な世がつづき、源氏一族を鎮めようと考えたからであろう。

源氏の祖である経基《つねもと》は清和《せいわ》天皇の孫（1）である。平将門の乱では、征東将軍藤原忠文の副将として、その指揮下で戦った。それ以降、清和源氏は「武勇の家」となった。経基の子満仲《みつなか》より頼信《よりのぶ》・頼義《よりよし》・義家《いえ》と、相次いで朝廷の護衛を任とする家柄として長く朝廷に仕えた。上には天皇の権威があり、下はその分を越えることがなかったので、源氏の家は安泰であった。

しかし、義家の孫為義《ためよし》は保元の乱では崇徳《すとく》上皇方に与したことで誅され、その子義朝《よしとも》もまた功を立てようとして滅びてしまった。彼らが先祖の本意に背いたことは疑うことはできない。そうであれば、よく祖先の行跡をわきまえ、得失を考えて、身を立て、家の安泰に努めることこそ、賢き者のとる道である。

愚かなる類《たぐい》は、清盛・頼朝の昇進を見てそれを当然のことだと思い、為義・義朝の逆心をやむを得ないものと考え、彼らが滅亡したことの理由を知らない。最近のことであるが、伏見院の御代に、

源為頼《ためより》という武士が内裏に潜入して自害した事件があった。(2)

そして、為頼がかねて諸社に奉納した矢にも、その夜に内裏で射た矢にも、「太政大臣源為頼」と書いてあった。常識外れのおかしな話だといわれているようだが、人の心が乱れていく姿が、ここに推しはかることができよう。

北条義時などは、その気になれば昇進も思いのままであっただろう。しかし、正四位下右京権大夫《うきょうのごんのだいぶ》で昇進は停止された。そのうえ、泰時の世になると、泰時が子孫の将来のことを考えて、よく言い置いていたからであろうか、北条氏が滅亡するまで、高官に上ったり、上下の礼節を乱すこともなかった。

最近では、北条（大仏《おさらぎ》）維貞《これさだ》という者が推挙によって修理大夫《しゅりのだいぶ》に任ぜられたことですら、いかがなものかといわれた。しかし、やがて維貞も亡くなった。父祖の掟にそむくと、家門《かもん》を失うということの証《あかし》である。


【註】
（1）清和天皇の孫／第五十六代・清和天皇の皇子・貞純《さだずみ》親王の子が経基。
（2）内裏に潜入して……／正応三年（一二九〇）三月十日、浅原為頼らは富小路の内裏に侵入し、伏見天皇と皇太子の殺害を企図した。しかし、天皇は女装して春日殿に逃れたため、為頼は清涼殿で自害した。事件の背後関係には、皇位継承をめぐる大覚寺統と持明院統との対立があったとみられている。伏見天皇の項の註（2）参照（三三六ページ）。

人材登用の難しさとその先例

人は昔のことを忘れがちなものだが、天は道を失うことはない。それならばなぜ、天はこの世を「正理」のままに行わないのかと、疑わしく思いもするが、人の善悪はその人自身の果報で決まるのである。世が安泰でないのは「時の災難」である。天道も神明もどうにかできることではないが、邪《よこし》まなものはやがて滅び、乱世も正しい姿に戻る、これは古今の理《ことわり》である。その理をしっかりわきまえ、よく知ることを稽古という。

上古の昔は、人を選んで登用するときは、まずその人の徳行をすべて見極め、徳行が同じであれば有能な才のある者を用いた。さらに、才能も同等ならば年功のある者を採用した。また、徳義《とくぎ》・清慎《せいしん》・公平《くびょう》・恪勤《かくごん》（慎み深く勤勉なこと）の四善を備えた者を採用したともいう格条《きゃくじょう》(1)に、「朝は賤しい身分の者でも、夕《ゆうべ》には公卿となる」という言葉があるが、徳行・才能によって、異例の登用をしたという意味である。

寛弘年間（一〇〇四〜一〇一一年）以前は、本当に才能が優れていれば、家柄に関係なく大将や参議にまで昇進した人もいた。寛弘以後は、譜第《ふだい》(2)を優先して、その中から才もあり、徳を備え、その職にふさわしい人が選ばれたのである。世の末に、任官の基準が乱れてしまうことを戒めたことばであろうか、「受領を七カ国歴任し、治績を収めて解任の状を得た者は、参議に任命する」と申し慣わした。すると、白河院の御代、修理大夫藤原顕季《あきすえ》という人がいた。院の乳母の夫で並ぶ人のいないほどで、七カ国の受領を歴任した功労によって参議への任命を上申した。ところが院は、「その規定は文筆の才があってのことだ」とおっしゃったので、顕季はその理《ことわり》に伏して上申を取り下げた。顕季は歌道にも誉れがあり、文を書かない人とも思えない。また、参議になってはいけないような人でもなかったが、和漢の才が足らなかったのかもしれない。

白河院の御代までは、官職を重んじられたと聞いている。

あまり譜第だけを重視すると、賢才が出てこない端緒になるので、上古の人材登用の実績に及ばないと批判する者もある。しかし、昔のままでは、いよいよ官位の乱れることになるので、譜第を重視するのも理《ことわり》なのである。ただし、才にもすぐれ、徳も明らかで、登用されても周りの誹《そし》りがないくらいの器の人であるならば、現在でも代を重ねた譜第でなければならない、ということはないと思う。

その道に明るいわけでもなく、ただ一時の勲功などだけで、武家として代々朝廷に仕えてきた陪臣を高官に抜擢することは、朝廷の決定のあり方を乱すだけではなく、本人のためにも良くないので、慎むべきことと思う。

中国でも、漢の高祖はむやみに功臣に大きな封土を与え、また大臣・宰相などの官位も授けたので、はたして彼らは驕るようになった。驕った臣下は滅ぼされた。したがって、後には功臣はいなくなってしまった。

後漢の光武帝はこの先例に懲りて、功臣には封土と爵位を与えたが、功臣の筆頭たる鄧禹《とうう》でさえ、わずか四県の封土を与えられただけであった。官吏には文吏（武人以外の役人）を選んで採用し、功をもさしおいた。これによって、二十八将の家は長く続き、昔の功績が空しくなることもなかった。朝廷には多くの名士が登用されたが、曠官《こうかん》(3)の誇《そし》りを受けることもなかった。二十八将のうちでも、鄧禹と賈復《かふく》は選ばれて官職に登用されたが、漢朝の昔ですら文武両面の才を備えることは大変に難しかったのである。

【註】

（1）格条／律令を補完するために出した法令。

（2）譜第／代々その官職にあり由緒ある家柄。

（3）曠官／官位にありながら無能でその職務をおろそかにすること。

荘園の私有化による国の乱れ

次に功田《こうでん》(1)についていうと、昔は、功績の内容によって大・上・中・下の四種の功を立てて、田地を与えられた。その数量も皆定まっていた。大功田は代々受け継いで所有を認められたが、それ以下の功田は、三代あるいは孫・子まで認められ、また本人一代限りもあった。

天下を治めるということは、国や郡の土地を私有にせず、「不輸《ふしゅ》の地」(2)を適正な理由もなく作らないことである。国には守《かみ》、郡には領《りょう》と呼ばれる官があって、国中がすべて国命の下に治められていたので、法に背く民が現われなかったのである。こうして、国司の行跡を調べて賞罰があったので、天下の政治は掌《てのひら》を見るように容易《たやす》かった。功田の中には諸寺・諸社に賜わった御封《みふ》もあり、親王・大臣にも同じであった。

そのほかの功田には、官田（位田が正しい）・職田などがあったが、これらはみな官符《かんぷ》を得て、その土地からあがる正税を受けるだけのもので、国はみな国司の行政のもとにあった。しかし、大功田の者だけは、現在の荘園が代々伝わるように、国司に干渉されることなく子孫に伝わった。その結果、中古になり多くの荘園が立てられ、「不輸の地」ができたころから、国は乱れはじめたのである。(3)

上古ではこの法が厳しく守られたおかげで、推古《すいこ》天皇の御代、大臣蘇我馬子《うまこ》が「自分の封戸を分けて寺に寄進したい」と奏上したが、ついに許しを得ることはできなかった。また、光仁《こうにん》天皇は永く神社・寺院に寄進された土地についても、「『永く』という字は、一代限りということであって、『永久』ではない」と仰った。

後三条院の御代には、この法が潰えたことをお知りになって、記録所を設置され、国々の荘園・公田の文書を提出させて、多くの荘園を「停廃」なさった。白河・鳥羽両院の御代になると新立の荘園がますます多くなり、国司が治める土地は全体の百分の一になってしまった。後には、国司は任国に赴くことさえせず、その任にも当たれないような代理を派遣して行政にあたらせた。どうして国が乱れないことがあろうか。いうまでもなく、文治の初め、諸国に守護職を補任し、荘園・郷保に地頭が置かれてから今日まで、古の政治の姿はますます失われてしまった。「政道[4]」が行われる道はことごとくたえてしまった。

【註】

（1）功田／国家に功のあった者に与えられる賞賜の田地。

（2）不輪の地／租税免除の特権を付与される土地。

（3）中古になり……／親房は、荘園制の増大が国の乱れの基というが、実態は、古代律令国家が中国（隋・唐）の真似をして背伸びしすぎ、公地公民制など日本の国情に合わない政策を採ったため、無理が生じた結果と考えられる。三世《さんぜ》一身法《いっしんのほう》以来の私有地の増大→荘園制の流れは、自然の趨勢であって、留められないことであった。この辺に、慈円のような時勢を認識する史観のない親房の限界が出ている。

（4）政道／内官と外官によって行われる天皇治世の体制。

天皇の権威を軽視する東国武士

たまたま一統の世に返ったので、このたびこそ、積年の弊政《へいせい》が改められるかと思ったが、そこまで望むのは望みすぎであった。今は本所の領といわれた土地でさえ、武士の勲功の恩賞地と一緒にされてしまって、累代の名門も名ばかりになってしまったものもある。これもみな、功を誇る武士たちが天皇を軽視いたしたからで、皇威もひどく軽くなってしまったように思う。

そのため、功はなくとも、古くから勢力のある輩《ともがら》を手なずけるために、もともと自分の領地だといって賜わったり、あるいは自分の領地に近いからと望む者もある。さらに、領主のいない土地だけでは足らず、国や郡についている公の土地や、諸家に伝わっている領地にさえ競って自分のものだと申し出た。世も治まるかとみればいよいよ乱れ、安心な日々になるかと思えばますます危うくなった。これこそ末世の至りの姿と思うと、まことに悲しみにたえない。

強欲な心が乱世を招く

天皇が統治する王土に生まれたからには、忠に励み命を捨てるのは人臣の道である。それをわが身の高名と思ってはいけない。しかし、後世の人を励まし、その功績を賞賛することは、天皇の政治として大切である。臣下の身で恩賞を競い争うべきではない。まして、さしたる功績もないのに過分の恩賞を望むことは、やがて自らを危うくする端緒になる。「前車の轍《てつ》」（先人の過失）を見て反省するような者はめったにいないようだ。

中古までは、臣下があまりに豪強になることは戒められた。豪強になるとかならず驕りの心が生じる。その結果、身を滅ぼし家をも失う先例があるので、戒められたのも当然である。鳥羽院の御代のこと、諸国の武士が源氏・平氏の家に属することを禁止するという制符がたびたび発せられた。源・平両氏は武勇をもって長い間朝廷に仕えていたが、事があるときは、天皇の宣旨を賜わって、諸国の兵《つわもの》を招集した。ところが時代が下って、源・平両氏に肩入れする「族《やから》」が増加したために、この制符が出されたのである。はたして、これがこれまでの乱世の基《もとい》となってしまったが、今さら何を言ってもしかたがないことである。

近ごろの「諺《ことわざ》」(言いぐさ) に、一度でも「軍《いくさ》」に参加し、あるいは自分の家子・郎従が戦死するようなことがあれば、「わが功の恩賞には日本全土を頂きたい。半国を頂いてもまだ足りない」などと言うようである。ほんとうにそこまで思っているわけではないだろうが、こうしたことが、世の乱れの端緒となり、また朝威が軽くなってしまったことを推しはかることができるものである。「言語は君子《くんし》の枢機《すうき》なり」といわれている。かりそめにも君主を蔑《ないがし》ろにし、人に対し驕ることはあってはならない。

先にも記したことだが(一二九ページ)、「堅い氷もはじめ霜を踏み固めることによってできる(ちょっとしたことが重なって大変なことになる)」というように、乱臣・賊子《ぞくし》というものは、そのはじめに心や言葉を慎まなかったことから生まれたのである。世の中が衰えるということは、太陽や月の光が変わるとか、草木の色が変わるとか、そういうことではない。人の心が悪くなってゆくこと、それを末世というのではないか。

その昔、許由《きょゆう》という人は、帝の堯《ぎょう》が彼に国を譲ろうとしているという話を聞いて、汚らわしいことを聞いてしまったと潁川《えいせん》の水で耳を洗い清めた。これを聞いた巣父《そうほ》は、この水も汚れているといって、潁川を渡らなかった。その人の「五臟六腑」が異なるわけではない。平素から、よく思い習わせていたからこその行動であった。

これから行く末の人の心を思いやると、情けなくなるばかりである。だいたい自分一人だけが恩賞を誇ることができても、恩賞にもれた万人の恨みを残すに違いないということに、どうして思いいたらないのであろうか。

天皇は「万姓《ばんせい》」（すべての人々）の主であるから、国土には限りがあるのに、限りなく多くの人にお分けになることが無理なことは、推して計り奉るべきであろう。かりに一人が一国ずつを望めば、六十六人で塞がってしまう。一郡ずつ望んだとしても、日本は五百九十四郡しかないのだから、五百九十四人が喜んだとしても、千万の人間は喜べない。ましてや一人が日本の半分とか全土を望むなら、天皇はどこをご統治なさったらよいのだろうか。

このような誤った思いが心にきざし、それを言葉にしても、顔には恥ずかしいという色がないことが、謀反の始まりというべきである。

昔、平将門は比叡山に登って大内裏を遠望したとき、謀反を思い企てたというが、こうした類であろうか。昔は、人々が正しい心をもっていたので、将門の末路を見聞きして戒めたのであろう。しかし今は、人々の心がこのように踊ったものになったので、世は衰えるばかりであろう。

今はなき東国武士の風儀

漢の高祖が天下をとることができたのは蕭何《しょうか》・張良《ちょうりょう》・韓信《かんしん》の力があったからである。この三人を「三傑《さんけつ》」という。万人より優れている人のことを「傑」という。なかでも張良は高祖の師で、高祖が「本営のなかで作戦を立て、千里も離れた戦いでも勝利することできるのはこの人だけである」といった。しかし、張良は驕ることなく、「留《りゅう》」という小さな領地を望んで封じられた。多くの功臣がほとんど滅んだが、張良は身を全うしたという。

近世のことだが、源頼朝のころまでは同様で、文治のころ（文治五年＝一一八九）であったか、頼朝が、奥州の藤原泰衡《やすひら》を追討する軍を進め、自ら戦闘に向かうこともあったが、平（畠山《はたけやま》）重忠《しげただ》が先陣をきって抜群の軍功をあげた。恩賞は奥州五十四郡のなかで望むままにとなったが、長岡郡というきわめて小さな所領を望み、そこを賜ったという。これは人に広く恩賞を行き渡らせるためと思われる。重忠はまことに賢明な武人であった。

また、頼朝が熊谷直実《くまがいなおざね》という者に、ある知行所をお与えになる下し文《くだしぶみ》に、「日本第一の甲の者《こうのもの》（勇士）なり」と書いて与えた。あるとき、この下し文のことを天皇のお耳に入れた人がいたが、「誉め言葉の仰々しさに比べて、与えた所領の何と少ないことか。まことに武人としての名誉を重んじ、利禄《りろく》を軽んずる立派なことだ」と口々に誉めあったという。どのように心得て誉めたのか、たいそう興味深いことである。

今の世は、これほどの心の持主がいないことはいうまでもなく、事につけて天皇を貶《おとし》め奉り、自らの身を高める輩《ともがら》のみ多くなってしまった。頼朝の時代の東国武士の風儀も変わり果て、公家の古き良き面影もない。世の中はこの先どうなるのかと悲観する者もあると聞いているが、建武中興の間だけは、まことに一統の証《あか》しを感じて、国中の人がこぞって都へ集まり、京は「栄《は》え栄《ば》えしい」ことであった。

中先代の乱と高氏の離反

建武乙亥《きのとい》の年（建武二年＝一三三五）秋頃、滅びた北条高時の残党が謀反を起こして鎌倉に攻めいった（中先代《なかせんだい》の乱）(1)。足利直義は成良親王を奉じて三河国まで逃れた。兵部卿護良親王は嫌疑を受けて鎌倉に幽閉中であったが、直義はお連れせず殺害してしまった。混乱のなかのことであったとはいえ、かねてからの意趣をはらしたのであろう。

京都でも、かねて陰謀（新政府転覆計画）の噂があって嫌疑を受けていた人の中に権大納言西園寺公宗卿が召し置かれていたが、この混乱のさなかに誅殺された。(2)

西園寺家は、承久の乱以後は七代にわたって鎌倉幕府の「方人《かたうど》」（味方）であった。(3)高時も七代で滅んだので、天運の采配によるものと思われる。弘仁のころ、公家の死罪が廃止されたのち、平治の乱で斬首された藤原信頼のときは珍しいことだと人々は申したようである。(4)西園寺家は天皇家の外戚としての信頼も長く、公宗も大納言以上になっていたのだから、同じ死罪であっても、表に出ないように処罰する法令もあったはずなのに、死罪となったのは勅令を受けた輩《ともがら》の過ちであるともいわれた。

足利高氏は、後醍醐天皇から北条時行追討の命を申し受けて東国に向かう際、征夷将軍と諸国惣追捕使《しょこくそうついぶし》を望んだが、征東将軍に任じられただけで、すべてが認められたわけではなかった。まもなく東国は鎮圧されたものの、高氏の望みは達成されなかった。

高氏謀反の噂が広まり、同年十一月十日のころ、高氏は新田義貞追討を奏上し、（しかし、後醍醐天皇は許可しなかった、すると高氏は後醍醐天皇への反旗を宣言して）討手を上京させたため、京都は大騒動となった。

後醍醐天皇は高氏追討のため、中務卿尊良親王《なかつかさきょうたかよし》を総大将として、しかるべき地位の人もたくさん派兵した。武家では義貞朝臣をはじめ多くの兵《つわもの》を派遣したが、十二月に官軍は敗退した。京都を護るすべての関所（瀬多・宇治・大波など）を固めたが、翌丙子《ひのえね》の年（建武三年＝延元元年＝一三三六年）正月十日、官軍はまたも敗退し、朝敵はすでに京都に近づいた。すると、後醍醐天皇は比叡山のふもとの東坂本まで行幸されて、日吉社にいらっしゃった。内裏はすぐに焼けおち、累代の多くの重宝も失われてしまった。昔から例のないほどの乱逆であった。

【註】

（1）中先代の乱／北条を先代、足利を後代と称したので、北条高時の遺児時行を「中先代」と呼んだ。

（2）誅殺された／中先代の謀議はともかく、かつがれた人の最高位は後伏見上皇であったという。

（3）西園寺家……／これは、西園寺家の当主が、京と鎌倉の仲介役である〝関東申次《かんとうもうしつぎ》〟であったことによるものである。

（4）珍しいこと……／しかし、承久の乱では、按察使《あぜち》藤原光親《みつちか》以下、数人の公卿が処刑された。

北畠顕家らによる京都奪還

こうしている間、陸奥守鎮守府将軍北畠顕家卿はこの乱を聞いて、義良親王を先に立て奉って、陸奥・出羽の軍勢を率いて京都へ攻めのぼった。（建武三年正月）十三日には近江国に到着し、この旨を後醍醐天皇に奏聞なさった。翌十四日には琵琶湖を渡って坂本に参上したので、官軍は大いに力を得て、比叡山の衆徒まで万歳と叫んだ。十六日から合戦が始まり、三十日に朝敵を追い落とした。その夜、天皇は京都に還幸された。

後醍醐天皇は、高氏の軍勢がまだ摂津国にとどまっているとの報を聞き、ふたたび諸将を派遣なさった。二月十三日にこれを平定した。朝敵は船に乗って(1)西国へと落ちていった。官軍と将兵はとりあえず京都に還ってきたが、天皇は東国のことがおぼつかないとして、義良親王を陸奥へ帰国させ、顕家卿にも任所に帰ることを命じられた。新田義貞は筑紫に派遣された。

こうして義良親王は元服なさった。すぐに三品《さんぽん》に叙され、陸奥太守に任命なされた。親王が陸奥の国司に任じられるのは初めてのことであるが、親王には縁のある国であることから任じられたのである。親王の三品叙任は、このたびの功を賞されてのことで、同腹の四品成良親王を越えた。しかし、顕家はことさらに恩賞に与《あずか》ろうとはしなかった。

【註】

（1）朝敵は船に乗って／このとき、赤松円心（則村）が「摂津播磨両国は自分一人で支えるから」と、大見得をきり、尊氏を九州へ落ち延びさせたという（『梅松論《ばいしょうろん》』）。

高氏の京都再占拠と後醍醐の退位

新田義貞朝臣は九州に下ったが、途中、播磨国に朝敵の残党（赤松則村など）がいるので、まずこれを退治しようとして、いたずらに日時を費やしているうちに、五月になってしまった。その間に高氏は（光厳上皇の院宣を入手してそれを振りかざし）、西国の「凶徒《きょうと》」と相計って味方に引き入れた。[1]（五月二十五日、湊川の戦いで、天皇側の楠木正成・新田義貞軍を破り）再び京都へ攻めのぼってきた。官軍は利なくして京都に帰参し、同月二十七日、後醍醐天皇はまたも比叡山に臨幸なさった。

八月までたびたび合戦はあったが（天皇側の名和長年や千種忠顕らが戦死した）、官軍はなかなか京都まで攻めのぼることはできなかった。そのため都では、高氏は、「元弘偽主《げんこうぎしゅ》」[2]の弟で、後伏見天皇の第三の御子豊仁《ゆたひと》親王（北朝の光明天皇）と申す方を践祚させた。[3]

十月十日ごろであったか、後醍醐天皇は（高氏からの講和の要請を受け入れて）、京都にお戻りになった。[4]たいそう情けないことではあるが、（現状を打開する）道があるにちがいないと、行く末を熟考されてのことだろう。

皇太子の恒良《つねよし》親王[5]は北国に行啓《ぎょうけい》[6]なさった。左衛門督洞院実世《さねよ》卿以下の人々、左中将義貞朝臣はじめしかるべき武士が多くお伴された。後醍醐天皇は太上天皇の尊号をお受けになった。高氏は天皇の御心を安め奉るため、成良親王を（光明天皇の）皇太子にお立てになった。

【註】

（1）相計って……／楠木正成は、天皇に尊氏との和睦を勧めた（『梅松論』）。武士らの人心が天皇を去り、尊氏に傾くのを案じたからである。このような、正成の態度を親房は快しとしなかったのか、正成の最期について親房の筆は、あまりにそっけない。

（2）元弘偽主／後醍醐天皇によって即位を否定された光厳天皇のこと。
（3）践祚させた／このときも、三種の神器は、後醍醐天皇がもち出していて手元になく、光厳上皇の「伝国詔宣」により践祚した。寿永の後鳥羽天皇、元弘の光厳天皇の践祚と同様のケースである。
（4）京都にお戻り……／花山院に幽閉された。三種の神器も幕府に取り上げられて光明天皇の許に戻った。
（5）恒良親王／後醍醐天皇から皇位と三種の神器を譲られたという説がある。
（6）行啓／皇太后・皇后・皇太子などのお出かけ。

後醍醐天皇の吉野への脱出

同年十二月、天皇はひそかに京都を脱出されて、(1)河内国の楠木正成亡きあとの一族らを召し従えて吉野にお入りになった。そこに行宮《あんぐう》を建ててお遷りになって、（いったん上皇となられたが）天皇に在位しておられた頃と同じように過ごされた。内侍所《ないしどころ》（神鏡）も同時に遷られ、神璽も御身から離さずお持ちした。(2)まことに不思議でこの上なく殊勝なことであった。この吉野御幸に先立って、反高氏の義兵を挙げる輩もあった。そして、臨幸ののちは諸国に天皇に味方する志ある者が多く出現した。しかし情勢の変化もないまま、次の年も暮れていった。

戊寅《つちのえとら》の年（延元三年＝一三三八年）の春二月、鎮守府大将軍北畠顕家卿は、ふたたび義良親王を先き立て申しあげて、再び京都に攻めのぼった。東海道の国々をことごとく平らげて、伊勢・伊賀を経て大和に入り、奈良の京に到着した。その後、あちこちでなんども合戦を重ねたが、同年五月、顕家は、和泉国での合戦において、時運にも恵まれなかったのであろう、戦死した。[3]忠孝の道もここに窮まってしまった。顕家卿の屍は、苔の下に埋もれてしまい、ただ空しく忠孝の名のみをとどめている。心憂き世の中であることだ。

顕家の戦死後も、官軍はなお心を励まして男山の石清水八幡宮に陣をしき、しばらく合戦を続けたが、朝敵が忍び込んで社壇を焼き払ったので、事ならぬまま退却した。一方、北国に転戦中であった新田義貞もたびたび召されたが、京都に上ることはできなかった。義貞はさしたる戦功をあげないうちに戦死してしまったという報が入った。[4]もはや言うべき言葉もない。

しかし、このまま事態を終わらせてしまうわけにもいかないということで、陸奥の太守である義良親王を東国に派遣なさることを決められた。左少将北畠顕信《あきのぶ》朝臣（北畠親房の第二子、顕家の弟）を中将に昇進させて従三位に叙し、陸奥介と鎮守将軍を兼任させて派遣した。後醍醐天皇は、東国の官軍はすべて顕信の「節度《せつど》」（指揮）に従うようにと仰せつけられた。義良親王に対しては、皇太子にお立ちになるべきことを申し聞かせられ、「これを今公表すると、道中畏《おそ》れ多いこともあるだろう。陸奥国に到着してから公表するように」とおっしゃられた。

親王には異母の兄も多い。また、同母の兄には前の皇太子であった恒良・成良両親王がいらっしゃったが、このように定められなさったのも天命であるから、畏れ多いことである。

義良親王の一行は、七月の末ごろ吉野から伊勢に向かって山越えし、神宮に事の経緯を報告し、出船の準備を整えて、九月のはじめ纜《ともづな》を解いて大湊《おおみなと》から出帆した。ところが十日ごろのこと、上総の地にさしかかったとき、空が怪しくかき曇り、海上が大荒れとなった。伊豆の崎の方向へ漂い流されているうちに、大きい波と風が激しくなり、多くの船が行方知らずになった。親王の船は無事に伊勢の海に着くことができた。顕信朝臣は初めから同じ船で親王にお仕えしていた。

このとき同じ風の「まぎれ」によって、東に向かい常陸にある内海（霞《かすみ》ヶ《が》浦《うら》）に着いた船があった（北畠親房が乗船していた船）。多くの船が方々に漂流しているなか、この二艘の船が同じ風によって東西に吹き分けられたことは、末の世にはまれな神慮のあらわれであろう。

「儲君《もうけのきみ》」（皇太子）と定められた親王が、前例のない、「鄙《ひな》の御住まい」（東国の田舎に住むこと）はいかがなものかと思っていたが、天照大神の神慮がこれをとどめなさったのであろう。のちに義良親王は吉野に参上し、後醍醐天皇の崩御に先だって、御目の前で即位できた。このことをよく思い合わせると、その神意はなんと尊いことか。

一方、常陸国に漂着した軍勢は、東国経営の拠点と目していた地であったので、御志ある輩《ともがら》と相計らうことで、義兵の力が強くなった。そして、延元四年（一三三九）、陸奥・下野両国の国守（北畠顕信と左中将道世）も下向して、それぞれ着任した(5)。

ところで「旧都」（京都）では、戊寅《つちのえとら》の年（建武五年＝一三三八）の冬、改元して暦応といった。吉野の宮ではもとの延元であるから、諸国で思い思いの年号を用いることとなる。中国ではこのような例も多いが、わが国ではそのような例はない。しかし、後醍醐天皇が吉野にお入りになってから四年になる。「大日本島根」（日本全土）はもとより皇都である。内侍所（神鏡）も神璽も吉野にあるのだから、どうして都でないことがあろうか（吉野こそ都なのである）。

【註】

（1）天皇はひそかに……／南北に天皇が併び立つ形勢となり、南都の僧は「一天両帝南北京」と表現した。以後、南北朝の動乱が始まった。したがって、北朝第一代は光明天皇が正しい。

（2）神璽も……／花山院に幽閉中の後醍醐天皇が神器をすべて持ち出したというのは考えがたい。鏡は内侍所に、剣璽は光明天皇の裡にあるのだから、吉野朝で後醍醐の携帯と称す神器は、南朝において新造したものと推測される。

（3）戦死／暦応元年＝延元三年（一三三八）年一月、美濃国青野ヶ原《あおのがはら》の戦いに勝利したが、五月二十二日、高師直と和泉堺および石津に戦って敗死した。

（4）義貞は……／建武五年＝延元三年（一三三八）閏七月二日、越前守護の斯波高経《しばたかつね》らと藤島城付近の燈明寺《とうみょうじ》畷《なわて》で戦い、不慮の戦死を遂げた。

（5）着任した／親房下着後の常陸の情勢については、本書の第一章を参照。

後醍醐天皇の崩御

ところで、この年（一三三九年）の八月十六日のこと、後醍醐天皇は、秋霧に冒され崩御されたと耳にした。一眠りする間の夢のはかなさは、昔から世の習いとは知っているが、数々の事柄が、眼の前にあるような心地がして、老いの涙はぬぐいがたく、筆の跡も滞りがちである。昔より「仲尼《ちゅうじ》は獲麟《かくりん》に筆をたつ(1)」という。この書もここで筆を擱《お》きたいとも思うが、神皇正統《じんのうしょうとう》の道理を外れてはいない理《ことわり》を申し述べて、「素意の末」も著わしておきたいと思い、無理をして記しつけるのである。すでに死期を悟られていたのか、後醍醐天皇は亡くなられる前夜から、義良親王を左大臣経忠《つねただ》の邸に移されて、三種の神器をお伝えになった。後の号を仰せのまま後醍醐天皇と申し上げる。

天下《あめのした》を治めなさること二十一年、五十二歳であられた。

昔、仲哀《ちゅうあい》天皇は熊襲《くまそ》を征討するため向かった九州の行宮で崩御された。しかし、神功皇后はほどなく三韓を平定なさり、諸皇子の反乱も鎮められて、胎中《たいちゅう》天皇（応神《おうじん》天皇）の御代が定められた。同じように後醍醐天皇は、聖運は隆盛になり、（武家政権が）百七十余年続いていたが、その間絶えていた「一統の天下」を司られ、ご自分の御目の前で皇継を定められた。

功なく徳もない盗人（足利高氏）が世に驕って四年余の間、天皇は御心を悩まし続けられ、御代をお過ごしになった。天皇が（国賊に抱かれた）御怨念がそのまま空しくなってしまうことがあろうか（いや、必ずや国賊を滅ぼすだろう）。

今の御門もまた、天照大神から続く正統の継承者であられるから、この御光に争い奉る者などいるはずもない。今は乱れているが、やがて鎮まるべき時運が到来することであろう。

【註】

（1）仲尼は獲麟に筆をたつ／仲尼は孔子の字。孔子は『春秋』の最後に、「哀公の十二年、西狩して麟を獲たり」と記し、筆をおいたという。麟は、天子の治める世が泰平なときにしか出現しないといわれる聖獣とされている。聖王のいない乱世に出現したことを傷み、文王・武王・周公の道が再び興らないことを嘆いて、ついに筆を絶ったといわれる。

第九十六代・第五十世　後村上天皇

第九十六代・第五十世の天皇（後村上《ごむらかみ》天皇）は、諱《いみな》は義良《のりよし》、後醍醐《ごだいご》天皇の第七の御子である。母は准三宮阿野廉子《じゅさんぐうあのれんし》(1)といい、この君を懐妊さろうとして、太陽を抱く夢を見たという。そのために、多くの御子のなかで、並の御方ではないであろうと前々から噂されておられた。

元弘癸酉《みずのととり》の年（元弘三年＝一三三三）、東の陸奥・出羽の固めとして東国に赴かれた。甲戌《きのえいぬ》の年（元弘四年＝一三三四）夏、親王に立った。丙子《ひのえね》の年（延元元年＝一三三六）、都に上り内裏で元服された。加冠《かかん》の役は左大臣藤原経忠であった。すぐに三品に叙され、陸奥の太守に任ぜられた。戊寅《つちのえとら》の年（延元三年＝一三三八）春、再び西に上られて吉野宮にいらっしゃったが、秋七月に伊勢へ行くため山越えなさった。重ねて東征を試みられるが、また伊勢にお帰りになった。己卯《つちのとう》の年（延元四年＝一三三九）三月、また吉野にお入りになった。秋八月中の五日（十五日）、父後醍醐天皇の皇位を譲り受けて、「天日嗣《あまつひつぎ》」をお伝えになった。

本云

此記上中下三巻、北畠大納言入道［親房卿。建武三年叡山臨幸時、行宮において一位に叙す。出家の後云々。またその後、南朝吉野殿において、准三后の宣旨を蒙る云々］、南山において、これを述作す。

【註】

（1）阿野廉子／後醍醐天皇の項の註（1）参照（三四九ページ）。

附録　特別資料

『古事記』『日本書紀』の神系譜

古代・中世天皇家系図

歴代天皇在位表

神武天皇～後村上天皇まで

『古事記』による天照大御神系譜

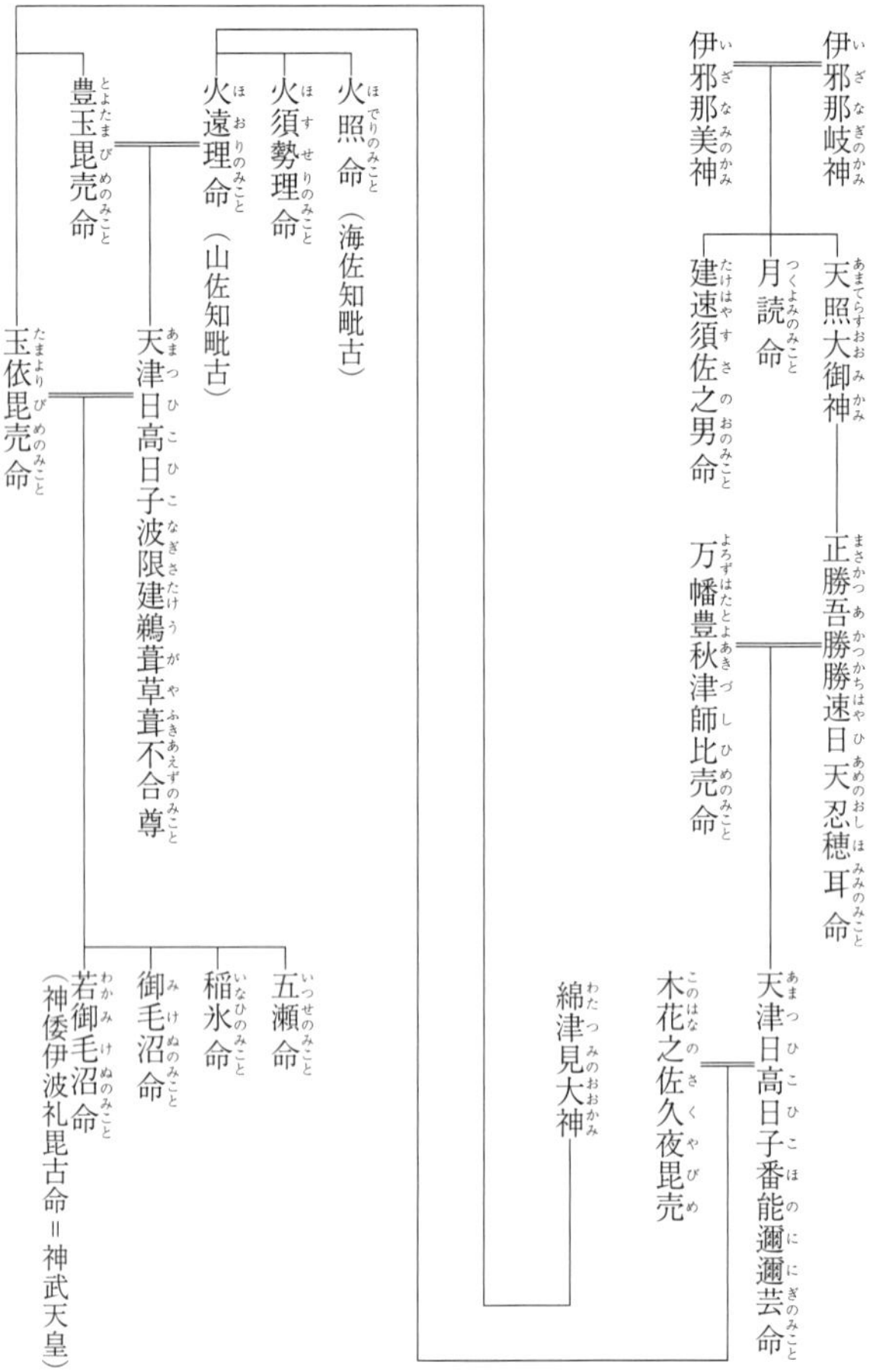

『日本書紀』本文による天照大御神系譜

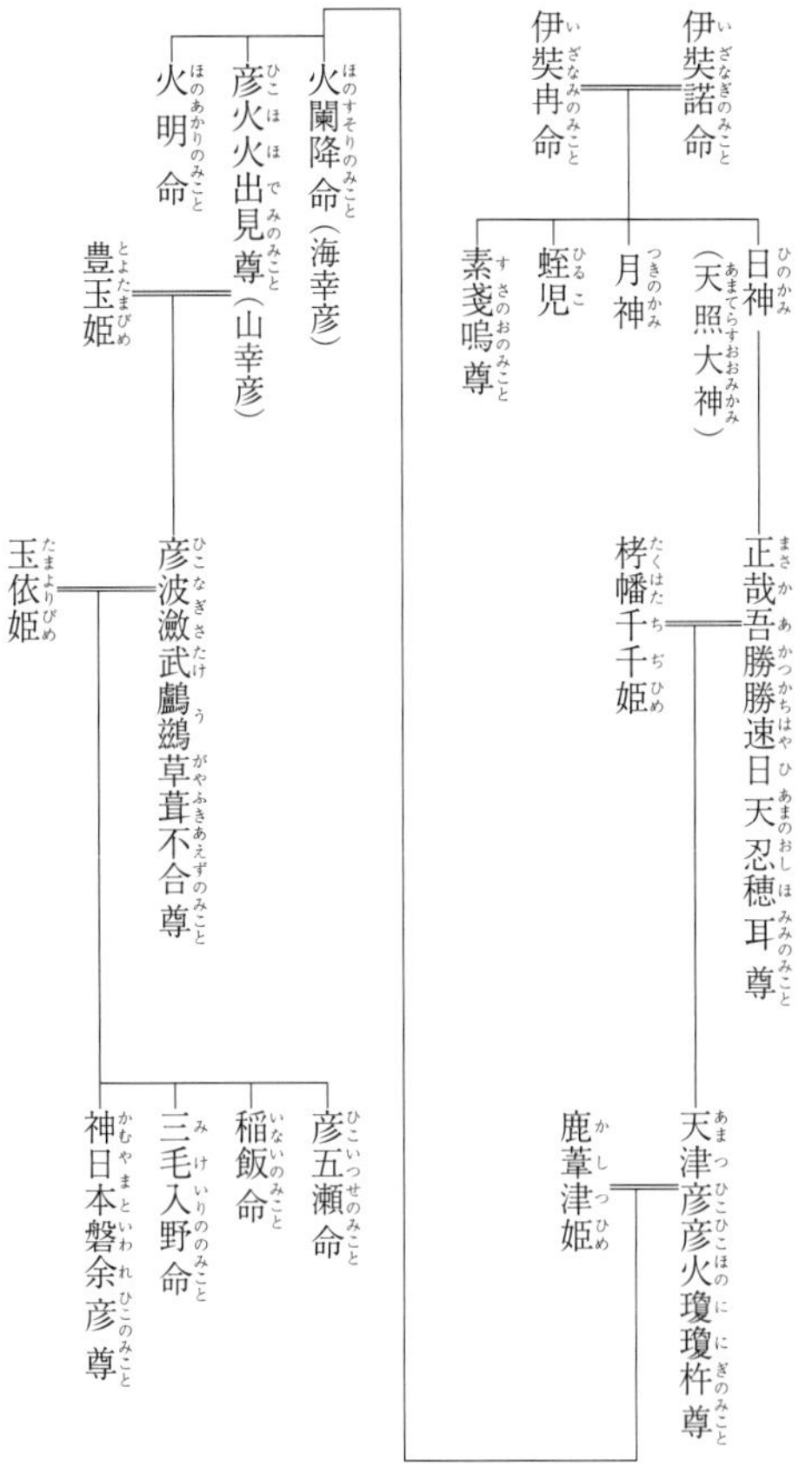

『古事記』による建速須佐之男命の系譜

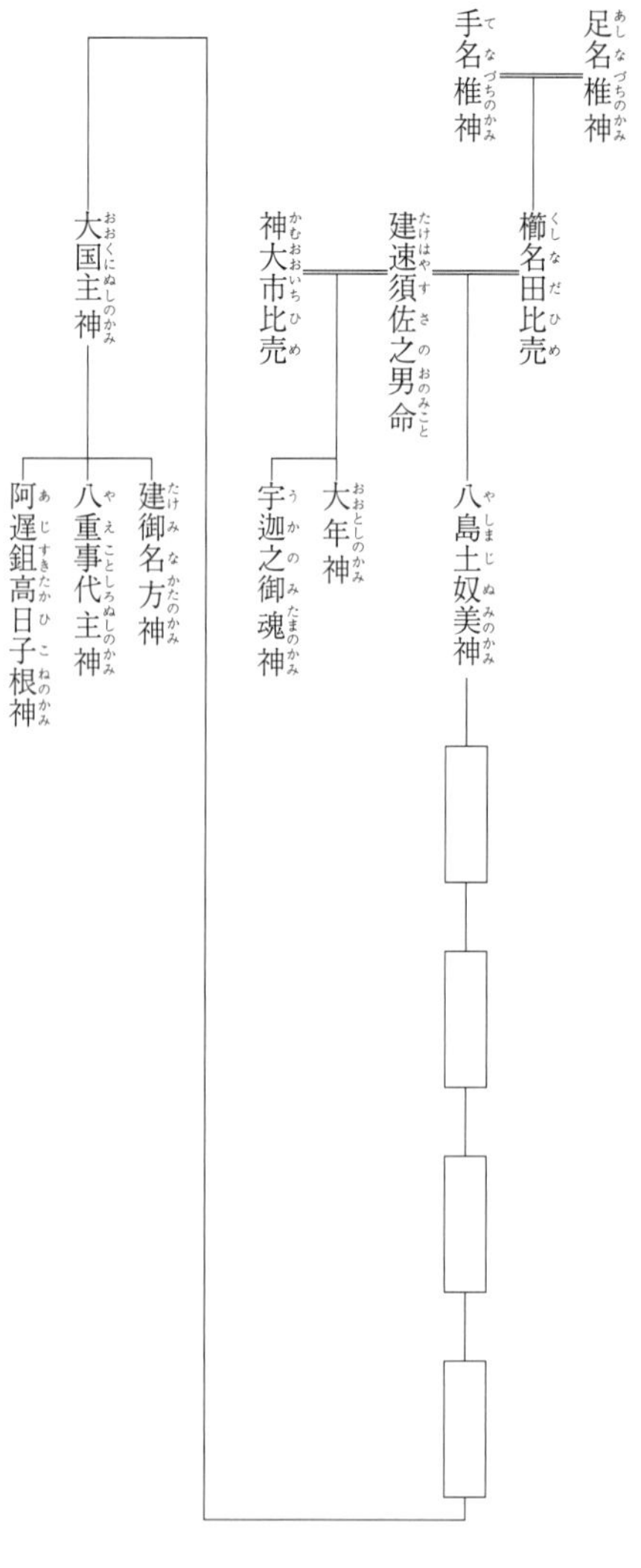
足名椎神《あしなづちのかみ》
手名椎神《てなづちのかみ》
櫛名田比売《くしなだひめ》
建速須佐之男命《たけはやすさのおのみこと》
神大市比売《かむおおいちひめ》
大国主神《おおくにぬしのかみ》
八島土奴美神《やしまじぬみのかみ》
大年神《おおとしのかみ》
宇迦之御魂神《うかのみたまのかみ》
建御名方神《たけみなかたのかみ》
八重事代主神《やえことしろぬしのかみ》
阿遅鉏高日子根神《あじすきたかひこねのかみ》

『日本書紀』による素戔嗚尊の系譜

脚摩乳《あしなずち》＝手摩乳《てなずち》
→ 奇稲田姫《くしいなだひめ》

伊奘諾命《いざなぎのみこと》＝伊奘冉命《いざなみのみこと》
→ 素戔嗚尊《すさのおのみこと》
→ 天照大神《あまてらすおおみかみ》

素戔嗚尊《すさのおのみこと》＝奇稲田姫《くしいなだひめ》
→ 大己貴命《おおあなむちのみこと》
→ 事代主神《ことしろぬしのかみ》＝溝織姫《みぞくいひめ》（玉櫛姫《たまくしひめ》）
→ 姫蹈鞴五十鈴姫命《ひめたたらいすずひめのみこと》＝神日本磐余彦火火出見天皇《かむやまといわれびこほほでみのすめらみこと》

【別名】
大国主神《おおくにぬしのかみ》
大物主神《おおものぬしのかみ》
国作大己貴命《くにつくりおおあなむちのみこと》
葦原醜男《あしはらのしこお》
八千戈神《やちほこのかみ》
大国玉神《おおくにたまのかみ》
顕国玉神《うつしくにたまのかみ》

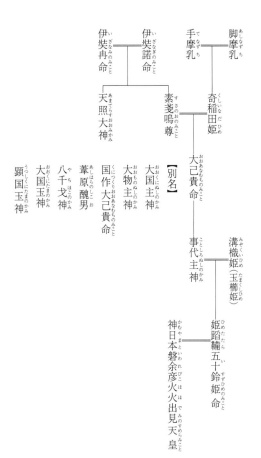

古代・中世天皇家系図①

代数は神皇正統記によるもの

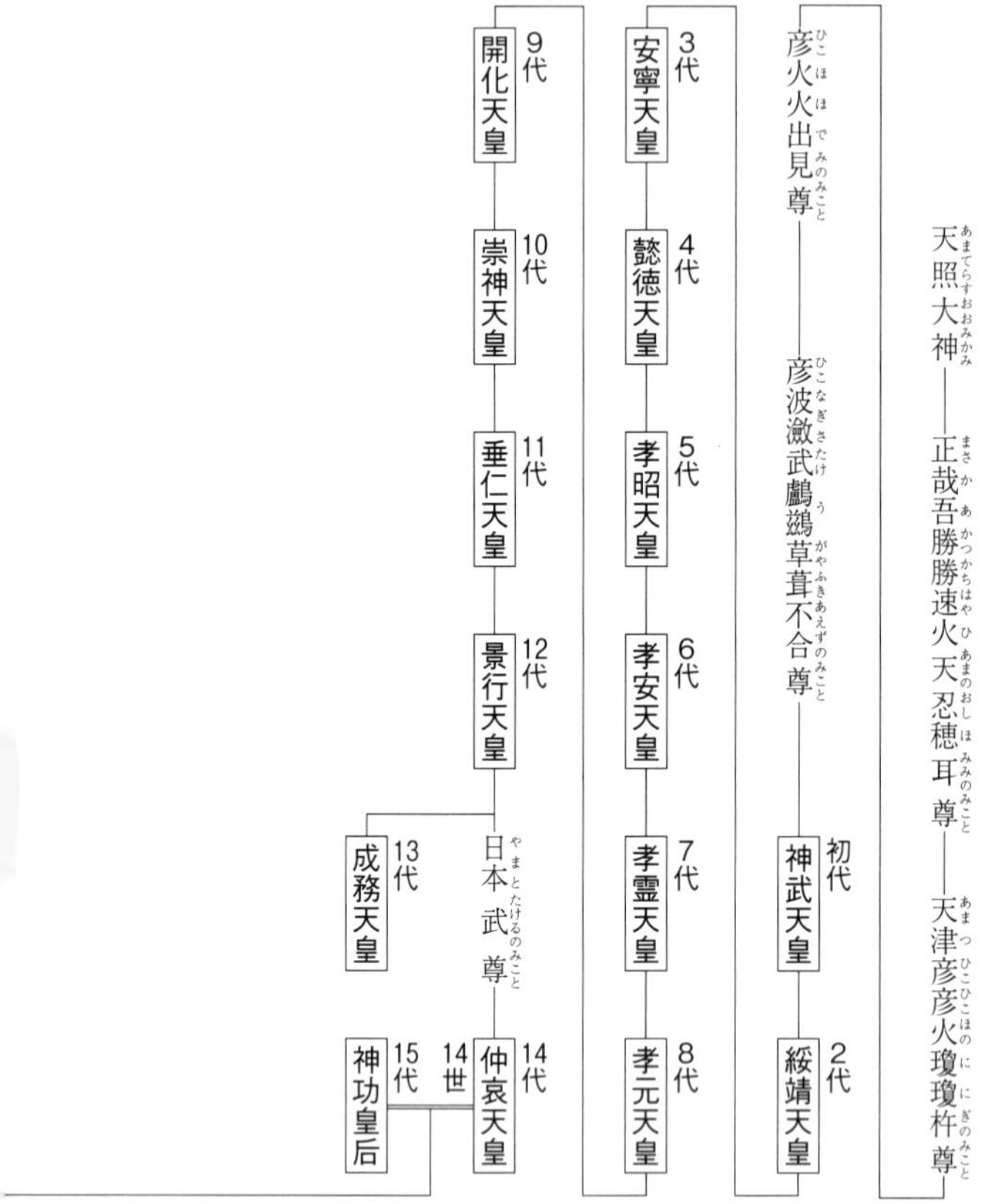

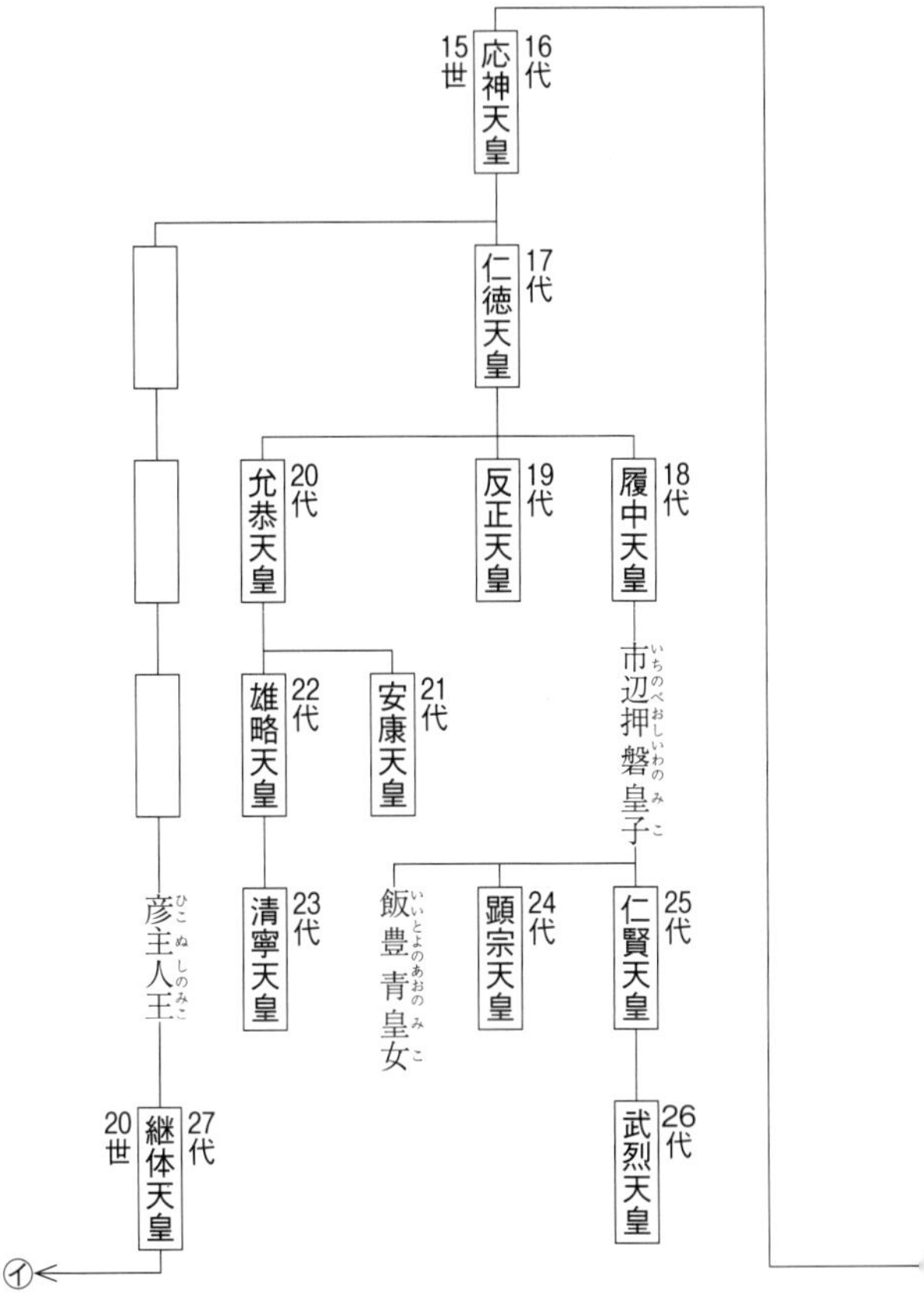
15世
16代
応神天皇
17代
仁徳天皇
18代
履中天皇
19代
反正天皇
20代
允恭天皇
21代
安康天皇
22代
雄略天皇
23代
清寧天皇
市辺押磐皇子《いちのべおしいわのみこ》
24代
顕宗天皇
25代
仁賢天皇
26代
武烈天皇
飯豊青皇女《いいとよのあおのみこ》
彦主人王《ひこぬしのみこ》
20世
27代
継体天皇
イ

古代・中世天皇家系図②

代数は神皇正統記によるもの

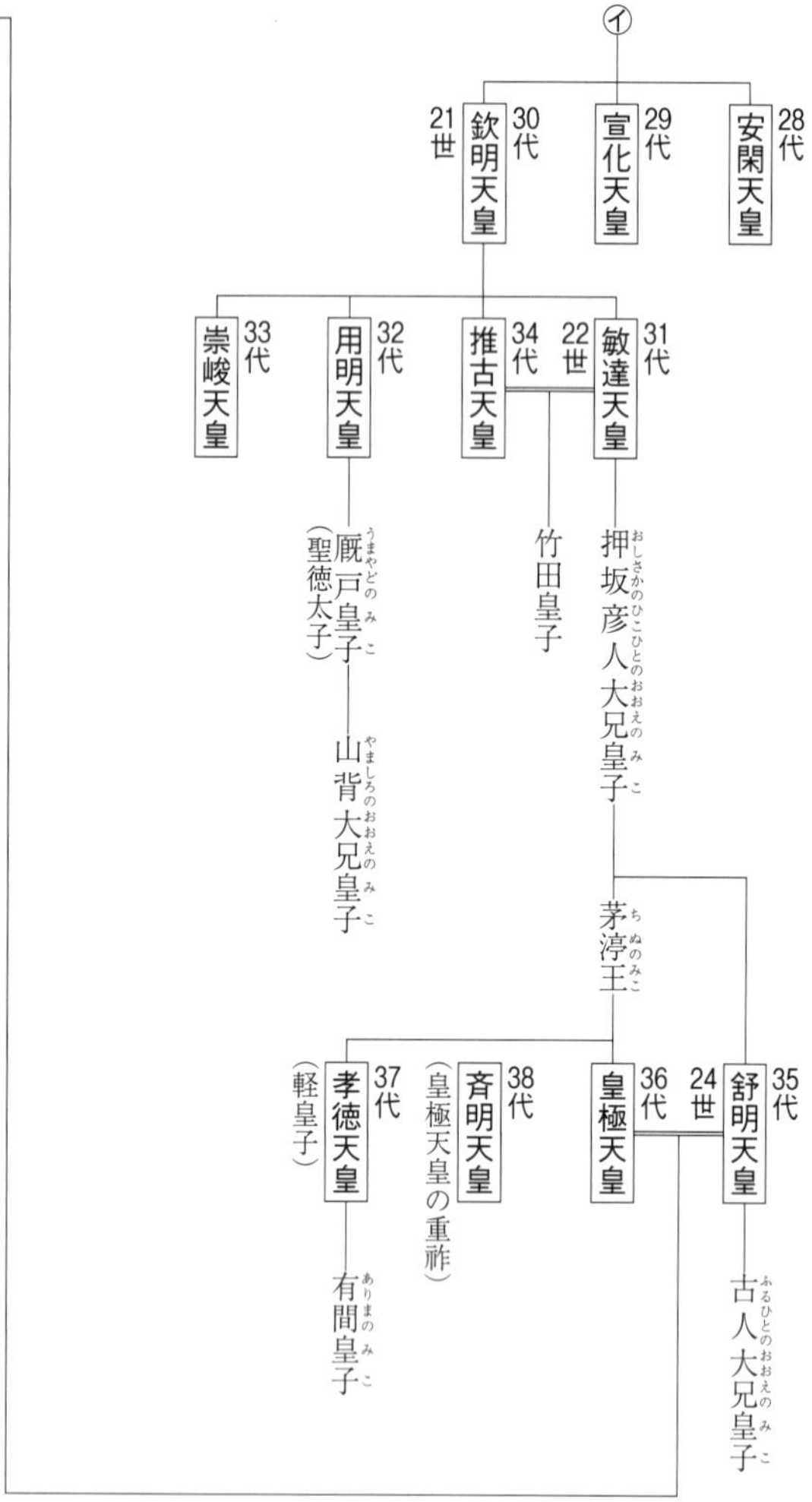

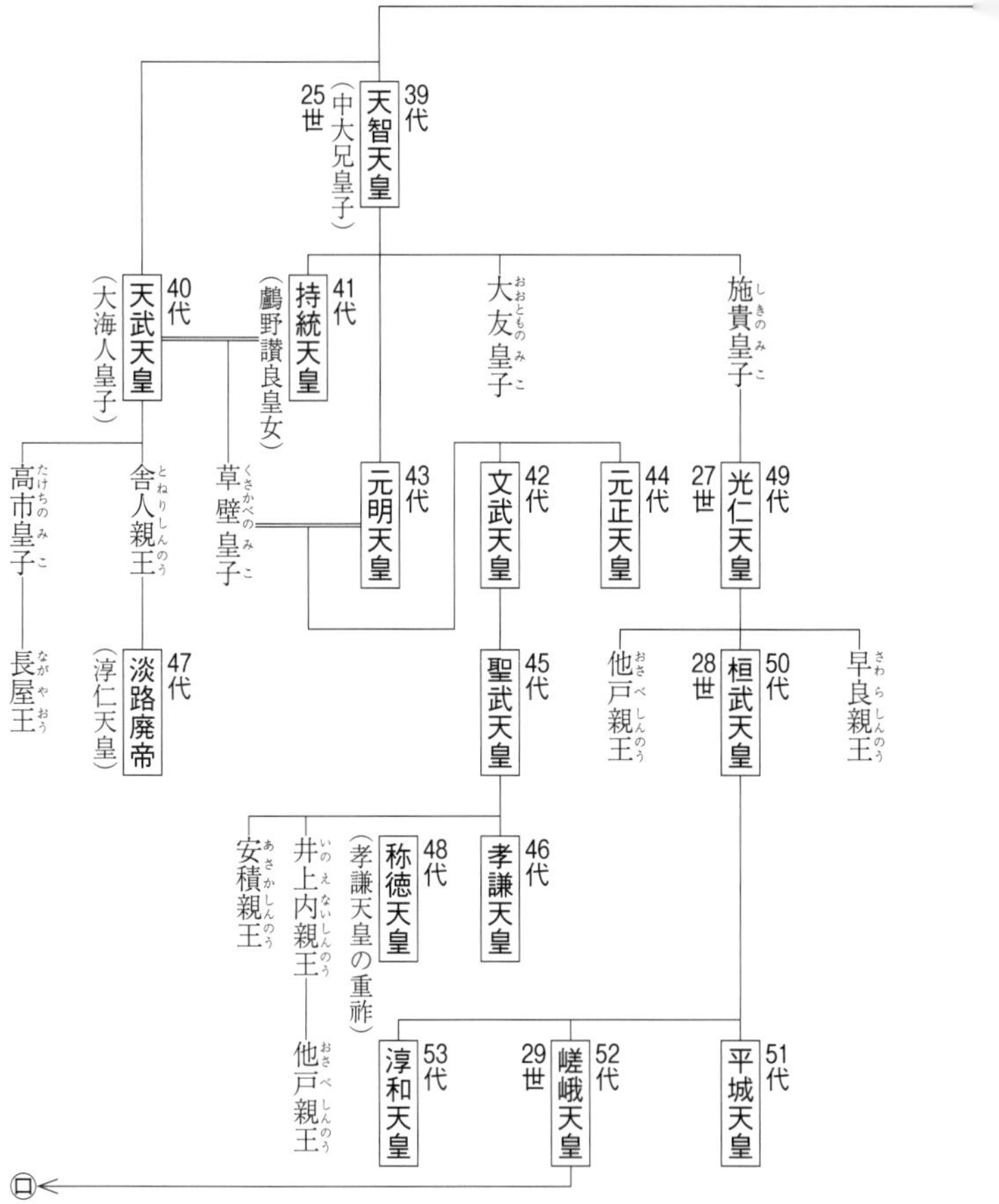

39代
天智天皇
（中大兄皇子）
25世
40代
天武天皇
（大海人皇子）
41代
持統天皇
（鸕野讚良皇女）
大友皇子《おおとものみこ》
施貴皇子《しきのみこ》
高市皇子《たけちのみこ》
舎人親王《とねりしんのう》
草壁皇子《くさかべのみこ》
43代
元明天皇
42代
文武天皇
44代
元正天皇
49代
光仁天皇
27世
長屋王《ながやおう》
47代
淡路廃帝
（淳仁天皇）
45代
聖武天皇
他戸親王《おさべしんのう》
50代
桓武天皇
28世
早良親王《さわらしんのう》
安積親王《あさかしんのう》
井上内親王《いのえないしんのう》
48代
称徳天皇
（孝謙天皇の重祚）
46代
孝謙天皇
他戸親王《おさべしんのう》
53代
淳和天皇
52代
嵯峨天皇
29世
51代
平城天皇
ロ

古代・中世天皇家系図③

代数は神皇正統記によるもの

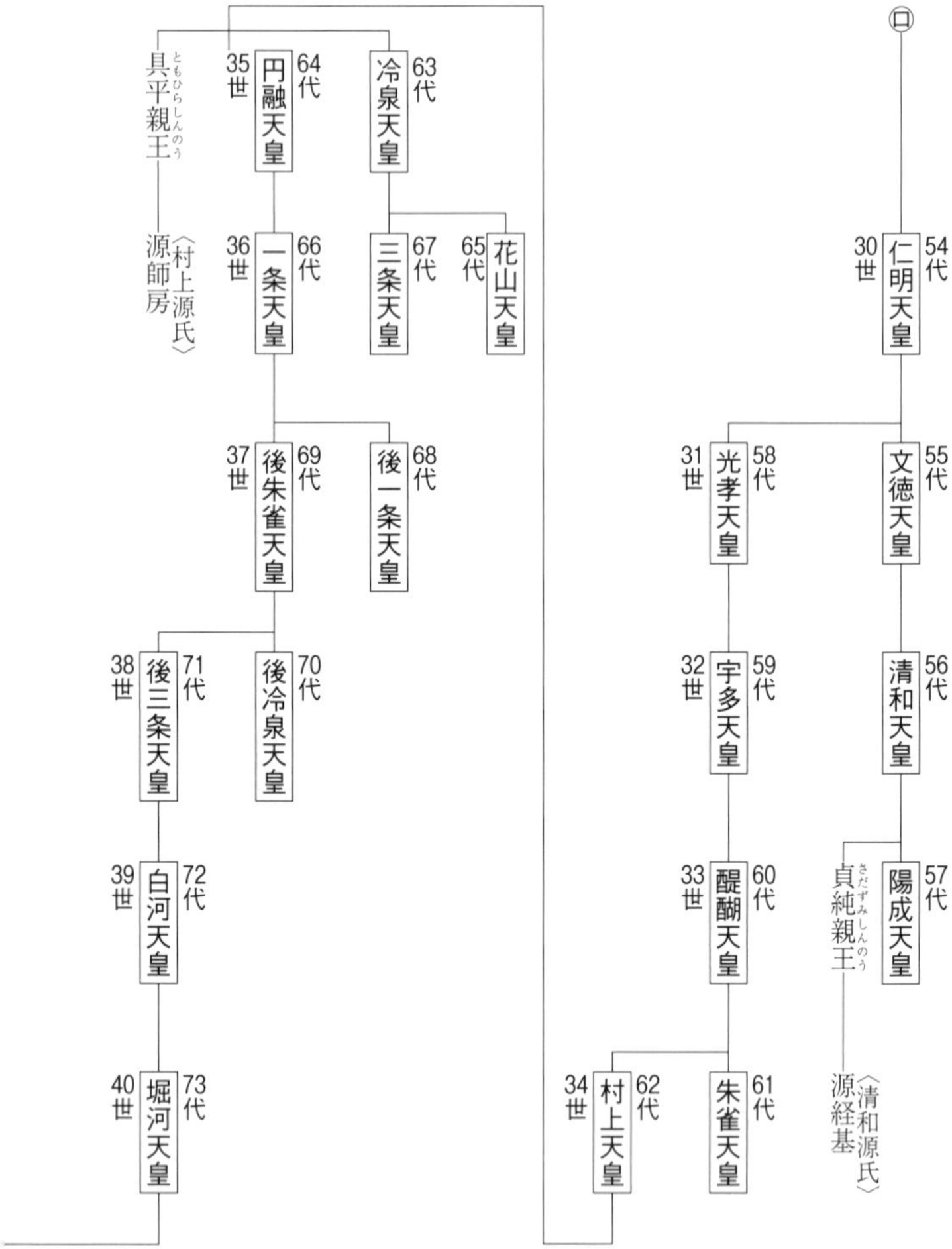

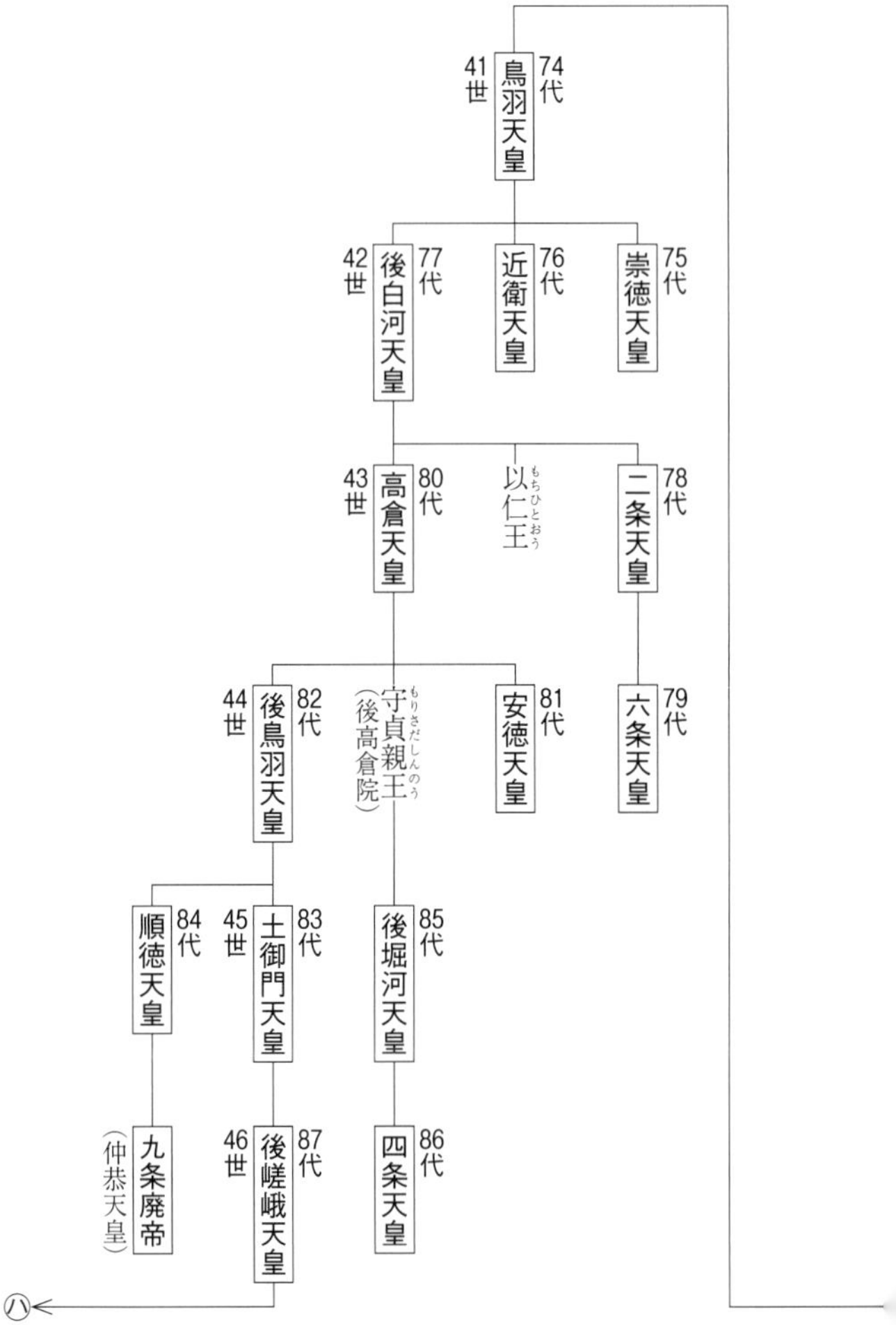
41世 74代 鳥羽天皇
75代 崇徳天皇
76代 近衛天皇
42世 77代 後白河天皇
78代 二条天皇
以仁王《もちひとおう》
43世 80代 高倉天皇
79代 六条天皇
81代 安徳天皇
守貞親王《もりさだしんのう》（後高倉院）
44世 82代 後鳥羽天皇
45世 83代 土御門天皇
84代 順徳天皇
85代 後堀河天皇
86代 四条天皇
46世 87代 後嵯峨天皇
九条廃帝（仲恭天皇）
八

古代・中世天皇家系図④

代数は神皇正統記によるもの

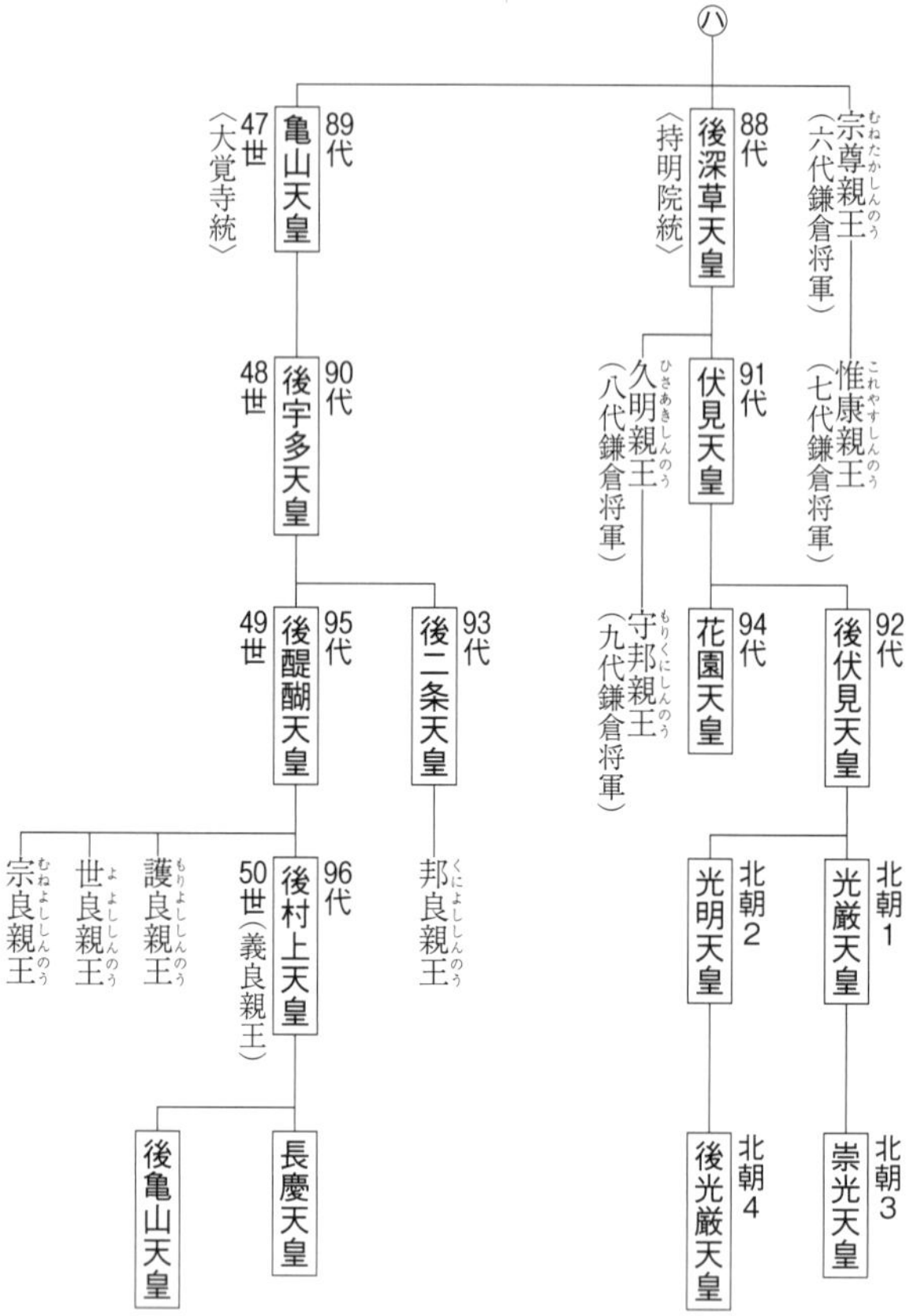

歴代天皇在位表　神武天皇〜後村上天皇まで

代数	世数	天皇名	在位期間	在位年数	没年齢
第一代		神武天皇	前六六〇年一月一日〜五八五年三月一一日	七六	一二七
第二代		綏靖天皇	前五八一年一月八日〜五四九年五月一〇日	三三	八四
第三代		安寧天皇	前五四九年七月三日〜五一一年一二月六日	三九	六七
第四代		懿徳天皇	前五一〇年二月四日〜四七七年九月八日	三四	七七
第五代		孝昭天皇	前四七五年〜一月九日〜三九三年八月五日	八三	一一四
第六代		孝安天皇	前三九二年〜二九一年一月九日	一〇二	一三七
第七代		孝霊天皇	前二九〇年〜二一五年二月八日	七六	一二八
第八代		孝元天皇	前二一四年一月一四日〜一五八年九月二日	五七	一一六
第九代		開化天皇	前一五八年一一月一二日〜九八年四月九日	六一	一一一
第一〇代		崇神天皇	前九七年一月一三日〜三〇年一二月五日	六八	一一九
第一一代		垂仁天皇	前二九年一月二日〜七〇年七月一四日	九九	一三九
第一二代		景行天皇	七一年七月一一日〜一三〇年一一月七日	六〇	一四三
第一三代		成務天皇	一三一年一月五日〜一九〇年六月一一日	六〇	一〇七
第一四代	第一四世	仲哀天皇	一九二年一月一一日〜二〇〇年二月六日	九	？
第一五代		神功皇后	二〇一年一〇月二日〜二六九年四月一七日	六九	一〇〇
第一六代	第一五世	応神天皇	二七〇年一月一日〜三一〇年二月一五日	四一	一一一
第一七代		仁徳天皇	三一三年一月三日〜三九九年一月一六日	八七	一四三
第一八代		履中天皇	四〇〇年二月一日〜四〇五年三月一五日	六	？
第一九代		反正天皇	四〇六年一月二日〜四一〇年一月二三日	五	？

代数	世数	天皇名	在位期間	在位年数	没年齢
第二〇代		允恭天皇	四一二年一二月~四五三年一月一四日	四二	?
第二一代		安康天皇	四五三年一二月一四日~四五六年八月九日	四	五六
第二二代		雄略天皇	四五六年一一月一三日~四七九年八月七日	二四	六二
第二三代		清寧天皇	四八〇年一月一五日~四八四年一月一六日	五	四一
第二四代		顕宗天皇	四八五年一月一日~四八七年四月二五日	三	三八
第二五代		仁賢天皇	四八八年一月五日~四九八年八月八日	一一	五〇
第二六代		武烈天皇	四九八年一二月~五〇六年一二月八日	九	一八
第二七代	第二〇世	継体天皇	五〇七年二月四日~五三一年二月七日	二五	八二
第二八代		安閑天皇	五三一年二月七日~五三五年一二月一七日	五	七〇
第二九代		宣化天皇	五三五年一二月~五三九年二月一〇日	五	七三
第三〇代	第二一世	欽明天皇	五三九年一二月五日~五七一年四月一五日	三三	六三
第三一代	第二二世	敏達天皇	五七二年四月三日~五八五年八月一五日	一四	四八
第三二代		用明天皇	五八五年九月五日~五八七年四月九日	三	四八
第三三代		崇峻天皇	五八七年八月二日~五九二年一一月三日	六	?
第三四代		推古天皇	五九二年一二月八日~六二八年三月七日	三七	七五
第三五代	第二四世	舒明天皇	六二九年一月四日~六四一年一〇月九日	一三	四九
第三六代		皇極天皇	六四二年一月一五日~大化元年(六四五)六月一四日	四	
第三七代		孝徳天皇	大化元年(六四五)六月一四日~白雉五年(六五四)一〇月一〇日	一〇	五九
第三八代		斉明天皇(皇極重祚)	六五五年一月三日~六六一年七月二四日	七	六八
第三九代	第二五世	天智天皇	六六八年一月三日~六七一年一二月三日	四(称制七)	四六

第四〇代		天武天皇	六七三年二月二七日～朱鳥元年(六八六)九月九日	一四	五六
第四一代		持統天皇	朱鳥元年(六八六)九月九日～六九七年八月一日	一二	五八
第四二代		文武天皇	六九七年八月一日～慶雲四年(七〇七)六月一五日	一一	二五
第四三代		元明天皇	慶雲四年(七〇七)六月一五日～霊亀元年(七一五)九月二日	九	六一
第四四代		元正天皇	霊亀元年(七一五)九月二日～神亀元年(七二四)二月四日	一〇	六九
第四五代		聖武天皇	神亀元年(七二四)二月四日～天平勝宝元年(七四九)七月二日	二六	五六
第四六代		孝謙天皇	天平勝宝元年(七四九)七月二日～天平宝字二年(七五八)八月一日	一〇	
第四七代		淡路廃帝(淳仁天皇)	天平宝字二年(七五八)八月一日～天平宝字八年(七六四)一〇月九日	七	三三
第四八代		称徳天皇(孝謙重祚)	天平宝字八年(七六四)一〇月九日～宝亀元年(七七〇)八月四日	七	五三
第四九代	第二七世	光仁天皇	宝亀元年(七七〇)八月四日～天応元年(七八一)四月三日	一二	七三
第五〇代	第二八世	桓武天皇	天応元年(七八一)四月三日～大同元年(八〇六)三月一七日	二六	七〇
第五一代		平城天皇	大同元年(八〇六)三月一七日～大同四年(八〇九)四月一日	四	五一
第五二代	第二九世	嵯峨天皇	大同四年(八〇九)四月一日～弘仁一四年(八二三)四月一六日	一五	五七
第五三代		淳和天皇	弘仁一四年(八二三)四月一六日～天長一〇年(八三三)二月二八日	一一	五五
第五四代	第三〇世	仁明天皇	天長一〇年(八三三)二月二八日～嘉祥三年(八五〇)三月二一日	一八	四一
第五五代		文徳天皇	嘉祥三年(八五〇)三月二一日～天安二年(八五八)八月二七日	九	三二
第五六代		清和天皇	天安二年(八五八)八月二七日～貞観一八年(八七六)一一月二九日	一九	三一
第五七代		陽成天皇	貞観一八年(八七六)一一月二九日～元慶八年(八八四)二月四日	九	八二
第五八代	第三一世	光孝天皇	元慶八年(八八四)二月五日～仁和三年(八八七)八月二六日	四	五八
第五九代	第三二世	宇多天皇	仁和三年(八八七)八月二六日～寛平九年(八九七)七月三日	一一	六五
第六〇代	第三三世	醍醐天皇	寛平九年(八九七)七月三日～延長八年(九三〇)九月二二日	三四	四六

代数	世数	天皇名	在位期間	在位年数	没年齢
第六一代		朱雀天皇	延長八年（九三〇）九月二二日～天慶九年（九四六）四月二〇日	一七	三〇
第六二代	第三四世	村上天皇	天慶九年（九四六）四月二〇日～康保四年（九六七）五月二五日	二二	四二
第六三代		冷泉院	康保四年（九六七）五月二五日～安和二年（九六九）八月一三日	三	六二
第六四代	第三五世	円融院	安和二年（九六九）八月一三日～永観二年（九八四）八月二七日	一六	三三
第六五代		花山院	永観二年（九八四）八月二七日～寛和二年（九八六）六月二三日	二	四一
第六六代	第三六世	一条院	寛和二年（九八六）六月二三日～寛弘八年（一〇一一）六月一三日	二六	三二
第六七代		三条院	寛弘八年（一〇一一）六月一三日～長和五年（一〇一六）一月二九日	六	四二
第六八代		後一条院	長和五年（一〇一六）一月二九日～長元九年（一〇三六）四月一七日	二一	二九
第六九代	第三七世	後朱雀院	長元九年（一〇三六）四月一七日～寛徳二年（一〇四五）一月一六日	一〇	三七
第七〇代		後冷泉院	寛徳二年（一〇四五）一月一六日～治暦四年（一〇六八）四月一九日	二四	四四
第七一代	第三八世	後三条院	治暦四年（一〇六八）四月一九日～延久四年（一〇七二）一二月八日	五	四〇
第七二代	第三九世	白河院	延久四年（一〇七二）一二月八日～応徳三年（一〇八六）一一月二六日	一五	七七
第七三代	第四〇世	堀川院	応徳三年（一〇八六）一一月二六日～嘉承二年（一一〇七）七月一九日	二二	二九
第七四代	第四一世	鳥羽院	嘉承二年（一一〇七）七月一九日～保安四年（一一二三）一月二八日	一七	五四
第七五代		崇徳院	保安四年（一一二三）一月二八日～永治元年（一一四一）一二月七日	一九	四六
第七六代		近衛院	永治元年（一一四一）一二月七日～久寿二年（一一五五）七月二三日	一五	一七
第七七代	第四二世	後白河院	久寿二年（一一五五）七月二四日～保元三年（一一五八）八月一一日	四	六六
第七八代		二条院	保元三年（一一五八）八月一一日～永万元年（一一六五）六月二五日	八	二三
第七九代		六条院	永万元年（一一六五）六月二五日～仁安三年（一一六八）二月一九日	四	一三
第八〇代	第四三世	高倉院	仁安三年（一一六八）二月一九日～治承四年（一一八〇）二月二一日	一三	二一

第八一代		安徳天皇	治承四年(一一八〇)二月二一日～寿永四年(一一八五)三月二四日	六	八
第八二代	第四四世	後鳥羽院	寿永二年(一一八三)八月二〇日～建久九年(一一九八)一月一一日	一六	六〇
第八三代	第四五世	土御門院	建久九年(一一九八)一月一一日～承元四年(一二一〇)一一月二五日	一三	三七
第八四代		順徳院	承元四年(一二一〇)一一月二五日～承久三年(一二二一)四月二〇日	一二	四六
		廃帝(仲恭天皇)	承久三年(一二二一)四月二〇日～承久三年(一二二一)七月九日	四(ヶ月)	一七
第八五代		後堀河院	承久三年(一二二一)七月九日～貞永元年(一二三二)一〇月四日	一二	二三
第八六代		四条院	貞永元年(一二三二)一〇月四日～仁治三年(一二四二)一月九日	一一	一二
第八七代	第四六世	後嵯峨院	仁治三年(一二四二)一月二〇年～寛元四年(一二四六)一月二九日	五	五三
第八八代		後深草院	寛元四年(一二四六)一月二九日～正元元年(一二五九)一一月二六日	一四	六二
第八九代	第四七世	亀山院	正元元年(一二五九)一一月二六日～文永一一年(一二七四)一月二六日	一六	五七
第九〇代	第四八世	後宇多院	文永一一年(一二七四)一月二六日～弘安一〇年(一二八七)一〇月二一日	一四	五八
第九一代		伏見院	弘安一〇年(一二八七)一〇月二一日～永仁六年(一二九八)七月二二日	一二	五三
第九二代		後伏見院	永仁六年(一二九八)七月二二日～正安三年(一三〇一)一月二一日	四	四九
第九三代		後二条院	正安三年(一三〇一)一月二一日～延慶元年(一三〇八)八月二五日	八	二四
第九四代		花園天皇	延慶元年(一三〇八)八月二六日～文保二年(一三一八)二月二六日	一一	五二
第九五代	第四九世	後醍醐天皇	文保二年(一三一八)二月二六日～延元四年(一三三九)八月一五日	二二	五二
第九六代	第五〇世	後村上天皇	延元四年(一三三九)八月一五日～正平二三年(一三六八)三月一一日	三〇	四一

註　歴代天皇の代数・世数・天皇名は『神皇正統記』の記載に準拠した。

あとがき

訳者（今谷）はかつて、『創造の世界』（小学館）という季刊雑誌に、「王権の日本史」と題して、長い論文を連載していたことがある。卑弥呼の頃から書き始め、南北朝時代の後半あたりで連載を終了した。当初は、平成の現代まで続ける予定であったが、連載の終了と前後して雑誌が休刊となってしまい、うやむやの裡に執筆が終わってしまった感がある。今から回顧してみると、訳者も北畠親房と同じようなテーマに向かっていたわけで、我が事ながら皮肉を感ぜざるをえない。もっとも、親房は小田城に立て籠もっていた一カ月ほどの短期間で『神皇正統記』を一気に書き上げたのに対して、訳者はといえば、四年余もダラダラと書き続けていたのだから、もとより同日の談ではない。

「まえがき」にも記したように『神皇正統記』は親房による〝王権論〟である。親房の著作とほとんど雁行して北朝の廷臣、洞院公賢が『増鏡』を著わし、やや遅れてマグリブ（北アフリカ）にイブン＝ハルドゥーンが登場し『歴史序説』を著わした。こうみてくると誠に壮観といえるが、このなかで親房の『神皇正統記』は、歴史書の体裁をとってはいるものの、イデオローグの書といった面が強い。

戦前、歴史学畑の学者で『神皇正統記』を評価したのは、皇国史観で著名な平泉澄であるが、その反動からか、戦後は歴史学者でこの書に近づく研究者は少ない。岩波文庫本や、日本古典文学大系本の解説者は、国文学畑の学者である。ところが、興味深いことに、皇国史観とは対極にあるはずの唯物史観あるいはマルクス主義の史家のなかに、意外にも親房を高く評価する人がいる。たとえば、親房と三条西実隆あたりを比較して、実隆をこき下ろすといった文章をものされた方がいて、実に驚いた記憶がある。しかし、今から考えると、かの学者は親房のイデオローグの面を評価されていたと覚しく、『神皇正統記』が後世、革命の書として読まれていた史実と思い合わせると納得がいく。

ことほど左様に、『神皇正統記』を歴史書として評価するのは難しい。丸山真男が『神皇正統記』を敬遠し、『愚管抄』に高評価を与えたことも、うなずける点がある。また日本史上、『神皇正統記』が正しい読まれ方をされてきたか、ということを内省すると、疑問を抱かざるをえない点がある。

本書（本文庫）は、あくまで史実をふまえたうえで、『神皇正統記』を歴史書として読まれうるように心がけた。煩わしいと思われるくらい、註記を多く書いたのもその考え方からである。とはいえ、訳者の立場を絶対的なものとして読者諸兄に強要する意図はまったくない。「こういう読み方もあるのだ」というくらいに受け取っていただければ、訳者・解説者としては幸甚である。

最後に、『神皇正統記』の現代語訳などという大それた仕事をお引き受けしたのは「歴史の新しい楽しみ方に、ぜひお力添えを」という、編集担当者の佐藤實氏の熱心な勧誘によるものである。氏には近著『象徴天皇の源流』のもととなった『歴史読本』の連載でもお世話になった。また、本企画の執筆の機会を与えてくださった株式会社ＫＡＤＯＫＡＷＡの新人物文庫編集部に心より感謝申し上げる。

平成二十七年五月

今谷 明

復刊に際してのあとがき

本書の元版は、新人物往来社の幹部で月刊誌『歴史読本』の編集を長年されていた佐藤実氏から依頼されて刊行されたものである。当時の私は、同じ中世の史書として『愚管抄』の現代語訳の方を希望したが、それは佐藤氏の容れるところではなかった。その後、新人物往来社の出版事業は、KADOKAWAに引き継がれた。同社でも品切れとなり、電子書籍化していた。

この度戎光祥出版より、復刊されることと相成ったので、聊か当時の事情も含めて回想してみよう。

十年余以前は、専門の研究者は、あまり一般向けの書籍や雑誌の執筆に熱心ではなかった。しかし筆者は、歴史学の〝啓蒙〟の重要性も認識し、また「書く」のが好きな性癖でもあったので、新人物往来社などからの依頼があれば、大抵引き受けていた。

私は長年、室町時代史研究を志してきた者であるが、著者の既刊書のうちで、もっとも売れたのは、岩波新書の『武家と天皇』（一九九三年）で、一〇万部前後だったと記憶しているが、取り上げた時代は室町期でなく、江戸初期なのである。

最近の一般向け〝歴史モノ〟の傾向をうかがうと、昨今の室町時代ブーム（南北朝期を含めて）にはまったく驚かされる。まるで〝隔世《かくせい》の感〟がある。その「走り」は、呉座勇一氏（国際日本文化研究センター助教）の『応仁の乱』（中公新書、二〇一六年刊）の五〇万部という売れ行きにあった。私はかつて、日本経済新聞に頼まれて本書の書評を書いたのだが、中公新書の編集部から鄭重《ていちょう》な礼状が届いて、かえって恐縮してしまった。当時、室町時代といえば、一般書に取り上げられることは少なく、〝合戦物〟といえば、源平から戦国へと飛んでしまう状況であった。

ところが、『応仁の乱』の〝爆売れ〟以降、清水克行氏（明治大学教授）の週刊文春での連載「室町ワンダーランド」など、世をあげて〝室町ブーム〟というべき状況に変じている。また、最近では少年コミック誌で「北条時行（中先代《なかせんだい》）」が主人公の漫画（「逃げ上手の若君」）が人気を呼んでいるらしい。著者が若い頃は、なぜ室町時代に人気がないのかというと、永島福太郎氏（関西学院大学名誉教授）らの研究者が自ら〝英雄も悲劇の主人公もいない〟時代だと自嘲的に称しておられた。事実、司馬遼太郎氏が小説のネタにしない時代が〝室町〟だったのである。

さて、北畠親房著『神皇正統記』は、天皇を中心とする国家の正統性と、大覚寺統を正統とする南北朝時代観を論じた史書である。そこで親房の幕府観を見ていくと、親房の北条氏びいきと足利氏嫌悪がいやでも目につく。これは、親房の後鳥羽院ぎらいにも結びつくことだが、このような親房の極端な武家観の背景に、彼の家系である久我源氏中心主義があることは前にも論じたことがある。これは従来の『神皇正統記』研究では触れられていないことで、この点だけは著者のオリジナルとして秘かに誇りとするところである。

また『神皇正統記』は、東国の常陸小田城の城中で短期に執筆されたこともあり、読者対象がどういう階層の人びとか説が分かれている。戦後も、陸奥の土豪・結城氏を想定して著されたとの説が有力であったが、近年は、後村上天皇に読まれることを目指したというところである。南朝の正統性を主張するとの趣旨は明確ながら、南朝そのものが杜絶した歴史的経緯があり、この問題の解明は困難というほかないが、近世の水戸学に与えた影響は大きい。そのせいもあってかイデオローグとしての北畠親房の評価は高く、マルクス主義史観の歴史家たちにも親房は好評である。

ともかく、筆者は水戸学のような南朝正統の立場はとらず、極力客観的に史実と親房の主張との対比を明確化し、なぜ南朝が衰滅に向かったかを読者に考えていただきたいとの思いで脚註などを執筆した。いずれにせよ、これを機に『神皇正統記』に親しむ歴史愛好家が増えてくれれば嬉しく思う。

なお、著者として、最後に是非つけ加えておきたいことは、二、三年前のこと、本書が著名な評論家、佐藤優氏によって、氏の主催するセミナーのテキストに指定され、利用されていたことであった。それを私は、月刊『日本』の巻末の広告で知ったのだが、大変ありがたく思った。ここで佐藤氏には深甚の謝意を表しておきたい。佐藤氏は現住所が拙宅に近く、また、著者の父親がかつて同志社大学の教員をしていた関係で、著者の幼年時（佐藤氏の出生前だが）は、同志社の構内に居住していたことがあり、この点でも不思議な縁を感ずるのである。

二〇二五年一月

国際日本文化研究センター兼横浜市立大学名誉教授
今谷 明

【著者紹介】

今谷 明（いまたに・あきら）

1942年生まれ。

京都大学大学院文学研究科博士課程単位取得。

京都大学助手、国立歴史民俗博物館助教授、都留文科大学学長などを歴任。

現在、国際日本文化研究センター兼横浜市立大学名誉教授。

おもな業績に、『室町幕府解体過程の研究』（岩波書店）、『室町時代政治史論』（塙書房）、『室町の王権』（中央公論新社）、『武家と天皇』（岩波書店）、『戦国三好一族』（洋泉社）、『改訂新版 天文法華の乱 戦国京都を焼き尽くした中世最大の宗教戦争』（戎光祥出版）など多数。

装丁：川本 要

北畠親房《きたばたけちかふさ》『神皇正統記《じんのうしょうとうき》』
現代語訳《げんだいごやく》・総解説《そうかいせつ》

二〇二五年三月一〇日　初版初刷発行

著　者　今谷　明
発行者　伊藤光祥
発行所　戎光祥出版株式会社
東京都千代田区麹町一－七
相互半蔵門ビル八階
電　話　〇三－五二七五－三三六一㈹
ＦＡＸ　〇三－五二七五－三三六五
編集協力　株式会社イズシエ・コーポレーション
印刷・製本　モリモト印刷株式会社

https://www.ebisukosyo.co.jp
info@ebisukosyo.co.jp

ISBN978-4-86403-567-5